ROMAN MYTHOLOGY

神游罗马

从特洛伊到帝沃利的传奇

[英] 大卫 · 斯图塔德 著 任艳 译

華中科技大學出版社
http://press.hust.edu.cn
中国 · 武汉
有书至美
BOOK & BEAUTY

图书在版编目（CIP）数据

神游罗马：从特洛伊到帝沃利的传奇／（英）大卫·斯图塔德（David Stuttard）著；任艳译．—武汉：华中科技大学出版社，2023.5
ISBN 978-7-5680-9168-8

Ⅰ．①神⋯ Ⅱ．①大⋯ ②任⋯ Ⅲ．①古罗马－历史 Ⅳ．①K126

中国国家版本馆CIP数据核字（2023）第051656号

神游罗马：从特洛伊到帝沃利的传奇
Shen You Luoma: Cong Teluoyi Dao Diwoli de Chuanqi

[英] 大卫·斯图塔德 著
任艳 译

出版发行：华中科技大学出版社（中国·武汉）　电话：（027）81321913
华中科技大学出版社有限责任公司艺术分公司　（010）67326910-6023
出 版 人：阮海洪

责任编辑：莽　昱　张丹妮
责任监印：赵　月　郑红红　封面设计：邱　宏

制　　作：邱　宏
印　　刷：北京金彩印刷有限公司
开　　本：889mm × 1194mm　1/32
印　　张：8.5
字　　数：175千字
版　　次：2023年5月第1版第1次印刷
定　　价：138.00元

華中出版

本书若有印装质量问题，请向出版社营销中心调换
全国免费服务热线：400-6679-118　竭诚为您服务

目录

塔尔奎尼亚
台伯河
维爱
帝沃利
罗马
阿尔巴隆加
拉维尼乌姆
阿尔代亚
第勒尼安海
地中海

罗马
奥古斯都和平祭坛
塞维安城墙
奎里纳尔山
维米那尔山
战神广场
特拉斯提
弗列
卡比托利欧山
古罗马广场
埃斯奎林山
台伯岛
罗马斗兽场
苏布里齐桥
帕拉蒂尼山
西莲山
贾尼科洛山
马克西姆斯竞技场
阿文廷山
台伯河
西乌姆
罗马
库迈
特洛伊
提洛岛
埃里克斯

引言

条条大路通罗马

罗马简史

公元前1世纪，罗马内战不断，战况惨烈。那个时候，罗马似乎是突然之间一跃成为世界超级大国，这也在一定程度上成为内战的导火索。公元前146年，罗马彻底击败了对手迦太基（Carthage）和科林斯（Corinth），吞并了大片土地，获得了超乎想象的财富，达到极盛时期。然而，罗马这意料之外的迅速崛起也几乎让它濒临灭亡。

罗马城的建立时间是在公元前753年，距离其极盛时期有六个世纪之久。整个罗马历史的前半段经历了君主制和共和制。跟当时的其他城邦国家一样，罗马也一直致力于戍边卫国，发展邦交，寻求对外扩张。在不断发展壮大的过程中，罗马对待周边邻国的策略也发生了改变。除了征服，罗马还借助武力胁迫或利益诱惑等手段将邻国纳入其政治领域。而这些国家的居民也会把自己视为罗马大家庭的一部分，乐于享受因此带来的利好。

然而，家庭成员之间也难免会有矛盾争吵。甚至从一开始，彼此之间就面临着各种关系紧张的局面。罗马内部也是纷争不断：贵族推翻国王统治；平民反抗统治家族以争取更多的政治权利；元老院的掌权者们也在疯狂地为自己谋求更大的权力。

后来，罗马向意大利全境和西西里岛扩张，这使得罗马与掌控着地中海西部贸易路线的迦太基发生冲突。从公元前264年开始，爆发了三次迦太基战争，历史上也叫布匿战争，战争从西西里岛、西班牙、意大利一直蔓延到北非地区。与此同时，迦太基的希腊盟友也在东部屡屡与罗马为敌，罗马被迫发动了马其顿战争。最终在公元前146年，罗马彻底打垮了迦太基和马其顿，赢得了战争胜利。但是曾经维系（有时也只是勉强维系）旧罗马共和国的那套制度体系在新的世界秩序面前显得捉襟见肘，难以为继。

在强大军团的支持和战争利益的诱惑下，许多有野心的罗马人开始为争夺至高无上的权力而战。这一过程持续了整整一代人的时间。公元前44年，政治家出身、老谋深算的将军尤利乌斯·恺撒（Julius Caesar）在距离大权在握仅一步之遥时，被一众元老密谋刺杀。紧接着，又一场内战随之而来。这一次是恺撒的继承人屋大维（Octavian）和恺撒最信任的左右手马克·安东尼（Mark Antony）之间的战争。公元前31年，阿克提姆海战（Battle of Actium）爆发，第二年，安东尼及其盟友埃及女王克利奥帕特拉（Cleopatra）战败。这次战败不仅让整个罗马完全落入屋大维一人的掌控之下，就连当时富甲一方的埃及也成了他的囊中之物。屋大维大获全胜，成为奥古斯都大帝。凭借过人的政治天赋和铁血手腕，屋大维开创了一个和平、稳定、繁荣的新时代。屋大维的谋臣梅塞纳斯（Maecenas）温文尔雅，足智多谋。屋大维的成功也有梅塞纳斯的功劳。他们将深植于民心的传统价值观和充满英雄主义色彩的历史传说中所蕴含的使命感巧妙地结合起来，并进行广泛的宣传。可以说，罗马神话是奥古斯都时代和平稳定的重要根基之一。

罗马及其神话

许多受过教育的罗马人对罗马神话往往持怀疑态度。他们认为神话故

维纳斯神殿是尤利乌斯·恺撒在公元前46年献给维纳斯女神的祭坛

事中的神灵和英雄们大多风流成性、任意妄为，这破坏了公共道德，弱化了宗教的纯洁性。哲学家兼政治家西塞罗（Cicero）认为，罗马神话包括三个要素：祭祀仪式（人类借助繁复的献祭等祭祀仪式向众神证明自己的虔诚）、占卜（通过研究献祭动物的内脏来寻找神迹），以及预言（神以这种方式直接向人类传达旨意）。西塞罗之后过了大概一代人的时间，哈利卡纳苏斯的狄奥尼修斯（Dionysius of Halicarnassus，生活在罗马的古希腊作家）在其作品中对（神话中的）罗慕路斯（Romulus）大加称赞，因为罗慕路斯也对那些描写众神斑斑劣迹的神话持抵制态度。

讽刺的是，我们今天所知道的罗马神话故事大多都是这些不雅的故事——这些故事大多是在奥古斯都当选“第一公民”后被编写出来的。李维（Livy）的《建城以来史》（*From the City's Foundation*）就是饱含神话色彩的历史；维吉尔（Virgil）的《埃涅阿斯纪》（*Aeneid*）追溯了特洛伊英雄埃涅阿斯（Aeneas）在意大利寻找新家园时的冒险经历，将神话故事和奥古斯都时期的政治宣传融为一体；奥维德（Ovid）的《变形记》（*Metamorphoses*）编织了一幅令人陶醉的神话织锦，对已被神化了的恺撒及其继承人奥古斯都大加颂扬，满是溢美之词。

今天的读者在读奥维德的作品时却发现，其中许多神话并非罗马神话，而是希腊神话。这部宏大的史诗直到结尾时，场景才从希腊东部切换到意大利，里面关于罗马本土的神话故事出奇得少。事实上，许多现代作家认为，罗马人并没有真正属于自己的神话。他们大多数时间都在琢磨如何通过祭祀仪式和恪守清规戒律来维系与神的关系，根本没有时间为编写那些挑战想象力的神话故事而大费脑筋。他们更偏爱传说——那些原本记得不甚分明的历史事件会在传说中被描绘得有声有色，那些传奇人物的传奇故事也会为树立良好公民价值观提供典范。

然而，事实真相却要微妙得多。罗马及其拉丁、萨宾和伊特鲁里亚邻居（大致位于罗马的南部、西北部和东北部）很可能有着丰富的神话故事。这样的例子有很多：国王与河中仙子相爱相守；野地里的婴孩能预言未来；圣林里传来的天籁之音，等等。同时，这些神话故事也受到了意大利之外的其他国家的影响。从公元前8世纪开始，希腊人在意大利的部分地区开始了殖民统治，与其他非殖民地区也保持着贸易往来。希腊人不仅带来了自己的神话故事，也带来了与神话故事有关的艺术作品。这些艺术作品所表现出来的都是与希腊（也包括地中海东部地区）神话故事有关的场景。后来，意大利人在这些故事和作品的基础上又进行了改编。

公元前3世纪，罗马人对文学敞开了怀抱，当时沿用的是希腊的文学模式：第一部拉丁文作品是希腊奴隶李维乌斯·安德罗尼库斯（Livius Andronicus）翻译的荷马史诗《奥德赛》（*Odyssey*）；普劳图斯（Plautus）和特伦斯（Terence）的喜剧是根据希腊剧作家米南德（Menander）的戏剧改编的；而像维吉尔、贺拉斯（Horace）和奥维德这样的诗人也都是从希腊大师那里汲取创作灵感。与此同时，罗马人也都无比痴迷于希腊神话。罗马贵族们会把自己打扮成希腊诸神参加宴会。露天竞技场里的死刑犯们被迫扮演神话中的角色，或被五马分尸，或者像伊卡洛斯（Icarus）一样，在翅膀融化后从高空坠落。每当看到这样的场景，那些嗜血的观众都会兴奋无比。

同时，罗马人每征服一个地方，就会把那里的神请回罗马。到了奥古斯都时代，罗马这座城市就像是一个大熔炉，不仅有来自地中海内外形形色色的人，同时也汇集了各路神明以及与之有关的神话传说。随着罗马帝国的不断扩张，人们发现那些看似外来的神其实就是本地神明，只不过是换了个名称而已。希腊的天神宙斯（Zeus）就是罗马神话里的朱庇特（Jupiter）；宙斯的妻子赫拉（Hera）在罗马神话里就是朱诺（Juno）；雅典娜（Athene）则对应密涅瓦（Minerva）。最终，宗教和神话在罗马帝国的传说中完全交织在一起，难以分割。这也是本书的核心内容所在。从特洛伊开始，以罗马万古长存的美梦为终结，书中囊括了与罗马神话有关的方方面面。但在开始我们的旅行之前，还是有必要带大家去了解一下其中的三个方面——书中介绍的许多地方以及相关的故事背景都与之有着密切联系。

罗马建城神话

大多数古代城市都有自己的建城神话。罗马的建城神话更是版本众多。其中一个说法认为，仁慈的农神萨图恩（Saturn）被逐出希腊后便统治着这片土地；另一个说法是，来自阿卡迪亚（Arcadia）的希腊难民最先占据了这个地方并在此生活；也有的版本说是尤利西斯（Ulysses）的一个儿子统治着这里；有的故事则说最早统治这里的是逃亡至此的特洛伊人；还有的甚至说是附近城邦的双胞胎男孩为逃避凶残的叔叔——也就是城邦的国王，来到了这里。这么多版本众说不一，原本是件很让人头疼的事情。但是，罗马人却并没有因为其中哪一个不可信而将其舍弃。相反，他们将所有的版本调和在一起，全部保留下来。这也恰恰证明了（如果需要证明的话）罗马这座城市的巨大吸引力，从一开始就吸引了世界各地最优秀的人来到这里，并且在这之后的各个历史时期也一直如此。

在现代社会，我们看到过太多孤注一掷的移民和难民涌入意大利沿海城市。但同时，我们或许也该看到，其他意大利城镇也因外国定居者的到来而受益，且深以为傲。往前追溯，许多城市的起源或许与漂泊在外的希腊英雄有关，如赫拉克勒斯（Hercules）；或者与特洛伊战争中的勇士有关，如奥德修斯（Odysseus，罗马人称其为尤利西斯）和狄俄墨得斯（Diomedes）。这在某种程度上反映了历史的真相：从公元前8世纪起，希腊人确实开始派人到别国土地上建立城邦。这样一来，意大利海岸线很大一部分都布满了希腊式城邦，而这些城邦是当时货物交易和思想交流的重要场所。如今，在意大利的考古博物馆中仍然能看到当时这种相互交流（不仅仅是与希腊人）的深入程度。神话英雄们所做的不仅仅是建立城邦，许多习俗和宗教仪式的传入和制定也都归功于他们。一些地标性建筑也大多与他们的传奇功绩密切相关。这种地标性建筑在罗马随处可见。

家族神话

在一个由强大贵族阶层统治的城市，流传着许多与统治阶层家族有关的传奇故事也就不足为怪了，例如霍拉提家族（Horatii）、法比家族（Fabii）和尤利乌斯家族（Julii）。罗马人非常敬畏祖先。在上流社会的葬礼上，都会有人戴上代表已故先辈的死亡面具来对他们表示哀悼。这些面具通常放在家中的重要位置，常常与家神（守护生者的神）雕像放在一起。对罗马人来说，时间并非像我们今天所知道的这样呈单向线性流逝。相反，他们认为，一个家族的先辈们可以给家族带来荣耀或耻辱。同样，当代或后代的家族成员也可能会影响到先辈们的声誉。事实上，有些传说（如果不是虚构的话）之所以能保留至今，是因为它们都是关于某些特定家族的故事。例如，法比家族在和附近城邦维爱（Veii）的一次冲突中几乎全军覆没。法比家族幸存下来的后代子孙将这段故事记录下来并大加渲染，还把它拿来与几乎发生在同一时代的温泉关战役中斯巴达勇士的英勇无畏相提并论。

法比家族称自己的血统源于赫拉克勒斯，而其他家族也毫不示弱，吹嘘自己有着更了不起的家世血统。尤利乌斯家族声称自己不仅是特洛伊王子埃涅阿斯的后裔，还是女神维纳斯（Venus）的后裔。奥古斯都出身于尤利乌斯家族，对于那些想要向世人证明他是天选之子的诗人及鼓吹者来说，这简直就是最有说服力的证据：维纳斯的精神由埃涅阿斯传承，现在又将由奥古斯都继续传承下去；埃涅阿斯曾率领意大利各城邦联合战胜了野蛮的反叛者墨曾提乌斯（Mezentius），奥古斯都也战胜了马克·安东尼；就像埃涅阿斯和他的儿子统治繁荣的拉丁姆（Latium）一样，奥古斯都和他的继承人也会统治世界。

其他家族也都有着可以比肩传奇故事的家族事迹。马尔库斯·尤尼乌斯·布鲁图斯（Marcus Junius Brutus）担心恺撒会加冕称王，参与谋划并刺杀了恺撒，而他也是公元前509年帮助推翻君主制的卢修斯·尤尼乌斯·布鲁图斯（Lucius Junius Brutus）的直系后裔。这种古老的爱国主义深植于血脉当中，最终导致了恺撒被刺的结局——但从中我们也能看出，即使是奥古斯都那么强大的宣传机器也无法将其从罗马的传奇历史中抹去。其实，对于布鲁图斯，奥古斯都也该心存感激：如果恺撒没有被杀，奥古斯都永远不会成为皇帝；如果恺撒没有成神，奥古斯都也不可能自称为“神之子”。

罗马的命运

这样看来，整个罗马历史似乎都是在为奥古斯都统治的必然性做铺垫。这一点在奥古斯都时期的许多文学作品中都有体现：李维的《建城以来史》就是很好的例证，在维吉尔的《埃涅阿斯纪》中也有集中的体现。诗中有些段落不仅提到了埃涅阿斯到达意大利并在战争中大获全胜是神的旨意，还提到了罗马和奥古斯都统治世界也是神的旨意。

诗中有两部分最具代表性。其中一个讲的是埃涅阿斯从库迈（Cumae）下到冥界，在那里他的父亲安喀塞斯（Anchises）的灵魂向他展示了那些尚未出生的人的灵魂，并讲述了每个人的命运，其中就说到了“奥古斯都·恺撒（Augustus Caesar），神之子，他将带来拉丁姆的新黄金时代”。另外一个讲到维纳斯送给了埃涅阿斯一面盾牌，工匠之神伏尔甘（Vulcan）在上面打造出了罗马的未来画面。画面中间就是奥古斯都在阿克提姆海战中大败安东尼和埃及女王克利奥帕特拉的场景。旁边还有他庆祝胜利时的狂欢场面。维吉尔还明确表示，这一切在罗马诞生之前就早已注定了。

虽然有人质疑维吉尔这样说或许言不由衷，但在公元前19年维吉尔去世后，《埃涅阿斯纪》被选为罗马的国诗，也意味着新政权最终得到了认可。公元前2年，奥古斯都为复仇者马尔斯神庙（Temple of Mars Ultor）举行落成仪式。他在神庙广场的一侧建了几个壁龛，里面供奉了埃涅阿斯及其父亲、儿子还有尤利乌斯家族其他重要成员的雕像。广场另一侧的壁龛里则矗立着罗马共和国各位伟人的雕像。这样一来，罗马建城神话、奥古斯都家族神话和罗马的史诗故事便被融合在了一起。

结语

复仇者马尔斯神庙绝非罗马唯一的神圣地标。整个城市都承载着丰富的神话记忆：卡比托利欧山（Capitoline Hill）是传说中萨图恩（农神）的属地；阿文廷山（Aventine Hill）是雷慕斯（Remus）观测预兆的地方；罗慕路斯最初在帕拉蒂尼山（Palatine Hill）建立了自己的城邦；马尔库斯·科提乌斯（Marcus Curtius）在古罗马广场（the Forum）献祭了自己，拯救了罗马；而克洛丽亚（Cloelia）带领她的同伴逃往安全地带时横渡的那条河就是台伯河（the Tiber）……可以说，无论什么时候说起古罗马的地理，都不得不提到它的神话传说和历史。

今天，罗马被称为“永恒之城”。游客们来到这里，会悠闲地在人行道上漫步，去博物馆欣赏展品，在广场品尝香浓的咖啡；乘坐地铁，在特拉斯提弗列区的教堂里躲避正午的骄阳；避让着来往的车流，在《罗马电影城》(*Cinecittà*)的电影拍摄场地观赏复原的老街；排队参观梵蒂冈(Vatican)，或者在台伯河边看着绿色的河水从芦苇丛生的河岸旁慵懒地流过。每当这个时候，游客们都会惊讶于这座城市丰富的历史和神话。来到城郊也是一样，游客们仿佛可以穿越到不同的历史时期：维爱曾是罗马的宿敌；阿尔巴隆加（Alba Longa）是国王们的出生地；拉维尼乌姆（Lavinium）是埃涅阿斯来到意大利时踏上的第一片土地。

本书将带读者进行两次旅行。第一次是穿越时间的旅行——从罗马建立之前到公元前390年高卢人入侵，再往后传奇故事就被真正的历史取代（也有人对此持不同看法）。第二次是穿越空间的旅行，跟随埃涅阿斯及其同伴的脚步从特洛伊来到意大利，和他的后代一起进入罗马，最后在托斯卡纳（Tuscany）和拉丁姆稍做停留，去了解罗马历史后期的一些传奇故事。在本书的最后一章，我们还会到帝沃利(Tivoli)去欣赏哈德良皇帝(Hadrian)所住的别墅以及周围的田园风光。但这并非本书的重点，本书的大部分内容还是与罗马神话有关的。我们会从奥古斯都时代那些作家的视角来了解罗马神话，因为我们现在所能看到的最宝贵的资料都是他们留下的。

书中提到的所有地方都可以参观游览。当你去到这些地方的时候就会发现，带上这本书真的非常有帮助。而对于那些足不出户、靠书本来“旅行”的人来说，书中每章开头的那部分简短描述也能让你有身临其境之感。我们虽然可以靠想象去“看到”那些自然风光，但对于神话故事而言，亲自去到那些故事的发生地还是很重要的。正如最近一位作者所说：

> 当我们穿行于某个现代景观时，仿佛就能看到那久远的过去以及神话故事中所描述的一切。移步前行时，仿佛昨日重现。一样的地名，极具年代感的老物件，还有神话故事中的生动描述，所有这些都让你意识到，眼前不仅仅是一处景观，它也是神话故事中那些人物曾生活过的地方。

凯瑟琳·克拉克（Katherine Clarke），《在历史中穿行》，收录于格里塔·霍斯（Greta Hawes，编者）的《地图上的神话》(*Myths on the Map*)，牛津，2017。

第一章
特洛伊：罗马人的精神家园

“万能的朱庇特，若您听到了我们的祈祷，请垂目于我们。除此之外，我别无他求。天父啊，如果您认为我们足够虔诚，请显灵吧。请赐我们一个预兆。”老人刚说完，便听到左边天空传来一声霹雳，一颗星星穿过黑暗，从天而降，后面还拖着长长的火光——耀眼而夺目。星星划过屋顶，落入艾达山（Ida）的森林，埋进深深的土里，仿佛前行的路标，又像是大地上一道长长的伤疤，闪着光，四周腾起烟雾，空气中弥漫着硫黄的味道。我父亲立刻坚定了信念。他挺起胸膛笔直地站着，怀着对天降之星无比的敬意，对众神说道：“事不宜迟！我将遵从神谕。您指引的地方，就是我要去到的地方。守护我们家园的神啊，请保佑这个家族，保佑我的孙子！您既已降下神之预兆，特洛伊便承您守护。”

维吉尔，《埃涅阿斯纪》，2.689—703

特洛伊的城墙高高地耸立在我们面前。石灰岩石板已没有了往昔的光泽，层层垒叠，随着高度的增加微微向一侧倾斜。石板以一种巧妙的弧度规则而又平顺地向外层层扩展，游客们顺着城墙就能走到东门。现在，在我们右边也有一堵高耸的城墙。两边城墙的高度让道路看起来像是一条隧道，沿着起伏的斜坡一直延伸出去。来到坡顶，站在草丘上，目光穿过数英里平坦的田野，就能看到达达尼尔（Dardanelles）海峡。金色的晚霞让海水泛起粼粼波光，蓝色的海面闪烁着金属般的光泽。集装箱货轮像幽灵一样在海上航行。在幽幽的雾霭中，烈士纪念碑的轮廓清晰可辨、巍巍屹立，纪念着那些在加里波利（Gallipoli）战役中英勇奋战、视死如归的奥斯曼土耳其士兵。成千上万的盟军士兵也在那场战役中殒命。

烈日炙烤下，山坡上的草已经干枯了，但我们站在这小丘上并非只是为了欣赏风景。若没有足够的想象力和坚定的信念恐怕很难理解，但是我要告诉你的是，我们来到这里是因为在那围墙之内曾有一座密涅瓦的多立克式神庙（Doric temple）。这座神庙所在的位置原本是一座更古老的神社，里面曾供奉着一尊雕像。据说这座雕像是雅典娜的神像（the Palladium），是从天而降的神赐雕像，具有保护力。除非神像遗失，否则特洛伊城永远不可能被攻占。然而，有传言说，真正的神像其实早就被特洛伊难民秘密运到了西方，并一直守护着他们的后代和他们所建的城邦。传言并非毫无根据，因为在迅速强大起来的罗马帝国中心就有座美丽的维斯塔神庙（Temple of Vesta）。在那里，来自特洛伊的雅典娜神像被小心翼翼地守护着，就像守护象征民族精神的永恒火焰一样。

雅典娜女神像，特洛伊的神秘守护者

雅典娜神像是血与悔恨的产物。女神密涅瓦出生时是全副武装地从她父亲朱庇特的头上跳下来的。她由海神特里同（Triton）抚养长大。特里同有一个女儿，叫帕拉斯（Pallas），是密涅瓦最好的玩伴。一天，两人一起玩战争游戏，正扭打的时候，一旁看着的朱庇特开始担心了。于是，他忍不住出手干预，用自己的护甲（一件有法力的山羊皮，周围缠绕着一圈吐着信子的蛇）护住了密涅瓦。帕拉斯分了神，瞥向他的时候，密涅瓦正好发动了攻击。她试图收手，但太迟了！那是致命的一击，密涅瓦最终无法挽救自己好友的生命。

悲伤欲绝的密涅瓦从此便用她死去朋友的名字来称呼自己——在希腊语中，她被称为帕拉斯·雅典娜（Pallas Athene）。当时密涅瓦已是个技艺高超的雕塑家，她为帕拉斯制作了一个雕像，也就是雅典娜神像。她把朱庇特的护甲披在了雕像身上，并给这座雕像注入了非凡的法力。起初，她把这座雕像安置在萨莫色雷斯岛（Samothrace）上。人们会在神像前举行祭祀仪式，祈求死后还有来生。后来，当地一位公主来到神庙。当时公主已有身孕，怀的正是朱庇特的孩子。公主的出现让雅典娜神像的处女圣洁遭到玷污。于是，朱庇特一怒之下抓起雕像扔了出去。雕像在爱琴海（Aegean sea）北部上空划出一道巨大的弧线，最后落在了特洛伊。特洛伊人为密涅瓦建造了一座神庙，将雅典娜神像安放在最重要的位置来纪念并保护它的安全，因为他们知道，这座神像也会保护他们——就像多年后它保护罗马一样。

特洛伊的起源

根据希腊人的说法，给萨莫色雷斯岛带来这场大乱的公主生下了后来统治特洛伊的达耳达诺斯（Dardanus）。然而，在罗马，人们讲述的却是另外一个故事。他们认为，达耳达诺斯是土生土长的意大利人，是伊特鲁里亚王子。他在经历了多次大战后离开科里苏斯（Corythus，今托斯卡纳的科尔托纳），乘船一路向东到了小亚细亚。在那里，他受到了透克洛斯（Teucer）国王的欢迎。透克洛斯国王也是刚到小亚细亚不久，他从克里特岛（Crete）来到这里是为了躲避可怕的饥荒。透克洛斯国王对这位伊特鲁里亚难民颇有好感，便把自己的女儿嫁给了他。（按照这个故事版本）他女儿的嫁妆里面就有那座雅典娜神像。达耳达诺斯开创了一个新的王朝时代。他的孙子特洛阿斯（Troas）用自己的名字命名了特洛伊以及城市外围的特洛阿德（Troad），而特洛伊的另外一个名字伊利昂（Ilium）则是得名于特洛阿斯的儿子伊洛斯（Ilus）。有人说，最初是伊洛斯建立了特洛伊城，还建造了密涅瓦神庙来安放雅典娜神像。

无论是在当时还是后世，特洛伊王子们的美貌都让众神对他们心生爱慕。伊洛斯的兄弟加尼米德（Ganymede）受到了朱庇特的喜爱。朱庇特变身成一只鹰，把这个年轻人带到了奥林匹斯山（Mount Olympus），让他为众神司酒，还让他做自己的娈童（拉丁语里加尼米德的名字就叫Catamitus，即有此意）。曙光女神奥罗拉（Aurora）爱上了另一位特洛伊王子提托诺斯（Tithonus）。她请求朱庇特让提托诺斯获得永生——但却忘了也让他永远年轻。虽然永生不死，提托诺斯却逃不了年老色衰的命运，最终变得苍老无力、行动困难，被奥罗拉关在了一个隐蔽的牢房里。后来，朱庇特心生怜悯，把他变成了世上的第一只蝉。

而另一位女神和特洛伊王子之间的爱情影响更加深远，不仅影响了罗马的神话和文学，也影响了罗马的历史。

维纳斯和安喀塞斯：天造地设的婚姻

伊洛斯的孙子安喀塞斯在特洛伊东南边的艾达山上放牛。《荷马史诗》中记载，爱神维纳斯看到安喀塞斯的时候，（在朱庇特的怂恿下）立即“对他产生了深深的渴望，饥渴的欲望瞬间吞噬了她”。用心梳妆、精心打扮，还戴上自己最美的珠宝，维纳斯这才以一个凡人女孩的身份走向安喀塞斯。虽然她的美貌很难让人相信她是一个凡人，安喀塞斯也心存疑虑，但安喀塞斯实在是沉迷于维纳斯的美貌无法自拔，完全将恐惧抛诸脑后。明知“任何男人与女神有了肌肤之亲，都会以健康为代价，慢慢耗尽自身元气”，他还是义无反顾。维纳斯向他保证道：

> 安喀塞斯，你是所有凡人中最优秀、最勇敢的。不要害怕。我不会伤害你，也不会让别的神伤害到你，他们也都非常爱你。我们会生下一个儿子，他将统治所有的特洛伊人以及他们生生不息的后代。人们会称他为“可怕的埃涅阿斯”，只因我爱上了一个凡人，内心充满了纠结与苦楚。

也有人认为埃涅阿斯这个名字有另外一层意思。它不是来源于希腊语 *ainos*（可怕的、恐怖的），而是来源于 *ainē*（赞美）。罗马人认为埃涅阿斯是他们的祖先，这两种说法似乎并无不妥。

与安喀塞斯有了肌肤之亲后，维纳斯难抑内心羞愧，让安喀塞斯保证不将此事泄露出去，否则会受到朱庇特的雷击之刑。然而，安喀塞斯并没有信守承诺。朱庇特却是说到做到。有人说朱庇特把吹嘘自己艳遇的安喀塞斯杀死了，也有人说朱庇特把他的眼睛弄瞎了。但大多数艺术家和作家（包括维吉尔）都更愿意相信安喀塞斯虽然受了伤，但还是活下来了，还活到了老年。不料，最后却因为儿子埃涅阿斯不明就里参与的一次冒险行动而受了连累。

评判和诱拐

埃涅阿斯是由艾达山上的仙女们养大的。少年时，埃涅阿斯曾陪同他的堂兄帕里斯（Paris）去希腊执行任务。帕里斯和特洛伊的命运密不可分。他的父母普里阿摩斯（Priam）和赫库芭（Hecuba）被警告说他们的儿子将给特洛伊带来毁灭。于是，他们把还是小婴儿的帕里斯扔在艾达山上任其自生自灭。然而，一个牧羊人救了他，还把他当成自己的孩子抚养长大。后来，在帕里斯即将成年的时候，众神的信使墨丘利（Mercury）现身来到他面前。当时，帕里斯正在半山腰放牛。墨丘利带来了一个金苹果，上面刻着“献给最美丽的人”。与他同来的是三位女神：维纳斯、密涅瓦和朱庇特的妻子朱诺。他让帕里斯把苹果送给他认为最合适的人选。

三位女神都各自给了帕里斯一个诱人的承诺：密涅瓦保证会让他统治希腊；朱诺承诺让他统治整个亚洲；维纳斯则答应把世界上最美丽的女人许配给他。让赫拉和密涅瓦恼怒的是，维纳斯赢了。很快，帕里斯回到特洛伊，要求得到他与生俱来的权利。他的父母原本还在为杀死了自己的儿子而悔恨不已，却意外地发现帕里斯竟然还活着。他们欣然同意了帕里斯的请求，并让他踏上征途，寻求维纳斯应允的一切。埃涅阿斯也自告奋勇要陪他同去——埃涅阿斯当时并不知道他们要找的就是斯巴达王后海伦（Helen），占有欲极强的墨涅拉奥斯（Menelaus）之妻。很快，凭借自己的英俊还有维纳斯的帮助，帕里斯趁海伦的丈夫离开克里特岛的时候，引诱了海伦，还说服她跟他一起回到特洛伊。墨涅拉奥斯发现这一切后，怒不可遏。他当年与海伦结婚时，其他希腊国王都曾发誓说，若有一天海伦做出背叛他的事，他们会出手相助。于是，墨涅拉奥斯凭借他们当年许下的这个承诺，集结了一支军队［由他的兄弟阿伽门农（Agamemnon）指挥］，起航前往特洛伊。

埃涅阿斯与特洛伊战争

到了特洛伊后，希腊人给出最后通牒：归还海伦，他们将停止进攻。帕里斯拒绝了，双方陷入长期对峙。特洛伊人隔三岔五地在最高统领赫克托耳（Hector）的带领下攻击希腊人的营地，而希腊人也开始了长期的消耗战，在周围城郊地区不断进行大肆破坏。围城的大部分时间里，埃涅阿斯都不在特洛伊，因为普里阿摩斯曾得到神谕并因此对埃涅阿斯心生怨恨，怀疑他对自己有异心。正如荷马的《伊利亚特》（*Iliad*）中海神尼普顿（Neptune）提醒众神时所说：

> 克洛诺斯的儿子（朱庇特）早已恨透了普里阿摩斯家族。从现在起，特洛伊人将由埃涅阿斯以及他的后代子孙统治。

因为和普里阿摩斯彼此间生了嫌隙，埃涅阿斯便潜进了艾达山的旷野，在那里养鸡放牛。然而，即使在偏僻的山野里，他也没能躲过战争的影响。有一次，希腊英雄阿喀琉斯（Achilles）率军队突袭进山，埃涅阿斯被包围，寡不敌众，最后在朱庇特的帮助下才侥幸逃脱。逃出后的埃涅阿斯悄悄回到了特洛伊，溜进了这座被围困的城市。而普里阿摩斯为了与他和解，同时也想破除神谕对自己不利的方面，就把自己的女儿克瑞乌萨（Creusa）嫁给了埃涅阿斯。后来，他们有了一个儿子，名叫阿斯卡尼乌斯（Ascanius），也被称为伊洛斯，或尤尔（Julus）——这个名字将会响彻整个罗马历史。

特洛伊城外战况日益激烈，埃涅阿斯也经常在前线鏖战，曾多次与希腊最勇敢的勇士作战。他英勇善战，不畏强敌，有好几次都险些丢了性命。

但众神深知他的命运与特洛伊息息相关，总会适时出手相救。有一次，希腊的狄俄墨得斯积蓄全力向埃涅阿斯扔了一块巨石，将他的髋骨击得粉碎。埃涅阿斯当即昏迷，不省人事。原本这次就可能性命不保，但一向厌恶战争的维纳斯亲自上了战场，想把他带到安全的地方。就在他们撤离战场的时候，狄俄墨得斯向维纳斯扔出长矛，刺穿了她的手。维纳斯险些失手将埃涅阿斯扔下去，好在阿波罗（Apollo）就在附近。他出手救了埃涅阿斯，并把他带到自己在特洛伊的神庙里。阿波罗在母亲拉托娜（Latona）和妹妹狄安娜（Diana）的帮助下，救回了埃涅阿斯的命。

还有一次，埃涅阿斯迎战阿喀琉斯，“这二人都是可敌千军万马的强将”。埃涅阿斯头戴青铜头盔，手持盾牌和长矛，大步穿过特洛伊防线，进入阵前空地。而阿喀琉斯则像一头饥饿的狮子，上前迎战。他故意提起埃涅阿斯在艾达山落败逃走的事想激怒他。埃涅阿斯可没有“像小孩吵架……或者泼妇骂街”一样来回怼他，而是直接把长矛刺进阿喀琉斯的盾牌，但阿喀琉斯并未受伤。他拔出剑来向埃涅阿斯刺去。埃涅阿斯随即举起一块巨石向他砸了过去。跟上次一样，又有一位神现身来干预了。考虑到埃涅阿斯命运的特殊性，尼普顿把他从战斗中带走，还警告他说，只要阿喀琉斯还活着，就不允许他上阵迎战。这样，就没有任何一个希腊人能伤害到埃涅阿斯。不久，在密涅瓦的帮助下，阿喀琉斯杀死了赫克托耳。在希腊人眼中，赫克托耳是特洛伊的力量象征，而埃涅阿斯则是特洛伊的灵魂。后来，阿喀琉斯也被帕里斯一箭射穿了脚后跟，死了。特洛伊城似乎依旧无法征服。尤利西斯和狄俄墨得斯甚至还趁黑摸进城里，穿过宽阔的街道，从密涅瓦神庙把那座雅典娜神像偷了出来，搬回自己的营地。即便如此，这座城在他们看来依然牢不可破。眼下，似乎只有靠诡计才能结束战争了。

木马和拉奥孔

一天早上，特洛伊从睡梦中醒来时奇迹发生了。海湾那里多年来都是黑压压的船和驻扎的希腊士兵，可一夜之间却突然消失了，沙滩上出现了一匹巨马。这匹巨马是用木头精心设计建造而成的。维吉尔的书中还记录了特洛伊人曾试探性地出城，想要一探究竟。有人对此疑虑重重，尼普顿的祭司拉奥孔（Laocoön）就是其中之一。他认为这就是个圈套，拿起矛刺穿了马的身体，大声说道：“不管这是什么，我都信不过希腊人，尤其是他们送礼物上门的时候。”

就在这时，一个年轻的囚犯被拖了进来。囚犯的名字叫西农（Sinon），

“我信不过希腊人，尤其是他们送礼物上门的时候。”这幅壁画来自斯塔比伊（Stabiae）的阿里阿德涅别墅（Villa Ariadne），画中描绘的就是特洛伊木马。

他告诉众人，自己刚刚从希腊人那里逃脱出来。希腊人本打算用他来献祭，祈求撤兵返航的途中平安顺利。他还说，这匹马是希腊人献给密涅瓦的礼物，想借此平息密涅瓦的怒火，因为此前他们从密涅瓦神庙里偷了雅典娜神像。可神像刚运到希腊军营就开始大汗淋漓，两眼冒火，三次从底座腾空而起。这木马和雅典娜神像一样，也拥有保护力。希腊人怕特洛伊人把它拖进城里，就故意把它做得很大，好让它无法穿过城门。

听完西农这番话，所有人都对此深信不疑。这时，两条巨大的海蛇突然从特内多斯岛（Tenedos）乘着海浪来到岸边，径直朝拉奥孔和他的两个儿子扑去。两条巨蛇分别缠住了拉奥孔的两个儿子，疯狂地撕扯，紧紧地勒住不放。拉奥孔急忙冲上前去帮忙：

巨蛇也抓住了拉奥孔，紧紧地缠绕着他。覆有鳞片的身体在他的腰上缠过两圈，又绕过脖子两圈，蛇头和蛇颈高高昂起。自始至终，拉奥孔都在拼命挣脱蛇身的束缚，他身上的祭司袍沾满了蛇血和黑色的胆汁，喉咙里爆发出可怕的怒吼，仿佛一头受伤的公牛。他手中的斧子失了准头，砍被蛇缠住的拉奥孔和他的两个儿子正在奋力挣扎。这座大理石雕塑曾被安置于提图斯皇帝（Emperor Titus）的宫殿里，现在收藏于梵蒂冈博物馆。

在了巨蛇的颈部。拉奥孔拔出斧子，从祭坛上跌跌撞撞地走下来。这时，两条蛇意欲逃跑。它们朝着高耸的圣殿爬去，寻到了密涅瓦的神像，然后在女神脚边的圆盾下盘缩了起来。

眼前发生的一切就像是一个可怕的预兆，让特洛伊人对西农的话深信不疑。他们立刻拆除了一个城门，用滚轴把木马拖到了密涅瓦神庙。随后，特洛伊人便开始了狂欢庆祝活动，一直持续到深夜。海伦领着他们在街上跳舞，手里挥舞着火把，而火把的光从远处的海面上依然能看得到。最后，整个城市结束狂欢，沉沉睡去。没有人看到希腊船只在夜色的掩映下悄悄驶了回来，也没有人看到木马腹部的活动板门打开了，那些被精挑细选出来的杀手顺着绳索滑下来。等到特洛伊人知道发生了什么的时候，已经太晚了。希腊人涌入他们的城市，屠杀开始了。

逃离特洛伊

此时的埃涅阿斯突然从睡梦中惊醒。他梦见死去的赫克托耳出现在他面前，向他发出警告，催促他赶紧逃跑。赫克托耳还叮嘱他，逃走时务必把城里的神圣之物一并带走，包括家邦守护神（Penates）的雕像、神圣的法衣，还有灶神维斯塔的雕像和圣火。但是埃涅阿斯却选择留下来战斗，而不是逃跑。他带着一伙人冲到大街上——眼前一片混乱。大火几乎蔓延至整个特洛伊城，全副武装的希腊人封锁了所有逃生路线，其他人则挨家挨户疯狂地杀戮和抢劫。埃涅阿斯一行杀出一条路，来到了普里阿摩斯的宫殿，但是已经太晚了。阿喀琉斯的儿子，那个嗜血成性的涅俄普托勒摩斯（Neoptolemus）早已破门而入，将老国王杀死在了祭坛的台阶上。王后赫库芭和几个女儿“像暴风雨中的鸽子一样蜷缩在一起”。

看着眼前的一切，埃涅阿斯内心为自己家族的命运忧虑不已。这时，他看到了海伦——这一切苦难的根源。他正要杀死海伦报仇雪恨时，他的母亲维纳斯现身了，周身光芒四射，“就像她出现在众神面前时一样”。维纳斯劝他说，当下最要紧的是保住自己和自己所爱之人的性命。她说，特洛伊的陷落无可避免，是天神震怒的结果，尼普顿、朱诺和密涅瓦等一众天神都在为希腊人而战。整个特洛伊只有埃涅阿斯一人还有未来，所以他必须逃离。

埃涅阿斯听后深信不疑，便急忙动身前往安喀塞斯的住处，克瑞乌萨和尤尔也藏身在那里。起初他的父亲拒绝离开，直到他看到两个可怕的预兆才改变了主意。起先是一团火光在尤尔的头顶盘旋。片刻之后，天空中一个火球掠过屋顶，坠入艾达山：众神会保护他的家人，但他们现在必须离开特洛伊。肩上扛着安喀塞斯，手上牵着年少的尤尔，埃涅阿斯和他的家人沿着小路穿过烽火四起的特洛伊城，一路狂奔到安全的城郊地区。可是，克瑞乌萨却不见了人影。埃涅阿斯急得发狂，冲进熊熊燃烧的城墙内，四下寻找。

就在那时，他见到了当晚的第三个异象：克瑞乌萨的魂魄。朱庇特不允许她去陪伴自己的丈夫。根据维吉尔（他认为伊特鲁里亚人来自吕底亚）的记载，克瑞乌萨告诉埃涅阿斯：

对你来说，这是一次漫长的流放，你将远渡重洋，到达希斯皮里亚（Hesperia），一个西方世界。那里有吕底亚的台伯河在富饶的牧场之间流淌。那里的人都身强力壮。你会在那儿找到幸福，建立自己的帝国，拥有自己的王后。

埃涅阿斯想要上前拥抱她，可刚要触摸到她时，她却消失了。破晓时分，他与家人会合。很多特洛伊难民也都来投靠他们。带上家邦守护神，他们向群山密林里走去。前往意大利的旅程开始了。

其他版本

上面所讲的故事是罗马人维吉尔在《埃涅阿斯纪》中记载的，但希腊人却对埃涅阿斯的逃跑有不同的说法。有人说，他在特洛伊城陷落前就离开了，可能是去往弗里吉亚（Phrygia）执行任务，也可能是因为提前得到了维纳斯的警告才离开的；另一些人则认为，在特洛伊被攻陷的当晚，埃涅阿斯英勇杀敌，集结军队，保护王室财宝，直到继续抵抗已毫无意义的时候才无奈撤退。后来，他们来到艾达山，坚持与希腊人不懈抗争。最终，在双方多次谈判之后，希腊人同意让埃涅阿斯及其追随者获得自由。希腊人之所以这样做，主要是考虑到埃涅阿斯曾在战争期间努力说服特洛伊人将海伦归还给墨涅拉奥斯。还有一些人（主要是那些对罗马的缔造者并无太多好感的人）认为，埃涅阿斯长期以来与普里阿摩斯不和，且一直忌妒帕里斯，于是便与希腊人勾结，背叛了特洛伊。正如狄奥尼修斯所言，“人们总是去相信那些自己愿意相信的故事”。

雅典娜神像的去向也同样受到了质疑。尤利乌斯·恺撒铸造的硬币上就有他的祖先埃涅阿斯。他右手抓着雅典娜神像，背上背着安喀塞斯，正在逃离特洛伊。有一些艺术品也展示了同样的场景。如果雅典娜神像是被尤利西斯和狄俄墨得斯偷了，那埃涅阿斯又是从哪里得到它的？对此，传统神话也演绎出不同的版本：有种说法是，希腊人偷走的是一个假的神像，它被放在密涅瓦神庙里作为诱饵。另一个说法是，原本就有两个神像，希腊人拿走了一个，埃涅阿斯拿走了另一个。古代有位《埃涅阿斯纪》评论家还讲过第三个版本：雅典娜神像在狄俄墨得斯手上。可他回到家时，却发现了妻子的不忠。他毅然决然地离开了，一路航行到意大利。在那里，他建立了许多城市，其中就有布林迪西（Brindisi）。后来，他在卡拉布里亚（Calabria）遇到了埃涅阿斯。狄俄墨得斯将彼此的敌意暂时抛开，想要把神像还给埃涅阿斯。可埃涅阿斯当时正在献祭，蒙着头，并没有看见狄俄墨得斯。神像被另一个特洛伊人瑙特斯（Nautes）拿走了。这位评论家写道：

在公元前47年恺撒铸造的银币上，埃涅阿斯单肩扛着父亲安喀塞斯，右手拿着雅典娜神像，正在逃离特洛伊。

“这就是为什么今天主持密涅瓦祭祀仪式的是瑙特（Nautii）家族，而不是尤利乌斯家族。”

特洛伊的过去和现在

对于罗马人，尤其是血统可以追溯到尤尔、埃涅阿斯和维纳斯的尤利乌斯家族的人来说，特洛伊有着特殊的意义。在这座既富有传奇色彩而又真实的城市里，发生了太多振奋人心的故事，其中最重要的就是埃涅阿斯受到众神庇佑，决心完成使命，建立罗马的故事。到了现代，神话与现实的碰撞就像是令人上头的鸡尾酒，所以回顾一下真实的特洛伊历史或许会让人稍微清醒一点。

特洛伊城已经有将近四千年的人类居住史。最早的时候（约公元前3000年），城邦的周围高墙环立，坚固无比。这里是赫勒斯滂海峡（Hellespont，现在的达达尼尔海峡）西部海湾的一处船只停靠地。得天独厚的地理位置让当地人可以与来自爱琴海各地的人在思想、贸易和技术等方面进行广泛交流，统治阶层也是富有而强大。然而，大约在公元前2300年，占地约9公顷（22英亩）的城堡要塞和下城区皆毁于大火。这场大火很可能是因战争而起——当地居民匆忙将珍宝（包括金、银、青铜、琥珀金、玛瑙和青金石制品）掩埋起来，却再也没有机会将其挖出。当海因里希·施里曼（Heinrich Schliemann）发掘出这一时期的精美珠宝时，他认定这些珠宝属于神话中的海伦。而事实上，这些珠宝比海伦所处的时代早了一千年。

由于施里曼怀着极大的热情进行了过度挖掘，加之在希腊化时代，人们为建造新的密涅瓦神庙将许多早期城堡夷为平地，在这之后的各个历史阶段，特洛伊几乎没有留下什么存在的痕迹。但到了公元前1750年，这座城市再次迎来了繁荣与昌盛。城里建起了大型双层建筑，这些建筑大多在一层建有防御性高墙。其中一座双层建筑显然是专门的纺织品加工场所，还有一座很可能是寺庙。高高的塔楼和5米（16英尺）宽的石灰石墙保护着城堡。随着高度的上升，城墙逐渐向内倾斜，墙石纹路纵横交错，让城墙多了一丝柔和。城墙之外，有一个占地30公顷（75英亩）的繁荣小镇。小镇四周还挖了一条沟渠，并围有栅栏。人工开凿的水井和地下隧道构成了复杂的水道系统，为整个小镇提供生活用水。然而，大约在公元前1300年，可能是发生过地震，小镇和城堡都遭到了一定程度的损毁。

城堡被毁后很快就重建了。重建后，原来的空地处多了很多小型房屋，还新建了几处塔楼，好像在告诉人们这座城曾被围困的命运。赫梯（Hittite）档案中的书信材料给我们提供了大量证据，证明维鲁萨（Wilusa，伊利昂或特洛伊的另一个名字）在历史上曾多次成为被争夺之地。人们在这里发现了厚达1米（3英尺）的灰烬，还有未掩埋的人体遗骸、箭头和弹弓。这些都表明大约在公元前1180年，特洛伊城曾在一场熊熊大火中陷落。这个日期与《荷马史诗》中特洛伊围城的相关推断基本一致，但与希腊大陆的考古发现不一致。根据希腊考古得出的推断，此时神话中特洛伊的敌邦早已陷落了。这一时期的地中海东部正处于动荡之中，到底是谁在此时攻打过特洛伊，我们不得而知。这座城市很快进行了重建，但却不似往日般宏伟。在这之后，特洛伊便进入了黑暗时代，但这一说法是否符合史实我们并无确实的佐证。

那时的特洛伊海岸线正在逐渐后退，海湾也在不断缩小，特洛伊已不再是商业中心。有意思的是，从很多史迹中都能看出来，公元8世纪时这里曾举行过很多宗教活动和盛会，显然都是在庆祝或纪念这座城市的辉煌历史。特洛伊正逐渐转变成一个承载历史遗迹的城市，而特洛伊战争则成为东西方紧张局势和彼此侵略的例证。公元前480年，波斯国王薛西斯（King Xerxes）发动了对希腊的入侵（在一定程度上是因特洛伊遭洗劫而进行的复仇，然而却以失败告终）。据说，战前，薛西斯在特洛伊的密涅瓦神庙献祭了一千头牛。公元前334年，在入侵波斯之前，亚历山大大帝（枕头下总会放着一本《伊利亚特》）赤身裸体地跑到阿喀琉斯的坟丘前献祭，发誓要在特洛伊为密涅瓦建造世界上最大的神庙。然而，一切还没开始，他就去世了，但他的继任者却将这座城市发展壮大了起来。在古罗马帝国朱里亚-克劳狄（Julio-Claudian）王朝历任皇帝的统治下，特洛伊逐渐繁荣起来，成为罗马人的精神家园，再次被赋予了重要意义。后来，君士坦丁大帝（Constantine）在定都君士坦丁堡（今伊斯坦布尔）之前曾考虑将特洛伊作为首都。在拜占庭统治时期，特洛伊的重要性日渐下降。1452年，他们的死对头“征服者”穆罕默德（Mehmet the Conqueror）在打败十字军异教徒（当时十字军被称为荷马时期希腊的后继者）后曾来到此地庆祝胜利。

在这之后的四百年间，这座城市几乎被人们遗忘了。1865年，英国人弗兰克·卡尔弗特（Frank Calvert）认为“要塞之地”希萨利克（Hisarlık）就是荷马史诗中的特洛伊城，并对此说法深信不疑。于是他便买下了这块土地，开始考古挖掘。六年后，在附近的恰纳卡莱（Çanakkale），具有浪漫情怀的德国人海因里希·施里曼在一次偶然的闲谈中听到了这一消息，也是兴奋不已，于是他接手了这项工作，将自己的大部分财富投入到了考古挖掘之中。而他的这一行为，却在无意中对这处极具考古价值的遗址造成了破坏。从那以后，考古挖掘工作就一直在继续。当年拜伦（Byron）来到这里时，看到的是“未曾开垦过的广袤平原，四面群山环绕”，这番景象让他深受触动，于是便有了这样的诗句：“伊利昂（特洛伊的希腊语名）的城垣何在/我只见那羊群在静静地吃草，乌龟正懒懒地爬行。”可惜，持续的考古挖掘让这一切都不复存在了。

与特洛伊有关的重要日期和遗迹

公元前3000年	特洛伊I：建城初期。
公元前2550—前2300年	特洛伊II：有迹象表明城堡和下城区曾较富足，后来毁于大火。
公元前2300—前1750年	特洛伊III-V：在经历了一段相对贫困的时期后，财富有所增加。
公元前1750—前1300年	特洛伊VI：城堡上建有很好的房屋，下城区占地30公顷（75英亩）。部分毁于地震和火灾。
公元前1300—前1180年	特洛伊VIIa：城堡上建了更多房屋，下城区也扩建了。最终在战争冲突中被毁。
公元前1180—前950年	特洛伊VIIb：城邦重建（或许是由移民重建？）。
公元前950—前85年	特洛伊VIII：特洛伊成为历史遗址。
公元前480年	薛西斯在密涅瓦神庙献祭。
公元前334年	亚历山大大帝在特洛伊献祭。
公元前85年	罗马将军芬布里亚（Fimbria）洗劫了特洛伊，但苏拉（Sulla）又重建了这座城市。
公元前85年—公元500年	特洛伊IX：在罗马统治下，特洛伊再次成为重要的精神家园。
公元前48年	尤利乌斯·恺撒来到特洛伊，并为建筑工程揭幕。

公元前20年　奥古斯都来到特洛伊，重建了密涅瓦神庙和剧院。

大约公元318年　君士坦丁考虑把特洛伊作为他的东方首都。

公元1452年　“征服者”穆罕默德二世来到特洛伊。

公元1865年　弗兰克·卡尔弗特买下遗址并开始挖掘。

公元1871年　海因里希·施里曼接手挖掘工作。

特洛伊位于恰纳卡莱西南的E87号公路旁。整个古城遗址修建有进出大门，周围是绵延的麦田。停车场里那尊仿建的巨型木马异常醒目。一条小路从停车场延伸出来，经过考古室（dig house，现在已改建成博物馆，里面展示了一些模型和照片）后分成了左右两条岔路。往右走就到了观景台。顺着台阶往左走就来到了（特洛伊Ⅵ期）美丽的**古城墙**和**东门**。从这里继续沿着步行道向上爬，就来到了**密涅瓦（雅典娜）神庙**。这里有罗马式祭坛，达达尼尔海峡的美景也能尽收眼底。沿小路继续向前，经过（特洛伊Ⅰ期的）**早期城墙**和（特洛伊Ⅱ期的）**房屋遗迹**后，绕过施里曼当年挖掘的壕沟，就来到了一处开阔的坡道。沿坡道前行就能看到特洛伊Ⅱ期修建的城堡和**特洛伊Ⅵ期**的一段城墙。再往前是圣殿（sanctuary）。小路从这里拐了个弯，通向了**古罗马剧院**（Roman Odeon）和**议事厅**（Bouleuterion），两者之间是一处狭窄高耸的门道，门道前有一个**祭坛**。据说这里就是荷马所说的斯卡安城门（Scaean Gates）。青葱密林下面就是下城区，**阿喀琉斯的墓地**（Grave Mound of Achilles）就在那里。

土耳其总统雷杰普·塔伊普·埃尔多安（Recep Tayyip Erdoğan）将2018年定为“特洛伊年”。在首席考古学家吕斯特·阿斯兰（Rüstem Aslan）的支持下，一座新的博物馆在特洛伊古城遗址处建成并对公众开放。同时，在该遗址中发现的一些古物也被收藏在了**伊斯坦布尔考古博物馆**。其他出土的古物，包括“海伦的珠宝”在内，则流落在外，历经了诸多波折。这些文物被施里曼带到德国后，一直保存在柏林的皇家博物馆。第二次世界大战爆发后，又被藏在了柏林动物园下面的金库里。战争结束后，解放柏林的俄罗斯红军将这些文物带到了莫斯科，现在陈列在普希金博物馆。

第二章

提洛岛和阿波罗的庇护

大洋中有一座岛屿，那里是海仙女之母多丽斯（Doris）和爱琴海海王最钟爱的地方。过去，这座岛沿着海岸线漂移不定。擅长引弓射箭的太阳神阿波罗便将它牢牢固定在海上，俯视着米克诺斯岛（Myconus/Mykonos）和杰鲁斯（Gyarus）。从此，这座岛便一动不动地立在海里，再大的风浪也无法动摇它分毫。我旅行到此处时，静谧的提洛岛将我和我那些疲惫不堪的船员们拥入了它安全的港湾。于是，我们便走下船来，带着深深的敬意来到这座属于阿波罗的城市。艾尼奥斯（Anius）既是岛上的国王，也是阿波罗的祭司。他头上装饰着丝带和神圣的月桂叶，快步走向前来迎接我们。

维吉尔，《埃涅阿斯纪》，3.73—82

码头处，泛起的涟漪正轻轻拍打着阳光炙烤下的岩石。离开码头，便能看到一处低凹的深谷。这里曾是一片神圣的湖泊，如今湖水早已干涸。废弃的庙宇还立在一旁，另一边的石狮大道向海边延伸而去。剧院也早已荒废。在这里唯一能听到的声音就是微风掠过干草丛时沙沙的响声、蜥蜴窸窸窣窣的爬行声，以及身后的小山上鹌鹑们轻快的咯咯声。观众席的石制座椅东倒西歪，周围杂草丛生。坐在这里，可以看到进出港口的船只——有私人游艇、有从附近的米克诺斯岛到这里一日游的客船，还有为即将远航的巨型游轮运送补给的船只。乘客们陆续下船登岸，许多人显然被这个看似不起眼的小岛弄得不知所措。有些乘客又热又累，无精打采，正等着坐船返航。他们的这种疲惫感不仅仅来自热辣辣的太阳，还来自四周的荒凉。这种荒凉会让人生出一种孤寂感，扰人心神，挥之不去。

很少会有人到这座破旧的剧院里来，也少有人会爬上剧院后面的山坡。山坡最高处只有112米，却有个响亮的名字，辛托斯山（Cynthus），从这里可以将周围基克拉泽斯群岛（Cyclades）的风光尽收眼底。剧院上方是古罗马样式房屋建筑，爬到这里的人更是少之又少。只有来到这里，才能看到那些令人惊叹的镶嵌画，这些房子也因这些图案而得名：海豚之家以及面具之家［地板上的图案是年轻的酒神巴克斯（Bacchus）侧骑在一头黑豹的背上，黑豹正腾空跃起，算得上是一件绝佳的艺术品］。然而，提洛岛并不属于特立独行的酒神巴克斯。恰恰相反，这座岛的主人是巴克斯的对头——太阳之神、音乐之神和理性之神阿波罗。罗马第一任皇帝奥古斯都将阿波罗作为自己的守护神。

提洛岛上的埃涅阿斯

根据维吉尔的描述，得胜后的希腊人从特洛伊返航后，埃涅阿斯（克瑞乌萨最后对他说的话还萦绕于耳边）和他的追随者们也组建了一支舰队扬帆起航了。不久，海风把他们的船队吹到了提洛岛——预言之神阿波罗眼中的神圣之地。在这里，他们受到了国王艾尼奥斯的热情欢迎。国王艾尼奥斯也是埃涅阿斯的父亲安喀塞斯的老朋友。虔诚的埃涅阿斯立即进入神圣的阿波罗神庙虔诚祈祷，祈求神灵为前路做出指引。霎时，地震来袭，整个岛屿都在晃动，一个声音从神庙的地底深处传来（在众多改变罗马命运的神谕中，这是最早的一个）：

> 顽强勇敢的达耳达诺斯的子孙们，回你们祖先的家园去吧，回到她富饶的怀抱里。去寻找你们祖辈的根！在那里，埃涅阿斯家族的子子孙孙将统治每一片海岸。

这幅湿壁画画的是手握七弦琴的阿波罗。该壁画是在罗马帕拉蒂尼山上的奥古斯都宫（the House of Augustus）遗址附近发现的。

他们“祖先的家园”在哪里呢？关于特洛伊的建立及其始创者的来处，有太多不同的传说，以至于他们搞不清阿波罗到底想让他们去哪儿，而安喀塞斯却认为自己大概知道祖先家园的所在之处。他回忆说，特洛伊的第一任国王透克洛斯来自克里特岛，被称为“伟大母亲”的自然女神西布莉（Cybele）也来自克里特岛。那里很多西布莉的狂热崇拜者举行各种仪式对她顶礼膜拜。

于是，特洛伊人毫不迟疑，立即起航去往克里特岛。在珀加米亚［Pergamea，大概就是现代的普拉坦亚斯（Platanias），位于哈尼亚（Chania）以西几英里处］，他们开始建造一座新的城市。然而不久，爆发了一场瘟疫，安喀塞斯敦促他们回到提洛岛，向掌管健康与疾病的阿波罗寻求帮助。然而，就在他们起航之前，特洛伊的家邦守护神（其神像被从大火中救出）出现在埃涅阿斯的梦中，告诉他说，安喀塞斯误解了阿波罗的话。阿波罗所指并非克里特岛，而是意大利，达耳达诺斯就是从那里航行到了特洛伊。

他们告诉埃涅阿斯，到了意大利，“我们将把你们的后代高高托起，让你们的城市成为帝国的心脏”。他们还说，就算埃涅阿斯一行人回到提洛岛，阿波罗也会向他们传达一样的信息。就这样，特洛伊人受此鼓舞，再一次扬帆起航了。

航行途中，阿波罗依然给他们鼓劲打气。经过希腊西海岸时，他们在阿克提姆（公元前31年奥古斯都打败安东尼和克利奥帕特拉的地方）举行了竞技比赛。后来，埃涅阿斯和他的追随者来到了布特罗图姆（Buthrotum，即今阿尔巴尼亚的布特林特）。他们惊讶地发现，那里简直就是一个缩小版的特洛伊城，他们甚至还见到了两个特洛伊战争的幸存者。这两位幸存者都曾被希腊人奴役，后来又重获自由。其中之一是赫克托耳的妻子安德洛玛刻（Andromache），另一个是赫勒诺斯（Helenus），普里阿摩斯唯一活下来的儿子，也是阿波罗的祭司和先知。阿波罗通过他向埃涅阿斯预警前路的诸多危险，然后再次敦促他说：“动身吧，现在就走！通过你们的不懈努力，让伟大的特洛伊城辉煌闪耀！”

对于像维吉尔这样的诗人来说，写一部民族史诗，并让这样一番话从一个先知的嘴里说出来似乎合情合理，而神启之地的选择也完全经得起推敲。布特罗图姆（那里的地标建筑几个世纪以来都是以特洛伊的相关建筑命名的）与奥古斯都的朋友阿格里帕（Agrippa）将军有着不可分割的关联。但要说与阿波罗关系密切的地方，那就非提洛岛莫属了。

提洛岛：阿波罗之岛

提洛岛是阿波罗的出生地。他的母亲拉托娜也是因为美色吸引了朱庇特，之后不久她就怀上了双胞胎。但是朱诺一心想要惩罚她丈夫的情人，要让拉托娜的整个孕期漫长而又艰难，分娩时还要让她遭受无尽的痛苦。朱诺命令自己的信使艾瑞斯（Iris）和战神马尔斯（Mars）提前放话出去，陆地之上任何地方都不得为拉托娜提供容身之处。拉托娜备受煎熬，悲苦万分，只能到处游荡，最后来到了提洛岛。当时，提洛岛还漂浮在海上，不受朱诺的法令所限。就在这座岛上，拉托娜紧紧抓住水边的一棵棕榈树，将神的孩子阿波罗和狩猎女神狄安娜分娩出来。维吉尔等罗马诗人凭借自己的想象，描绘出了这两位神在这座岛的小山上生活的场景：

> 狄安娜……在辛托斯山的峭壁上奔跑腾挪，身姿翩然。身后两侧簇拥着数不清的山中仙子。她的肩膀上背着箭袋，拔足飞奔，身形比其他所有仙子都要高挑，欢快之情溢于言表。

还有一段是描写阿波罗的：

阿波罗来到拉托娜的提洛岛，组建了能歌善舞的合唱团，他们围绕在祭坛周围昂首高歌。这其中有克里特人（Cretans）和德赖俄普人（Dryopians，希腊大陆的早期居民），还有文着文身的阿伽杜尔索伊人［Agathyrsians，也叫达西亚—斯基泰人（Dacian Scythians）］。阿波罗行走于辛托斯山的悬崖峭壁。金色的发带上装饰着绿叶，将他飞扬的长发束住。肩上背着的箭咔咔作响。

从这两段文字描述可以看出，这对双胞胎都是出色的弓箭手。谁胆敢轻慢他们或他们的母亲，必会招来致命一箭。有一次，尼俄伯（Niobe）就在拉托娜面前炫耀自己的孩子比她多，阿波罗和狄安娜毫不犹豫地将箭瞄准了尼俄伯的七个儿子和七个女儿，将他们全部杀死。

这幅壁画来自那不勒斯湾（Bay of Naples）的斯塔比伊，画中的狄安娜正端详着手中的兵器，说道：“她比其他所有仙子都高。”

疫病和医学之神阿波罗

狄安娜的箭主要是用来猎杀山间野兽，而阿波罗的箭却会带来瘟疫。不仅罗马人的传说中有相关描述，在西方文学作品中也有类似情节。荷马在《伊利亚特》的开头就描写了这样的场景：希腊人在特洛伊将阿波罗祭司的女儿绑架了，于是阿波罗便将携有疾病的箭射向了他们和他们饲养的牲畜，以示惩罚。“一捆捆的柴堆被引燃，熊熊大火昼夜不息。”

在意大利，伊特鲁里亚人也曾因惹怒阿波罗而遭受同样的命运。公元前540年，他们在阿拉利亚战役（Battle of Alalia）中战胜了福西亚（Phocaean）移民，随后在卡西里[Caere，现在的切尔韦泰里（Cerveteri）]附近屠杀了所有的俘虏。然而，正如希罗多德（Herodotus）在《历史》（*Histories*）一书中所描述的那样：

> 很快，来自卡西里的任何东西（牲口或人），只要他们从埋葬福西亚人的地方经过，要么变成跛行的残废，要么容颜尽毁，丑陋无比。为了弥补自己的罪行，卡西里人来到德尔斐（Delphi），求助于阿波罗的女祭司。女祭司命令他们向死去的福西亚人献祭，还要举行体育比赛和马术比赛。卡西里人直到现在依然延续着这样的传统。

卡西里人还在德尔斐建造了一座宝库。不久之后，人们在维爱为阿波罗（在伊特鲁里亚语里阿波罗被称为Aplu或Apulu）建造了新的神庙。雕刻家武尔卡（Vulca）在神庙中为阿波罗雕塑了一座新的雕像。

意大利人由衷地喜欢医神阿波罗，很多意大利传说中都有关于阿波罗的描述。在罗马以东的内米湖（Lake Nemi），流传着一个关于阿波罗和妹妹狄安娜的故事，当地的祭祀仪式也与此有着密切联系。希腊神话中讲到，雅典国王忒修斯（Theseus）误会儿子强奸了自己的王后，便把儿子希波吕托斯（Hippolytus，狄安娜的信徒）杀了。阿波罗的儿子阿斯克勒庇俄斯（Asclepius）像他的父亲一样，也是一名医生。他凭借自己精湛的医术让希波吕托斯起死回生，并把他送往内米[Nemi，或称亚里西亚（Aricia）]，在那里安顿下来，继续生活。在这之前，自然女神埃格里亚（Egeria）一直在内米拥有最高权威，而现在，希波吕托斯的故事已是家喻户晓，他便以猎神威尔比俄斯（Virbius，希波吕托斯重生后的身份）之名在当地开始了对狄安娜的崇拜。

即便后来到了罗马皇帝统治时期，内米的异端崇拜也是臭名远播。斯特拉波（Strabo）曾这样记载：“这里的祭司竟然是一个出逃的奴隶，想方设法杀死前任祭司后自己取而代之。正因如此，他总是随身佩剑，时刻提防遭人偷袭。”而阿斯克勒庇俄斯因复活希波吕托斯—威尔比俄斯导致自然法则遭到破坏，朱庇特勃然大怒，对他施以雷击之刑。后来阿波罗为他求情，阿斯克勒庇俄斯继而成神。瘟疫之后，公元前291年左右，祭拜阿斯克勒庇俄斯的宗教仪式传入罗马，人们还在台伯岛（Tiber Island）专门为他建了一座寺庙。

阿波罗和达芙妮

罗马人还将希腊神话中与阿波罗有关的其他故事也借了过来。其中最广为人知的要数他和年轻貌美的水神达芙妮的故事了。跟阿波罗一样，维纳斯的儿子丘比特（Cupid）也使用弓箭。有一次，阿波罗当着丘比特的面吹嘘说，自己的弓箭能引发疾病也能消除疾病，而丘比特的弓箭除了激发欲望什么也做不了。听闻此言，爱神丘比特决定给阿波罗一个教训。他让阿波罗无可救药地爱上了达芙妮。阿波罗对达芙妮展开了狂热的追求，可达芙妮却曾发誓要保持贞洁。

达芙妮对阿波罗的追求无动于衷，逃而避之，“赤足拂风去，衣袂舞蹁跹”。阿波罗则一直紧追不舍。眼看就要被阿波罗追上的时候，达芙妮只得跪地祈祷，祈求自己能够变形，让阿波罗断了念想。奥维德在《变形记》中写道：

她的四肢变得无比沉重，原本光滑的腰肢裹上了一层薄薄的树皮，头发变成了树叶，手臂上长出了树枝，而她的脚，刚才还疾步如飞，此刻却成了树根，牢牢地扎进了土里，动弹不得。她的脸变成了枝叶繁茂的树冠，只有周身的光芒还依然闪耀。

达芙妮就这样变成了一棵月桂树。阿波罗却依然对这棵月桂树爱护有加，视若珍宝。得胜归来的罗马将军们在庆祝胜利的时候都会戴上桂冠，在民众的欢呼和簇拥下，乘坐战车穿过街道，来到卡比托利欧广场（the Capitol）。在帕拉蒂尼山上，这棵月桂树静静地立在奥古斯都宫殿旁，是“最忠诚的护卫”。

阿波罗、月桂树和奥古斯都

奥古斯都认为自己是阿波罗的血亲。据苏维托尼乌斯（Suetonius）记载，奥古斯都的母亲阿提娅（Atia）身怀有孕的时候曾对外宣称，让自己怀孕的是变身成蛇的阿波罗。这位太阳神阿波罗还曾经给奥古斯都大帝的妻子莉薇娅（Livia）送去一份奇怪的礼物：

一天，莉薇娅来到了自己在维爱的别墅。突然，一只老鹰从天而降，将一只雪白的母鸡扔到了莉薇娅的腿上，母鸡的嘴里还叼着一枝月桂枝。莉薇娅下令好好照看这只母鸡，并把月桂枝种在了土里。这只母鸡后来孵出了很多小鸡，所以今天这座别墅被人们称为“母鸡别墅”。而那棵月桂树也长得异常茂盛，每当军队得胜凯旋，历任皇帝都会从树上摘下树叶和树枝戴在头上，以示庆贺。还有一个传统做法就是他们会在胜利后立即在原地种上一棵新的月桂树。当他即将离世时，他种植的月桂树也会渐渐凋敝枯萎。

在那场臭名昭著的“十二神盛宴”上，罗马贵族将自己装扮成神，奥古斯都则扮成了阿波罗的模样。这样的装扮并非随意之举，而是故意为之。当时，整个罗马内战一触即发。奥古斯都的对头马克·安东尼被人们尊称为酒神巴克斯。这两位神也是截然相反、完全对立的存在。巴克斯是深受平民喜爱的狂欢与放荡之神，主张饮酒纵乐，抛开社会责任，追求身心的极致自由。而阿波罗则是受贵族阶层爱戴的文明之神——除了医学和预言，他还掌管着音乐与艺术、理性与秩序。有时，罗马人会将他想象成一头狼，因为在他们看来，狼是他们的守护者，能驱赶灾祸。据说，罗马城的建立者罗慕路斯和雷慕斯就是被一头母狼喂养长大的。不仅如此，阿波罗还曾经化名为福玻斯（Phoebus），驾着太阳战车从空中飞驰而过，给整个世界带去光明。虽然是以福玻斯的身份出现，但若非拥有阿波罗那样无与伦比的法力，又有谁能掌控得了太阳战车呢？

福玻斯·阿波罗和法厄同

福玻斯·阿波罗有个儿子，名叫法厄同（Phaethon，意为“熊熊燃烧的烈火”）。有一次，法厄同向朋友们吹嘘自己的父亲是太阳神阿波罗，朋友们都不相信他说的话。于是，法厄同一路向东，长途跋涉，来到阿波罗的宫殿。阿波罗告诉他，自己确实是他的父亲，无论法厄同提出什么愿望都会满足他。法厄同便提出想要驾驶阿波罗的太阳战车穿越天空。福玻斯听到他的这一心愿顿时心意烦乱，一时拿不定主意。他知道，要驾驭太阳战车并非易事，哪怕是他自己，也要用尽所有的力量，依靠丰富的经验才能控制好那几匹烈马，让法厄同这样稚嫩的年轻人去驾驭马车是注定要失败的。但是话已出口，他不能食言。不出所料，法厄同根本无力控制马车。那些烈马奋蹄疾驰，呼啸向前，一会儿便跌落到大地之上，非洲的大片土地瞬间被烧焦，最终变成了沙漠。埃塞俄比亚人的皮肤也因灼热的炙烤而变成了黑色。眼看着海洋也要被蒸发殆尽的时候，朱庇特出现了。他用雷霆霹雳向战车劈去，法厄同陨落在了波河（River Po）之中。法厄同的姐妹们悲伤欲绝，变成了河边的黑杨。她们流下的眼泪也变成了琥珀。

奥维德对法厄同前往福玻斯·阿波罗宫殿的这段描述，会让读者的脑中不由自主地浮现出一座罗马神庙的画面：高高的柱子上镶嵌着黄金和青铜，屋顶是象牙做的，一道道银制的大门熠熠发光。奥维德书中想要呈现出来的宫殿，大概就像奥古斯都得胜后在卡比托利欧广场或在阿克提姆这样的要塞之地所修建（或重建）的神庙差不多。奇怪的是，奥古斯都从未在提洛岛修建神庙，那里仿佛成了一处被人遗忘的地方。然而，对于维吉尔和他同时代的人来说，阿波罗的诞生地在罗马人的心目中依然意义重大。正因如此，埃涅阿斯从特洛伊出发的征途中将提洛岛作为重要的经停地，并且还专门拜访了岛上的祭司艾尼奥斯。

艾尼奥斯和他的女儿们

像达芙妮一样，艾尼奥斯也经历过一次变身，但并非他本人，而是他的女儿们。作为太阳神阿波罗和酒神巴克斯的后代子孙，艾尼奥斯及其家族向来以对神的虔诚著称。他有三个儿子：安德罗斯（Andros，也是一名先知）、米克诺斯和萨索斯（Thasos，后来被狗吃了）。他们还用自己的名字命名自己所统治的三座岛屿。而艾尼奥斯的三个女儿都继承了巴克斯的法力，各自拥有独特的天赋。其中一个女儿可以把她喜欢的任何东西变成美酒，第二个女儿可以变出小麦，第三个女儿则能变出油。希腊军队在前往特洛伊时经过提洛岛，便暂时登岛修整。这些希腊人急切地向艾尼奥斯询问他们此行的吉凶，而艾尼奥斯的女儿们忍不住向阿伽门农展示了自己的技能。灾祸也因此降临。希腊人如获至宝，将她们抓了起来，强迫她们为自己的军队变出足够多的食物，但女孩们逃脱了。希腊人穷追不舍，最终用锁链牢牢地绑住了女孩们的腰。三个女孩情急之下，举起双臂向巴克斯祈祷，恳求他帮助自己逃脱囚禁。刹那间，她们三人变成了三只雪白的鸽子，扇动着翅膀凌空飞起。这三只鸽子就是奥古斯都的先祖维纳斯身边的鸽子。

提洛岛的过去和现在

希腊人认为阿波罗的出生地提洛岛（狄安娜是否出生在此地尚存争议）是无比神圣之地，这一点从许许多多的祭品就能看出来。公元前7世纪晚期，纳克索斯岛（Naxos）的居民在俯瞰圣湖的平台上供奉了九至十二只大理石狮子（可能是受埃及狮身人面像大道的启发，比如连接卢克索神庙和卡纳克神庙的大道）。公元前6世纪，雅典暴君庇西特拉图（Pisistratus）对圣湖周边区域做了净化，并开始为阿波罗建造神庙，神庙中供奉着一尊巨大的阿波罗雕像。

波斯战争后，公元前478年，提洛岛成为希腊同盟（也称提洛同盟）的集结地和国库所在地。公元前7世纪时，纳克索斯岛的居民曾在岛上为阿波罗建造了一座高达9米的雕像。就在这座雕像对面，希腊人开始为阿波罗建造一座柱廊式神庙。这座神庙直到公元前4世纪末才完工。公元前454年，希腊同盟的总部转移到了雅典，但雅典继续占有提洛岛并对其行使主权。公元前426/前425年，雅典把提洛岛上所有的坟墓都迁到了附近的瑞尼亚岛（Rhenea）并下令，从此以后，不允许任何人在岛上出生、死亡或（鉴于萨索斯被狗咬死的命运）养狗。此外，雅典还在两座神庙之间为阿波罗

与提洛岛有关的重要日期和遗迹

公元前1200年及更早时期	礼拜中心。
公元前7世纪	建立爱奥尼亚宗教中心；纳克索斯岛的居民建造石狮平台和巨大的阿波罗雕像。
公元前546—前527年	庇西特拉图净化了提洛岛，并建造了阿波罗神庙。
公元前490年	波斯人在入侵希腊大陆时提洛岛未受其侵扰。
公元前478年	提洛同盟组建；雅典人开始建造阿波罗神庙。
公元前426/前425年	雅典人再次净化提洛岛，开始建造第三座阿波罗神庙。
公元前166年	成为罗马“自由港”。
公元前2世纪晚期	成为主要的商业和奴隶贸易中心。
公元前88年	遭到本都王国（Pontus）米特拉达梯（Mithridates）的攻击，两万居民被杀。
公元前69年	越发频繁地遭遇海盗攻击。
公元前1世纪晚期	提洛岛人口减少，开始了不可逆转的严重衰退。

提洛岛是热门的游轮旅行目的地，但自助游的游客则需要从附近的米克诺斯岛乘坐渡轮（三十分钟一趟）上岛。到提洛岛游玩的游客一定要做好防晒准备，岛上太阳暴晒，而且没有什么可以乘凉的地方。

圣港（Sacred Harbour）与**古代商业港口**（Commercial Harbour）只隔一条狭窄的水道，现在大多数人登岛都在此处下船。圣港对面就是公元前6世纪和公元前5世纪时修建的三座**阿波罗神庙**（temples to Apollo）。不同寻常

建造了第三座神庙。

在罗马时代早期，提洛岛是一个繁华的自由港，也是一个拥有两万多居民的大型社区。这里的奴隶市场相当繁荣，可以容纳一万名奴隶。这里还有为伊西斯(Isis)和巴尔(Ba'al)修建的寺庙，以及现存最古老的犹太教堂。然而，提洛岛孤立无依的地理位置使得它极易受到攻击。公元前1世纪罗马内战结束时，岛上的财富已经开始减少。随着时间的推移，尽管提洛岛的地位神圣无比，但由于岛上农业用地匮乏，最终还是难逃被废弃的命运。

的是，这几座神庙的入口都是朝向西方，与早期青铜时代的一处神殿呈直线对齐。左侧一条小路通向**拉托娜神庙**（Temple of Latona）、**石狮大道**和**圣湖**（现已干涸）。感兴趣的游客可以继续步行前往更远处的**体育场**和**犹太教堂**。沿着右侧小路可以通往**剧院**。剧院上方是大型民居遗址，里面有保存完好的镶嵌画和壁画。这里也有**供奉叙利亚神和埃及神的圣殿**。一条铺砌的小路通向**辛托斯山**的山顶。站在山顶，整个基克拉泽斯群岛的美景尽收眼底。

岛上有座小型博物馆（也出售茶点）。馆内收藏了提洛岛的古物：纳克索斯岛民制作的石狮；一块迈锡尼时代的象牙匾额，上面画着头戴野猪牙头盔的战士；一尊古老的年轻女子雕像；狄俄尼索斯（Dionysus）的青铜面具以及一尊公元前2世纪的**阿波罗雕像**。此外，这里还收藏了大量**陶器**和一幅令人叹为观止的**湿壁画**（湿壁画必须在短时间内快速完成，因此更加令人惊叹）。这幅湿壁画画的是大力士赫拉克勒斯、两名拳击手和一名乐师。

2017年，保罗和亚历山德拉·卡内洛普洛斯基金会（Paul and Alexandra Canellopoulos Foundation）提供了55万英镑捐款，用于提洛岛的重建。基克拉泽斯群岛文物长官团（Ephorate of Antiquities of Cyclades）的团长迪米特里斯·阿萨纳苏利斯（Dimitris Athanasoulis）提出，要“让提洛岛成为像庞贝古城（Pompeii）一样的考古中心，这样一来，就能吸引数百万欧元的资金用于该岛的修复工程”。

第三章

迦太基和狄多的诅咒

有一座古城，名字叫迦太基，与意大利和台伯河口遥遥相望。来自泰尔(Tyre)的殖民者以此处为家。这座城市繁荣富足，历经百战，愈发强大。有人说朱诺爱这座城市胜过世界上任何其他城市，甚至胜过她挚爱的萨摩斯（Samos)。朱诺将自己的武器和战车都存放在迦太基，她还打算（如果不违天意的话）把迦太基作为帝国的首都。她倾注了大量心血，一心要把它建成最伟大的城市。

维吉尔,《埃涅阿斯纪》, 1.12—18

周围到处都是鸟儿欢快的叫声。它们啁啾啼啭，有的躲在茂盛的灌木和棕榈树上，有的落在被太阳炙烤的高墙和柱子上。那高墙和柱子一直向上延伸，与万里无云的蓝天相映成趣。绿松石般的海面上，阳光正随着浪花起舞。一阵阵暖风从海面吹来，拂过我们的脸颊。站在此处，可以俯瞰整个突尼斯湾（Bay of Tunis），那里的船只熙来攘往，远处连绵起伏的群山在薄雾中若隐若现。我们所在的院子里有许多精美的镶嵌画，犹如万花筒一般绚丽多彩。画中有许多珍稀奇异的鸟类，如麻雀一般的鸟儿，歌声婉转，响彻云霄；雉鸡和孔雀昂首阔步，得意扬扬地梳理着羽毛，看上去是那样栩栩如生，仿佛被这绚烂的色彩封印了一般。

眼前的景色总能吸引住人们的眼球，撩拨起人们的思绪：长长的海岸线从宫殿（曾经是总统府，现在是突尼斯共和国宫）一直向南延伸出去，旁边的公园里枝繁叶茂，那里有迷宫般的古罗马浴场。再往前是一对小型渔船，船身被漆成了鲜艳醒目的蓝红色，静静地停泊在那古老的港口。港口处的环形建造结构依然可见，但周围的建筑早已不复存在。断裂的柱子散落在地上，暴露于炽烈的阳光下。眼前的宁静与祥和让人很难相信这里曾经是一个戒备森严的海军基地，是当时最强大的贸易国的军事港口。从这个港口出发的迦太基舰队强大无比，从西班牙到西西里岛，无不令人闻风丧胆。此刻，这一切早已灰飞烟灭，海岸边只有一座座白色的房子临海而立，一棵棵绿树随微风摇曳，仿佛在声声叹息。

狄多—艾丽莎在泰尔

特洛伊是由一群难民建立的，而迦太基的创建者也是难民。像埃涅阿斯一样，迦太基的领导者也曾历尽磨难。我们今天把这位领导者称为狄多（Dido），而罗马人也叫她艾丽莎（Elissa）。艾丽莎这个名字在闪族语中的意思是神的近亲。美丽聪慧、足智多谋的艾丽莎是腓尼基人，来自富裕的岛港泰尔。她的历代祖先都是泰尔的国王。

狄多的父亲贝鲁斯（Belus）临死时下令，王位要传给他的小儿子皮格马利翁（Pygmalion）和狄多，由二人联手共治。皮格马利翁得知消息后勃然大怒，其手下煽动民怨，迫使狄多逃走。后来，狄多去往大陆，投奔她的叔叔。维吉尔称她的叔叔为绪开俄斯（Sychaeus），也有人称他为阿契巴斯（Acerbas）。他是麦勒卡特（Melqart）的祭司，实力强大。麦勒卡特被称为“泰尔王”，是皇室的创始人，在希腊和罗马人心中与赫拉克勒斯地位相当。很快，二人之间迸发出了激情的火花，叔叔和侄女最终结成夫妻，但是皮格马利翁依然对他们纠缠不放。

这位年轻的国王因绪开俄斯娶了狄多而对其心生怨恨，既嫉妒他祭司的权力，更眼红他的财富。于是皮格马利翁派刺客杀死了绪开俄斯。狄多很伤心，但她根本无暇哀悼丈夫的离世。她发誓会永远把挚爱的绪开俄斯放在心头，永不忘记。然后，她便迅速谋划出逃，因为她笃定皮格马利翁的下一个目标就是自己。

狄多出逃

狄多知道泰尔城也有人和自己一样与皮格马利翁有着深仇大恨，她便秘密和这些人取得了联系。与此同时，为了消除皮格马利翁的怀疑，狄多给他写了一封信。她告诉皮格马利翁，丈夫的离去让自己难以从悲伤中走出来，她想离开夫家，回去和皮格马利翁共同生活。她还说自己会把丈夫的财富一并带过去。

皮格马利翁听闻，欣喜若狂，派了得力手下过去帮狄多把东西装上船。当天晚上，待所有人都登船后，他们就启航出发了。当满载财物的船只缓慢地驶入一片开阔水域时，狄多命令皮格马利翁的手下将一些用作压舱物的沙袋抛出船外。狄多知道站在岸边的皮格马利翁可以听到她说话，于是，她向天空举起手臂，故意大声地向绪开俄斯的鬼魂祈祷，请求他把这些害他丧命的财宝作为祭品。皮格马利翁的人一听，吓坏了。他们知道袋子里装的只是沙子，并非财宝，但国王绝不会相信他们——他会认为他们是心甘情愿地把财宝扔进大海，一定会处决他们。于是，这些人当场变节，发誓效忠狄多。在向麦勒卡特献祭之后，他们和狄多一起开始了逃亡之旅。

皮格马利翁怒火中烧，当即就要派舰队去追杀，却被母亲拦住了。因为此前祭司们得到预兆，读出了神对他们的警告。国王不得干涉狄多的计划，否则必将遭受惩罚，因为他的姐姐承担着一项重要使命——建立这世界上最富庶的城市。

狄多一路向西航行

狄多一行首先到达了塞浦路斯。登陆后，他们遇到了朱庇特的祭司。这位祭司热情地接待了他们，还带着自己的妻子和孩子一起陪伴这些逃难而来的人。这些腓尼基人重新燃起了对新生活的希望，开始认真地规划起了自己的未来。与狄多同船而来的人中，甚至有人萌生了娶妻生子、在此安家的念头。此时正赶上塞浦路斯人在庆祝维纳斯节[相当于腓尼基人的阿斯塔特（Astarte）节]。节庆期间，当地的未婚女子会被送到海滩出卖自己的肉体。赚来的钱一部分献祭给女神维纳斯（希望神能保佑自己对未来的丈夫忠贞不贰），另一部分用来充盈自己的嫁妆。在狄多的祝福下，这群逃亡至此的人挑选了八十名心仪的女子，并将她们护送上了船。就这样，这些泰尔人带着他们的新婚妻子再次踏上了旅程。

建立迦太基

狄多一行继续航行，始终保持北非在他们的左舷一侧。最终，他们绕过一个狭长的海角，穿过一片蔚蓝的海湾，将船停靠上岸了。当地的柏柏尔人（Berbers）一直在密切关注着这支船队。看到船靠岸停下，他们立刻飞奔过来迎接，急切地想要跟他们做买卖，或者以物易物。他们的国王伊阿耳巴斯（Iarbas）也来了。狄多对他施了法术，并向他提出要一小块土地让她和她的同伴们可以休息一会儿。伊阿耳巴斯问道："你需要多大一块地方呢？""哦，不用很大，"她回答，"只要一块牛皮大小的土地就够了。"伊阿耳巴斯只当这是个笑话，便欣然同意了。

很快牛皮拿来了。狄多的神情异常严肃，她下令让船员把牛皮裁成极细的条状，大概只有一根线那么宽。然后，她用这根牛皮绳将整个海滩以及海滩后面的小山全部围了起来。这座山从此被称为比尔萨山（Byrsa，即"牛皮山"）。伊阿耳巴斯也不食言，很快这块被圈出来的地方就发展成了繁荣的贸易站点。住在附近尤蒂卡（Utica）的柏柏尔人和腓尼基人都汇集到此处进行买卖交易。

事实上，狄多和她的同伴们都不想再继续航行下去了，而伊阿耳巴斯也乐于让他们定居下来，每年还能向他们收取租金。于是狄多和同伴们便开始挖地基，筑高墙，刚开工不久就挖出了一个牛头骨。祭司们聚集在一起，端详着这个牛头骨。他们认为，这既是一个好兆头，也是一个坏兆头。首先，这预示着这座城市将会拥有巨大的财富，但（就像一头牛一样）它也会面临被奴役的命运。这怎么可以！于是，他们换了个地方重新开挖。这次，他们又挖出了一个马头骨。"这还差不多！"祭司们欣喜地宣布。因为这不仅预示着快速崛起的力量，还预示着逢战必胜。于是，"新城"（*Kart-hadasht*）就这样建成了。今天我们称它为迦太基，是迦太基（或布匿）帝国的首都。

埃涅阿斯抵达北非

埃涅阿斯生活中的诸多际遇都是神提前设计好的，而他来到迦太基也不例外。特洛伊人一路向西航行，最终在西西里岛登陆。但眼下，意大利就近在咫尺，他们却遭遇了两次重创：埃涅阿斯的父亲安喀塞斯（他的智慧和经验指导了整个航行）去世了；当他们收拾好一切再次起航时，他们的死敌，天神之后朱诺，说服风神埃俄罗斯（Aeolus）发起了一场风暴。风神能够掌控风的力量，他把风像野兽一样关在岩洞里。此刻，随着他的三叉戟发出强劲一击，洞穴的墙壁被打破了，风冲了出来。顿时，狂风大作，雷声轰鸣。海水沸腾了。埃涅阿斯的船遭到重击。维吉尔对此做出了生动的描述：

桨断了。船头也断裂脱落了。海浪不停地冲击着船体。又一个巨浪袭来，海水高耸如山，翻涌而来。众人刚被高高地卷上浪尖，瞬间又被海水吸了回去，深深地沉入海底。海底的沙子也在沸腾翻涌。

特洛伊人的船只被风暴击得支离破碎，船员们拼命抓着残骸，性命危在旦夕。正在此时，海神尼普顿现身了。朱诺的任性妄为激怒了他。他平

这座朱诺的头部雕像体现了女神倔强不屈的个性。这座雕像完成于公元2世纪，现藏于哥本哈根的嘉士伯艺术博物馆（Ny Carlsberg Glyptotek）。

息了海浪，消弭了风暴。而特洛伊的舰队早已溃散各处，船上的人也大多无处可寻。埃涅阿斯以为他的战友已经命丧大海，只好召集了剩下的七艘船，继续向陆地驶去。但他们被风暴驱离了航线，并没有在意大利登陆，而是来到了迦太基。

迎接埃涅阿斯

维纳斯听闻埃涅阿斯的遭遇后勃然大怒。当初朱庇特曾应允，让她儿子的后代“统治每一片土地和海洋”。可眼下这又算什么？他的承诺呢？众神之王赶忙安抚她。根据维吉尔书中的描写，朱庇特向维纳斯讲述了罗马辉煌的未来，从埃涅阿斯到罗慕路斯，从尤利乌斯·恺撒到奥古斯都时期的文明盛世。朱庇特向她保证：“他们将不受时空限制，他们的帝国会广袤无边，世代永存。”为此，朱庇特派墨丘利去往迦太基，让那里的人民和狄多女王听命于他们的新访客，而维纳斯自己也伪装成一位女猎手来到了埃涅阿斯面前。

维纳斯来到的时候，埃涅阿斯正在勘察地形。她寥寥数语向埃涅阿斯讲述了狄多的身份和经历，还告诉他不必为失踪的战友担心。随后，她将儿子隐身于一层迷雾之中，让他悄无声息地进入迦太基。埃涅阿斯看着眼前这座新城，心中充满敬畏之情。城里的建筑工事眼看就要完工了，尤其是那座朱诺神庙（布匿语里应该被称为坦尼特神庙），格外壮观。神庙中的雕塑呈现的正是特洛伊战争的场面。正当埃涅阿斯专注地欣赏雕塑之时（他甚至还从中认出了自己），狄多带着她的随从来了，身后还跟着一群意想不到的客人——埃涅阿斯那些失散了的同伴。他们在风暴中活了下来。他们向狄多女王讲述了自己的遭遇，女王立刻表示欢迎他们在此居住，赐予他们迦太基公民的身份，并给他们提供住所。此时，埃涅阿斯周身的薄雾消散了，露出了他英俊的外表（被维纳斯美化了）。与朋友重聚后，埃涅阿斯也受到了狄多女王的欢迎，并被邀请与女王共进晚餐。埃涅阿斯急忙派人叫来了他的儿子阿斯卡尼乌斯与他一同前去。此时，维纳斯再次现身。她害怕朱诺背信弃义，便把丘比特伪装成小男孩，并告诉他运用自己的法力，让狄多无可救药地爱上她的特洛伊客人。

狄多和埃涅阿斯

狄多难掩自己对埃涅阿斯的爱意，找妹妹安娜（Anna，她和狄多一起逃离了泰尔）倾诉。安娜劝她忘记对绪开俄斯的承诺，与特洛伊联盟，这样对大家都有好处。于是，狄多义无反顾地爱上了埃涅阿斯，“就像一头在密林中或高山间游荡的母鹿被克里特牧羊人的箭深深地刺中侧腹一般”（维吉尔在书中的比喻）。其他一切都不重要了，甚至连建造迦太基的工作也停止了。

对于朱诺来说，这真是天大的好事。如果埃涅阿斯留在迦太基，朱庇特的罗马计划就泡汤了。于是，朱诺凭借自己天后的地位，对维纳斯软硬兼施，哄骗她参与自己的计划。第二天，迦太基人和特洛伊人一起外出打猎。走到离城很远的地方时，他们遭遇了一场突如其来的风暴。冰雹和雷电一起猛烈地袭来，所有人都四下逃窜，寻找藏身之处。慌乱中，狄多和埃涅阿斯竟躲在了同一个山洞里，四周再无旁人。这真是天赐良机，一切都是那么顺理成章——仿佛老天爷专门儿把他俩绑在了一起。但维吉尔对此却是一通讽刺：

> 那天，首先降临的是死亡和苦难。从那时起，狄多不再顾忌什么名声，把端庄检点抛诸脑后；她也不再掩饰自己对埃涅阿斯的爱。她把这叫作婚姻，并用它掩盖了自己的罪恶。

在狄多为爱神魂颠倒之时，她的柏柏尔邻居伊阿耳巴斯却认为这些特洛伊人是个巨大的威胁。因此，作为朱庇特的儿子（朱庇特与一位苦命的仙女所生，是他众多儿子中的一个），他向朱庇特发愿，请求他出面扭转局面。

埃涅阿斯的背叛

朱庇特也正在为此事烦心。埃涅阿斯为了一位非洲女王失去理智，这事从来就不在他的计划之内。于是，他派墨丘利到迦太基去，当面将这位特洛伊人训斥一番，提醒他不要忘记自己的使命以及罗马的命运。埃涅阿斯吓坏了，连忙命令他的副手们让舰队做好出发的准备，可是他该怎么跟狄多说呢？埃涅阿斯实在难以开口，一拖再拖。最后，他发现没有必要为此纠结了，因为狄多早就留意到他们在为启航做准备。她如此聪慧过人，当然明白发生了什么。她找到埃涅阿斯，倾诉自己的心意，怪他此去是对她的抛弃和背叛，乞求他留下来，没有他的日子惨淡而又凄凉。

埃涅阿斯却去意已决，毫无留恋之意，显得冷酷无情。他知道，自己身担重任，肩负着特洛伊人的厚望！使命在身，他必须完成！“别再抱怨不休了，这样你我都不好过。意大利必须去，我别无选择。”这番话进一步激怒了狄多。于是她发愿，自己活着的时候，要让埃涅阿斯对自己念念不忘，死后自己的鬼魂也会对他纠缠不休。埃涅阿斯听后怔在当场，无言以对。随后，埃涅阿斯怀揣着对未来的远大抱负，大踏步登上了舰船。

狄多的诅咒

狄多从窗口看到外面的那些特洛伊人正在为启航做准备。她一遍遍地跟安娜传消息说自己爱的人将背信离开，自己多想求他多留几日。然而，"他背负天命，身不由己，众神又封住了他对我的情欲"。连日来被噩梦和不祥的预兆折磨，加上绪开俄斯的鬼魂对她纠缠不休，狄多心灰意冷，决定一死了之。她谎称自己要用祷告仪式来让自己断了对埃涅阿斯的情欲，在宫殿庭院里堆起了巨大的柴堆。柴堆顶上放着她和埃涅阿斯曾睡过的床、埃涅阿斯的佩剑和肖像，还有之前他送给自己的礼物。随后，在迦太基女祭司的帮助下，她向冥界的神献祭，并说出了自己的心愿。同一天晚上，墨丘利再次出现在埃涅阿斯面前，提醒他说"女人永远是善变的"，让他立刻启程。

第二天早上，当狄多看到空无一人的港口时，顿时悲愤异常，对埃涅阿斯发出了可怕的诅咒，即便去往意大利是他命中注定、无法违抗的使命，也要让他历经磨难，饱受战争之苦。同时她命令所有迦太基人：

> 自今日起，凡是埃涅阿斯的后代，必折磨之；凡是埃涅阿斯的家人，必痛恨之！以此慰藉吾之尸骨。吾之子民必对其绝情绝爱，永不与之结交。总有一天，吾尸骨之上会诞生一位复仇者，挥刀剑屠戮之，引烈火灼烧之。从此刻起，一直到无尽的未来，复仇永不止歇。兵对兵，将对将，刀剑对刀剑，全面为战，万世不朽！

随后，狄多命绪开俄斯身边的老嬷嬷芭尔斯（Barce）将安娜带去祭祀现场。狄多爬上柴堆，抓起埃涅阿斯的剑，深深地插进自己的胸口。众人一片哗然，哀痛万分。就在这时，艾瑞斯奉朱诺之命，携一道彩虹从天而降，消除了狄多的痛苦，让她安详离去。"生命的气息一点点消散于风中，她的身体也渐渐冰冷。"

狄多和伊阿耳巴斯

狄多的故事中并非只有埃涅阿斯这一个版本。罗马历史学家贾斯汀[Justin，引用公元前1世纪特罗古斯（Trogus）的记载]讲述了另一个版本的故事。柏柏尔国王伊阿耳巴斯有一次与迦太基的十位大使举行会晤。其间，这位国王提出要狄多嫁给自己，若狄多不肯，他将不惜发动战争。大使们不愿意将这番话直接转告给狄多，而是告诉她说伊阿耳巴斯希望迦太基可以派人过去帮忙"教化"他的子民。但是，又有谁会愿意离开迦太基去柏柏尔受苦呢？狄多答复说，从迦太基的大局考虑，此举利国利民，被指派者必须从命，不得违逆。此时，大使们才向她吐露了实情，告诉她伊阿耳巴斯真正想要的正是她本人，而且还想娶她为妻。狄多意识到自己被人设计了，但是话已出口，没法反悔。她一拖再拖，整整拖延了三个月。她曾发誓永远忠于绪开俄斯，誓言犹在，他们爱情的记忆也日日萦绕心头。因此，狄多对外宣布，在“为了迦太基被迫出嫁”前，要最后一次为亡夫献祭。她准备了丰富的祭品，还堆起了一个高高的柴堆。随后，狄多爬上柴堆，自刎而死。

根据贾斯汀的讲述，迦太基人在狄多死后将她奉为女神，一段时间过去，似乎一切太平。然而，不久之后，迦太基便陷入不断的瘟疫和纷争之中。“他们开始信奉残忍的祭祀仪式，几乎到了惨绝人寰的地步：他们以活人献祭，将小孩子拖上祭坛，通过杀害这些蒙受诸神庇佑的孩童来换取神的善意和善待。”

狄多、汉尼拔和克利奥帕特拉

奥古斯都统治罗马时，狄多被赋予了政治意义。这一点在维吉尔的《埃涅阿斯纪》中体现得尤为明显。那时狄多就是罗马和迦太基之间多年仇恨和积怨的象征。她曾祈祷有朝一日会有复仇者出现，并发愿全面战争永不停歇。这些都被说成是三次布匿战争的起因，甚至后来意大利大部分地区的毁灭以及汉尼拔·巴卡（Hannibal Barca，让人联想到那位叫芭尔斯的老嬷嬷）对其军团的屠杀也被归咎于此。

此外，维吉尔还将狄多与后来罗马的另一个敌人相提并论，并将二者进行了比较。公元前32年，奥古斯都大帝（当时的屋大维）并没有向罗马人马克·安东尼宣战，而是向安东尼的情人、埃及女王克利奥帕特拉宣战，还使尽手段去抹黑她。他们发动舆论说她是别有居心的蛇蝎女，专门来引诱高贵的安东尼，好让他无暇管理罗马政务。像狄多一样，强大的克利奥帕特拉也被人诬陷会使用巫术，而她与安东尼的联姻也被拿来与狄多和埃涅阿斯相比较，一样都是私相授受，暧昧不清。此外，二人还有很多其他相似之处。两位女王都以美貌冠绝天下，也都曾和自己的弟弟开战，而且（据说）最后都自杀了。尽管维吉尔将狄多和克利奥帕特拉相提并论，还将其与神话传说中像美狄亚（Medea）这样臭名昭著、卑劣残暴的女性形象扯上关系，但他对这位迦太基女王的形象刻画却是完整而丰满的，会让人对其心生怜惜。许多读者都会因埃涅阿斯对她的绝情而耿耿于怀，痛惜不已。

迦太基的过去和现在

根据历史年表推断，即使狄多和埃涅阿斯真实存在，他们也不可能相遇。虽然古代的一些历史学家认为迦太基的建立时间在公元前12世纪，但考古发现却证实了不一样的观点（如贾斯汀等人的观点），那就是迦太基是在公元前9世纪晚期才建立的。事实上，罗马神话有可能将那些真实人物的名字保留了下来：贝鲁斯（狄多的父亲）可能是公元前841年统治泰尔（现在的黎巴嫩）的巴尔—埃泽尔二世（Ba'al-Eser Ⅱ），而铭文中也发现其继任者为"PMY"，很可能是皮格马利翁的缩写。虽然狄多有可能是真实存在的历史人物，但大多数时候我们还是将她看作是一位与坦尼特（Tanit）或朱诺关系密切的保护神（她的名字意为"受爱戴的人"），也正是在她的扶持和帮助下，最早的那些定居者才在迦太基站稳了脚跟。

这是一幅创作于公元3世纪的镶嵌画，现保存在迦太基附近的突尼斯巴尔多国家博物馆（Bardo Museum）。画中是手握卷轴的诗人维吉尔，两位缪斯女神站立在他的左右。

随着泰尔帝国的不断发展，其贸易网络在地中海西部得到了进一步扩张，腓尼基人在北非海岸、西班牙东部和西西里岛建立了越来越多的安全锚地、定居点和转口港（entrepôts）。其中一个就是尤蒂卡（位于现在的突尼斯），最初的殖民者可能就是从这里看到了迦太基天然港口和比尔萨山卫城的巨大潜力。迦太基建立后的一个世纪里（大概是公元前814年，也更有可能是一个世纪后），一直与腓尼基大都市泰尔关系密切，同时也与非洲邻国建立了外交关系。公元前6世纪时，泰尔人在与亚述人、巴比伦人和波斯人的几番战争失利后失去了自主权。迦太基脱离了泰尔的管控，其人口也因泰尔难民的到来而不断增加，西腓尼基人开始掌握主导地位。很快，由于在商业和战争中的英明决策，迦太基挫败了其贸易对手（意大利西部的伊特鲁里亚人以及扩张到西西里岛和意大利南部的希腊殖民者），成功控制了海上航线。

由于对原材料的贪得无厌，迦太基开始进军矿产丰富的西班牙，并派遣众多航海家去探索非洲和欧洲西南部海岸。与此同时，迦太基的将军们率军吞并了北非的大片地区，并马不停蹄地开始了对西西里岛的征服。尽管公元前510年迦太基曾与罗马签订条约，但他们不断扩张的野心最终导致了与罗马的直接冲突。迦太基与罗马爆发了三次布匿战争。第一次战争（公元前264—前241年）中，迦太基被赶出了西西里岛；第二次战争（公元前218—前201年）中，迦太基骁勇善战的将军汉尼拔率领战象部队越过阿尔卑斯山，向意大利发起了长达十六年的猛攻，几乎快要征服罗马，但最终还是战败，退守到了非洲；第三次战争（公元前149—前146年）中，罗马人对迦太基进行了长时间封锁。后来，政治家老加图（Cato the Elder）建议，“必须摧毁迦太基”。于是，罗马人将这座城市夷为平地，仅有的幸存者也沦为奴隶。

公元前49年，尤利乌斯·恺撒开始重建迦太基。作为一座新的罗马城市，迦太基再次繁荣起来。在这之后的一个世纪内，这里一直是北非的省会，也是罗马帝国的第四大城市。罗马赖以生存的粮食都从这里装船运输。同时，这里也是日益重要的基督教中心。这座城市的财富对于任何一个野心勃勃的军阀来说都是巨大的诱惑。随着罗马的衰落，汪达尔国王盖萨里克（Genseric）在公元439年成功占领了迦太基，并进一步征服了北非（为他十六年后洗劫罗马做了准备）。一个世纪后，迦太基又回到了罗马手中（或者更确切地说，是回到了拜占庭手中）。但公元698年迦太基被哈桑·伊本·努曼（Hassan Ibn al-Numan）和他的穆斯林军队占领，其辉煌的历史戛然而止。努曼将战败的迦太基人重新安置到新定居点——往南几千米处的突尼斯。迦太基的废墟变成了采石场。如今，迦太基被联合国教科文组织列入世界遗产名录，它同时也是突尼斯郊区较为富裕的地区之一。对于考古学家和开发商而言，这里的古迹保护和城市开发一直都是难以调和的矛盾。

与迦太基有关的重要日期和遗迹

大约公元前1000年	腓尼基人沿北非海岸建立安全锚地。
？公元前814年	迦太基作为泰尔殖民地被建立起来。
公元前586—前539年	泰尔的衰落使迦太基获得了自治权并成为独立帝国。
公元前540—前530年	与伊特鲁里亚人和希腊人发生冲突。迦太基吞并撒丁岛（Sardinia）。
公元前510年	迦太基和罗马之间订立条约。
大约公元前500年	航海扩张，包括航海家汉诺（Hanno）的探险之旅［大概到达了加蓬（Gabon）］。
公元前5—前4世纪	三次战争中迦太基都未能获得对西西里岛的管控。
公元前264—前241年	第一次布匿战争，迦太基战败，失掉了西西里岛。
公元前218—前201年	第二次布匿战争：汉尼拔入侵并控制了意大利的大部分地区，但却在围攻罗马时逡巡不前。后遭敌军两面包抄，被诱回北非，在扎马（Zama）被击败。迦太基将西班牙拱手让给罗马，还被迫将北非许多领土割让给罗马的柏柏尔盟友。
公元前149—前146年	为了抵御柏柏尔人的进攻，迦太基卷入了第三次布匿战争，最终被洗劫一空。
公元前122年	罗马在迦太基建立了一个小殖民地。
公元前49—前27年	迦太基作为朱诺尼亚（Junonia，意为“朱诺的殖民地”）被重建，成为罗马在非洲的省府，在此后的几个世纪中都处于相对稳定和繁荣的状态。
公元416年	作为一个重要的基督教城市，迦太基举行了一次宗教集会来讨论（并谴责）贝拉基异端邪说（Pelagian heresy）。
公元439年	盖萨里克统治下的汪达尔人占领了迦太基。
公元534年	贝利萨留斯（Belisarius）为拜占庭帝国夺回迦太基。
公元698年	经过三年的战斗，哈桑·伊本·努曼领导的穆斯林军队占领并摧毁了迦太基。

注：突尼斯于2015年11月宣布进入紧急状态，在本书写作期间仍处于紧急状态。旅行者应在访问前确认安全形势。

迦太基的历史遗迹遍布各处，想要在一天之内参观完几乎是不可能的。在其南部边界靠近狄多登陆点的地方，就是迦太基**儿童殉葬墓地**（Salambo Tophet），据说为了给巴尔献祭而死去的儿童（30%是新生儿，68%年龄在一至三岁之间）就埋葬在这里。东面是呈长方形的**商业港口**（Commercial Harbour），北面是呈圆形的**军事港口**（Military Harbour）。尽管现在已经淤塞毁坏，但依然可以看得出这些港口在当时规模惊人。这里有一个圆形小岛，最初是直径325米大小的一块地方，现在只有直径106米了。这个小岛是海军部总部所在地。面向港口的地方建了几栋两层建筑，有一个可容纳二百二十艘船只的船坞，以及存储设备的仓库。

在**马贡区**（Magon Quarter）有布匿时期和罗马时期的许多房屋。从这里往北，是公元2世纪时修建的**安东尼浴场**（Antonine Baths），浴场占地面积广阔。往东北和内陆方向不到一千米（半英里）的地方有一个杂草丛生的**露天剧场**（odeon）、一处仔细翻修过的**剧院**，还有几栋**古罗马庄园**，高大而壮观。在**百鸟之家酒店**（Maison la Volière）展示着很多美轮美奂的镶嵌画，在这里可以将整个迦太基全景尽收眼底。再往南是**比尔萨山**，山势颇为陡峭。现在这座山也是**迦太基国家博物馆**（National Museum of Carthage）所在地。博物馆的画廊里收藏着布匿时期和古罗马时期的许多古物，包括石柱、面具、镶嵌画，以及公元前146年迦太基被围时的一些物品。

突尼斯的**巴尔多国家博物馆**更是令人叹为观止，不容错过。这里收藏了很多精美的镶嵌画，是世界上最大、最全的镶嵌画馆藏。这些镶嵌画来自迦太基，以及位于突尼斯且和迦太基具有同样重要地位的**尤蒂卡**、**杜加**（Dougga）和**哈鲁姆图姆**（Hadrumetum）等古城遗址。这些镶嵌画中就有关于狄多和埃涅阿斯的作品，想必很多对这一神话故事感兴趣的人会前来一睹为快。其中有一幅镶嵌画画的是维吉尔和站立在他两侧的缪斯女神，一位司掌诗歌，另一位司掌戏剧。需要提醒游客们的是，2015年该博物馆曾遭到恐怖袭击，从那以后这里的安保措施就更加严密了。

第四章

厄律克斯、西西里岛，以及对维纳斯的崇拜

我们都在命运的掌控之下，就让我们沿着命运指引的方向前进吧。现在就改变路线！附近应该就是厄律克斯（Eryx），你兄弟的属地，一个真实可靠的地方，西西里岛的安全港！

维吉尔，《埃涅阿斯纪》，5.22—24

空气清澈，天空湛蓝。我们所在的位置是一处石灰岩山坡的坡顶。这里有饱经风霜的中世纪城墙。城墙之间，一条条鹅卵石小径顺着陡峭的山势延伸出去。这里是观景的好地方，四周的景色令人赞叹不已。站在城堡的观景台上，可以俯视周遭的一切，整个西西里岛的美景都尽收眼底：阡陌交通的田野、错落有致的山丘，甚至还能看到东边很远处的埃特纳火山（Mount Etna）。向下望去，便是那如镜般平静的海面，海面上倒映出了科法诺山（Mount Cofano）高耸的尖顶。海岸线弯弯曲曲，特拉帕尼（Trapani）城区就在近海岸处铺排开来，盐滩在阳光照射下闪闪发光。再往西南，埃加迪群岛（Egadian Islands）沐浴在阳光下，像一群跃出水面的海豚。往更远的地平线眺望，说不定还能看见邦角（Cape Bon），甚至非洲。

今天运气不错。埃里塞（Erice，旧称厄律克斯）的空气并不总是像今天这样通透清澈。雾气常常会从平原蒸腾而起，舒卷翻滚，弥漫过城堡的高墙，盘绕在教堂周围，遮住钟楼的尖顶，高耸的山峰也常常被薄雾笼罩——一切都是那么虚渺，又无比壮观。当地人还给这种薄雾中的景致起了个很有意境的名字——“维纳斯的面纱”，仿佛把人们带到了久远而又浪漫的神话传说中，回到了维纳斯女神在这里生活的那段岁月。

维纳斯的儿子们

有人说这座城市的创建者厄律克斯是海神尼普顿的儿子。但更多人认为他的父亲是个凡人，名叫布忒斯（Boutes），是阿尔戈英雄（Argonauts）中的一员。有一次，布忒斯被塞壬（Siren，半人半鸟的女海妖，以美妙歌声诱惑航海者，使其葬身大海）的歌声诱惑，跳入海中。恰巧，维纳斯见到了这一幕，对他一见钟情。维纳斯出手救了他，并把他带到了西西里岛。他们在这里生活，并生育了一个孩子，取名厄律克斯。厄律克斯长大后创建了一座山城。据西西里历史学家狄奥多罗斯（Diodorus）记载，厄律克斯在这座山城的最高处“为他的母亲建造了一座圣殿，一座典雅的神庙，里面供奉了许许多多的礼物和祭品”。

厄律克斯的一生既短暂又不幸。他在一场摔跤比赛中被大力神赫拉克勒斯杀死。至于个中缘由，可谓众说纷纭，但明显与赫拉克勒斯的牛被偷脱不了干系。赫拉克勒斯是在完成他的第十次“不可能完成的任务”时从革律翁（Geryon）那里夺来了这些牛。有人说，赫拉克勒斯赶着牛群来到西西里岛，看到风景迷人，便让牛群停下吃草，自己也能顺便欣赏一下风景。还有人说，他来到西西里岛，是因为其中的一头公牛。一种可能是赫拉克勒斯（抓着公牛的角）跟着这头牛从意大利游到了西西里岛，另一种可能是这头牛自已从牛群里跑出来，独自穿越了墨西拿海峡（Strait of Messina）。总之，这头牛一路向西，遇到了厄律克斯。厄律克斯看到它时分外喜欢，便把它收入了自己的牛群里。赫拉克勒斯发现自己的牛丢了便跑来向厄律克斯索要。厄律克斯并不同意，他说除非赫拉克勒斯和自己比赛摔跤，赢了便立刻归还。赫拉克勒斯同意了，但他又加了一个条件：如果厄律克斯输了，必须把自己的王国一并交出。最终，这番较量以厄律克斯殒命而告终。赫拉克勒斯便把这片土地给了当地人，但只允许他们暂时保管，若他或他的后代有需要的话会随时收回土地（另有传言说，厄律克斯其实并没有偷牛，而是赫拉克勒斯觊觎他的王国，故意找碴儿与他摔跤。但无论如何，结果都是一样的）。

这个小故事虽然听来有些悚然，但却有其价值，斯巴达的国王们据此声称自己是大力神赫拉克勒斯的后裔。公元前510年，多里阿斯（Dorieus，温泉关战役勇士列奥尼达斯的弟弟）曾试图在西西里岛建个殖民地，但后来并未成功。当时，他正是凭借这个故事来证明自己有权在那里建立殖民地。事实上，这个神话故事或许可以解释为什么在厄律克斯既有迦太基神庙，又有希腊—罗马神庙，里面还分别供奉着麦勒卡特/赫拉克勒斯和坦尼特/阿佛洛狄忒（Aphrodite）/维纳斯。

后来，维纳斯的另外一个名气更大的儿子埃涅阿斯来到了厄律克斯。他在这里找到了安全港，也经历了无尽的悲伤。就是在这里（也或许是在附近的特拉帕尼），他深爱的父亲安喀塞斯去世了。埃涅阿斯满怀悲伤从厄律克斯再次启航。也正是在这时，风暴把他的船队吹到了迦太基。一年后，他抛弃了狄多，率船队再次驶过西西里岛时，竟又被大风吹上了岸。于是，他便所幸留下来，并组织了一系列体育比赛来纪念亡父安喀塞斯。

纪念安喀塞斯的比赛

根据维吉尔的描述，埃涅阿斯对安喀塞斯的孝心可以跟维纳斯另一位后裔奥古斯都对其养父尤利乌斯·恺撒的忠诚相提并论。维吉尔对这些体育比赛的描述完全借鉴了荷马在《伊利亚特》中记载的帕特洛克罗斯（Patroclus）下葬时举行的竞技运动。

举行比赛的决定也很快获得了众神的同意。埃涅阿斯早已准备好了祭品。当他向安喀塞斯的灵魂讲话时，一条大蛇出现在祭祀现场。大蛇品尝了每一种祭品，又绕着坟墓转了七圈，随后便消失了。蛇被认为是这位已故英雄的化身，这显然是一个极好的预兆。有多个预兆都预示了特洛伊人会留在厄律克斯，而这个预兆是其中出现最早的一个。

前三场比赛分别是赛船（根据维吉尔的记载，船长都是罗马名门望族的创始人)、赛跑和拳击。拳击比赛中，最终会有一名参赛者赢得那副厄律克斯曾戴过的拳击“手套”——实际上就是包裹在拳手手上的牛皮条。根据维吉尔的记载，厄律克斯和赫拉克勒斯是以拳击决胜负，而不是摔跤。第四场比赛（也是最后一场比赛）最为引人注目。这场比赛比的是射箭，目标是一只绑在桅杆顶端的鸽子。一位弓箭手搭弓引箭，利箭飞出后，没有射中鸽子，却把绑鸽子的绳子给射断了。最终，埃涅阿斯的朋友阿塞斯特斯（Acestes）射中了鸽子。但他的箭竟然着起了火，高高地飞入云端，消失不见了，“就像划过天空的彗星一样，后面拖着一条燃烧的尾巴”。恺撒去世时，天空中也曾有彗星划过，罗马史读者们应该对此有深刻的记忆。

运动会上最受欢迎的活动压轴出场。埃涅阿斯的儿子尤尔（又名阿斯卡尼乌斯）带领特洛伊青年们进行了一场骑兵表演。年轻骑手们头戴金色发冠，以月桂枝束发，每人手持两把长矛，列队三组进行表演。他们“就像舞者一般”，腾转挪移，或手持长矛互相拼杀，或数匹战马并排驰骋。时而列队穿插，时而齐头并进，各种阵法瞬息万变。维吉尔那个年代的人对这一奇观应该是再熟悉不过了，他在书中是这样描写的：

> 后来，阿斯卡尼乌斯将这项军事表演发扬光大。他建造阿尔巴隆加城时，把自己和特洛伊年轻人所进行的这种骑兵表演传授给了拉丁人。后来，阿尔巴隆加人也把这种表演学了去。最终，世界上最伟大的城市罗马也继承并发扬了这一传统。今天，我们把传承这一传统的年轻人称为“特洛伊人”。

奥古斯都统治罗马时，年轻贵族们每逢战争胜利、神庙祭祀或国葬时都会举办这种“特洛伊运动会”。这一传统最初由恺撒引入，后来又得到奥古斯都的大力支持，以此来强化其家族与特洛伊和维纳斯之间的联系。但也有人认为这种运动会是古老传统的复兴，如果真是如此，那其真正的起源很可能是伊特鲁里亚人。卡西里（旧称切尔韦泰里）附近出土的一个公元前6世纪的酒壶上就画着排列阵法的骑兵，旁边还有“TRUIA”一词。

埃涅阿斯和维纳斯神庙

埃涅阿斯举办的这场运动会并没有顺利进行到最后。其间，一名信使跑过来报告了一个可怕的消息：舰队着火了！原来，朱诺为了自己的复仇大计，预先在特洛伊妇女心中种下了不满和仇恨的种子。此时，这些妇女们打定主意，不想再继续航行下去，于是便放火烧了舰船。埃涅阿斯闻讯，惊恐异常，连忙向朱庇特祈祷，祈求帮助。突然之间，天空中阴云密布，大雨倾盆而下。这场突如其来的大雨帮他们浇灭了大火。有四艘船被大火烧毁，但好在其余的船只仍然可以继续航行。当晚，安喀塞斯的鬼魂出现了。建议埃涅阿斯把老弱病残者留在西西里岛，由他的好友阿塞斯特斯留下来管理和照顾。埃涅阿斯依言照做。他当即为留下来的人们创建了一座新城，名为塞杰斯塔（Segesta，以阿塞斯特斯命名），并修建了公共集会场所，还制定了相关法律。起航前，“他在高入云霄的厄律克斯山峰之巅，为艾达山上的维纳斯建了一座圣殿，还安排了专门的祭司守着安喀塞斯的坟墓和圣林”。

像城市一样，神庙有时也会有多个创建者。历史学家狄奥多罗斯认为，这座神殿最初是由维纳斯的儿子厄律克斯修建的，然后他同母异父的哥哥埃涅阿斯又奉上了许多祭品。他还提到了一个更有趣的细节：在忒修斯冲进迷阵杀死弥诺陶洛斯（Minotaur）之后，伟大的发明家代达罗斯（Daedalus）为躲避米诺斯（Minos）的怒火，逃离了克里特岛。逃到厄律克斯后，代达罗斯又对神庙进行了一番修饰和加固。狄奥多罗斯写道：

> 那用岩石建的高塔高得令人眩晕。因地方有限，神庙就建在悬崖边上。代达罗斯将神庙下面的山嘴处进行了延伸加固。据说，他还用黄金打造了一只公羊，技艺精湛，栩栩如生。

提丰、恩克拉多斯和埃特纳火山

与西西里岛有关的神话故事也是不胜枚举，而这些神话故事大多数都跟埃特纳火山有关。对于这座火山的成因，罗马人和希腊人中流传着各种有趣的传闻。有的说这些山火是可怕的巨人提丰（Typhon）口中喷出的热气。提丰是降生在人间的风暴之神，曾经试图篡夺朱庇特的王位，是人们眼中的万恶之源。有人说他身覆羽翼，有人说他有百龙之首，也有人说他有喷火之目，下半身扭动如巨蛇。因奥林匹斯山众神杀死了他的泰坦手足，提丰便对朱庇特发起了复仇之战，引强劲风暴对朱庇特展开攻击。这一战，天地飘摇，宇宙动荡。最终，朱庇特引雷霆轰击提丰，将其打晕。奄奄一息的巨人被囚在了地底深处，身体从维苏威火山（Vesuvius）和库迈的弗莱格雷火山区（Phlegrian）一直向南延伸到埃特纳火山。[根据品达（Pinder）的描述]“熊熊烈焰由此处喷涌而出，没人敢靠近。白天，河水沸腾翻涌，水汽蒸腾如云雾；夜晚，雷声隆隆，滚烫的烈焰将巨大的岩石抛入大海深处……所见所闻，皆为世间罕有。”

还有人说，被囚禁在埃特纳山之下的是另一个巨人恩克拉多斯（Enceladus）。在那场众神与巨人的战斗中，恩克拉多斯被密涅瓦扔出的一块巨石击中，身受重伤。巨石随后沉入大海，成为西西里岛。而维吉尔则认为，是朱庇特亲自出马制服了恩克拉多斯。恩克拉多斯被朱庇特的闪电劈中，“周身焦黑如炭，随后他被囚禁在了埃特纳山的地底深处。这座山如巨大的熔炉一般，不断有滚烫的熔岩从山体的裂隙中喷涌而出。每当恩克拉多斯辗转难眠之时，整个西西里岛都能听到他的阵阵呻吟，声声怒号，浓浓烟雾将整片天空遮得严严实实”。

火神伏尔甘和埃特纳火山

还有一些人认为火神伏尔甘（所有火山都得名于火神）就住在埃特纳山底深处，而这里的火就来自于火神熔炉里的火焰。据说，从这里一直到附近利帕里的埃奥利群岛（Aeolian islands of Lipari）、斯通波利岛（Stromboli）和武尔卡诺岛（Vulcano），地底纵横相通，“时常从地底传来铁砧敲击的声音，叮当声此起彼伏，回响不绝。那是火神在为众神锻造兵器。特洛伊战争中，阿喀琉斯和埃涅阿斯所穿的盔甲也是火神亲自打造的”。

埃涅阿斯到达罗马后不久，维纳斯就请火神为自己的儿子打造武器。维吉尔的书中也有相关描写。火神有一群独眼巨人给他帮忙，希腊的许多城墙都是这些巨人的兄弟们建造的。此前，火神正忙于为诸神打造兵器：从火、雨、云及风暴中为朱庇特凝练雷霆，为战神马尔斯打造战车，为密涅瓦锻造铠甲。而眼下，受维纳斯之托，火神把手头的其他工作都停了，开始全力以赴为埃涅阿斯打造盾牌。这面盾牌非同寻常，它将罗马的辉煌未来都呈现了出来：安东尼和克利奥帕特拉在阿克提姆海战中被击败；得胜后的奥古斯都骑着战马穿过罗马的街道，享受万民的欢呼和拥戴，并在太阳神阿波罗的神庙外登上皇位，战败国的囚犯们戴着镣铐徐徐从他面前走过。

独眼巨人

除了这些在地下给火神帮忙的独眼巨人，西西里岛上也生活着很多独眼巨人。他们以牧羊为生，离群索居，无法无天。据荷马描述，他们“不开垦也不耕种……没有议会等相关体制，也没有法律约束其行为。他们住在山顶洞穴里，各自照管着自己的妻儿老小”。这些巨人中最为人们所熟知的是波吕斐摩斯（Polyphemus）。他的名字意为“广为传颂的”，可以说是人如其名。关于波吕斐摩斯的神话故事真是数不胜数，大多数人对他追求伽拉忒亚（Galatea）的故事都非常熟悉。在所有海中仙子里，伽拉忒亚是最美的那一个。波吕斐摩斯不断地对她唱着情歌，或者吹起牧羊人的笛子，表达爱意。尽管这二人看似并不怎么般配——就像美女与野兽，但依然有不少人相信两人爱得神魂颠倒，难舍难分。但大多数人则认为波吕斐摩斯只是一厢情愿罢了。奥维德曾讲过这样一个可怕的故事：有一次，波吕斐庞贝古城的这幅壁画（现藏于那不勒斯考古博物馆）上画着波吕斐摩斯和伽拉忒亚拥吻在一起，一只公羊正泰然自若地看着这一切。

摩斯撞见牧神潘（Pan）的儿子阿喀斯（Acis）正与自己心爱的伽拉忒亚拥吻。波吕斐摩斯顿时醋意大发，嫉妒得发狂，抓起一块巨石便将阿喀斯砸死了。然而，爱神维纳斯不会眼看着相爱之人生死分离而坐视不管。于是，就在那块巨石下面，在阿喀斯的血液曾经流过的地方，有汩汩清泉涌了出来，一路流入大海，流进了伽拉忒亚的那片海域。这条河（在今天的卡塔尼亚附近）至今依然用阿喀斯的名字命名，叫作Fiume di Jaci。

尤利西斯和埃涅阿斯在航行中都曾与这位脾气暴躁的波吕斐摩斯遭遇过。有一次，波吕斐摩斯正外出放羊，尤利西斯和他的十二个同伴刚好弃船上岛，来到了这位独眼巨人的洞穴。洞里的羊圈里面养着许多羊羔和小孩子，旁边的架子上堆满了奶酪。他们尽情地享用了一番。波吕斐摩斯回来后，看见尤利西斯一行人在自己的洞里为所欲为，很是气恼。他抓起两个希腊人，把他们摔到墙上，然后吃掉了。随后，他用一块巨石堵住了洞口。巨石对于普通人类来说重如小山，根本无法挪开。尤利西斯和他的伙伴被困在了洞里。天亮时，波吕斐摩斯又吃了两个希腊人当作早饭，然后回到山坡上继续放羊。其他人依然被困在山洞里，无法脱身。

然而，尤利西斯足智多谋，独眼巨人根本不是他的对手。他们一行人上岛时随身带来了很多酒。当天晚上，波吕斐摩斯又吃掉了另外两个人之后，尤利西斯便邀请他一起喝酒，并告诉他自己的名字叫“没有人”（No-man）。波吕斐摩斯没怎么喝过酒，很快就醉倒了，倒头呼呼大睡。被困的希腊人立刻从藏身处拖出一根巨大的树干。他们已经提前把树干顶端磨尖了，此刻正放在火中加热。待树干加热完后，他们把树干的尖部深深地刺进了独眼巨人的眼睛。波吕斐摩斯哀号不已，其他独眼巨人闻声急忙朝他的洞穴跑来。但他们却听到波吕斐摩斯大喊“没有人攻击我”，于是众人以为他发神经，纷纷转身回去了。

第二天早上，这位称职的牧羊人照常放羊群出去吃草，但他可不想让希腊人趁机溜走。于是，每一头羊从他身边经过时，他都会摸摸它的背，以防那些人骑在羊背上逃走。尤利西斯再一次想出了妙计，他和同伴们藏身在羊肚子下面，顺利逃脱了。登船出海后，尤利西斯忍不住大声嘲笑波吕斐摩斯，并向他透露了自己的真实身份。于是，这位独眼巨人便向他的父亲海神尼普顿祈祷，诅咒尤利西斯，让这些希腊人的归途充满艰辛和苦痛，尤利西斯的航行也因此变得艰险而漫长。

一年后（维吉尔写道），埃涅阿斯一行也来到了埃特纳火山脚下，在独眼巨人所在的海湾靠岸了。灌木丛中闪出了一个人，神情凄惨，上前来乞求帮助。这个人叫阿契美尼德（Achaemenides），是尤利西斯的船员之一，在他们匆忙离岛时被落在了岛上。正当这个希腊人讲述着自己的遭遇（以求得到埃涅阿斯的庇护）时，波吕斐摩斯迈着沉重的步子，笨拙地朝山下走来。他大步跨进海湾，用海水清洗自己那脓肿的眼睛。这些特洛伊人见状，片刻不敢耽搁，立刻登船离岛。独眼巨人听到船桨溅起水花的声音，愤怒地咆哮起来。顷刻之间，其他独眼巨人：

> 从树林中和高山上冲出来，齐聚在海边。我们亲眼看到了这些巨人，令人胆寒的埃特纳巨人，个个目光如炬，昂首挺胸，头顶几乎与天相接。那场景，真是让人不寒而栗。

这大概是独眼巨人们最后一次露面。后来，阿斯克勒庇俄斯救了希波吕托斯，并让他以猎神的身份获得重生，而他自己却因此被朱庇特处死。提洛岛上的太阳神阿波罗为了替儿子报仇雪恨，将所有的独眼巨人屠戮殆尽。

谷神克瑞斯和普洛塞庇娜

还有人说，埃特纳的烈火最初是为克瑞斯（Ceres）燃烧起来的。克瑞斯是司掌庄稼和丰收的女神，她与朱庇特生了一个美丽的女儿，名叫普洛塞庇娜（Proserpina）。有一天，普洛塞庇娜在西西里岛上采摘紫罗兰和百合。当她走到恩纳（Enna）附近的佩尔古萨湖（Lake Pergusa）边时，冥王普鲁托（Pluto）乘坐着一辆由四匹黑马拉的战车，从埃特纳火山底部冲了出来。他驾着战车呼啸而至，一把将普洛塞庇娜掳走，随即扬长而去。冥王驾战车奔袭到叙拉古（Syracuse），却遭到水神西亚涅（Cyane）的阻拦。盛怒之下，普鲁托将自己的权杖扔进了西亚涅的水池中，刹那间，水中裂开了一道通

这幅精美的壁画来自斯塔比伊的阿里阿德涅别墅，画中的普洛塞庇娜［或者可能是芙罗拉（Flora）］正将摘下的鲜花放在花篮里。

往冥界的入口。冥王和他的战车疾驰而入，瞬间便不见了踪影。西亚涅也受了重创，含泪而去。

谷神不见了女儿，心烦意乱，焦虑不安。她用埃特纳的山火点燃了火把，在西西里岛的每个角落寻找女儿。据奥维德所言，她还找遍了厄律克斯，那个“永远沐浴在柔和西风中”的城邦。谷神一直不见女儿踪影，后来她来到了叙拉古，在西亚涅的水池里找到了普洛塞庇娜掉在里面的腰带。谷神心急如焚又无计可施，最终迁怒于西西里岛，“这片以肥沃著称的土地”从此变得贫瘠不堪。后来，叙拉古的另外一位水神阿瑞塞莎（Arethusa）所司掌的溪水从希腊地下潜流而来，带来了普洛塞庇娜在冥界与冥王普鲁托成婚的消息。

得知消息后，谷神便去恳求朱庇特出手相助。她提醒朱庇特，普洛塞庇娜是他的女儿，而普鲁托可是他的兄弟。朱庇特虽不情愿，但最终还是同意了。他答应会让普洛塞庇娜回到谷神身边，但前提是她在和冥王相处的这段日子从未吃过任何东西。可冥界的精灵阿斯卡拉弗斯（Ascalaphus）大喊着说他看到普洛塞庇娜吃了七颗石榴籽。普洛塞庇娜闻言，气急败坏，把这个告密者变成了叫声尖利的猫头鹰。但是，一切都太迟了，做什么都已经于事无补！就因为吃了这七颗石榴籽，她今后度过的每一年都将被一分为二：土地荒芜时，不得不去地下住上半年，等到果实挂满枝头时才能回到地上度过剩下的半年。

希腊神话中与普洛塞庇娜相对应的是珀耳塞福涅（Persephone），二者有许多共同之处。在厄琉息斯（Eleusis）等地，珀耳塞福涅与母亲得墨忒耳（Demeter）均受万民敬仰和膜拜。直到公元前3世纪末，罗马才开始对普洛塞庇娜的崇拜，但意大利农民对谷神的崇拜却是由来已久。在罗马城，每年春天甚至还有持续数日的节庆活动，以表达对谷神的崇拜。节庆期间会有祭祀活动及戏剧表演，马克西姆竞技场（Circus Maximus）还会举行赛马。除此之外，当地人还会举办一项非常奇怪的传统活动。他们会把火把点燃绑在狐狸尾巴上，然后让惊恐万分的狐狸在赛道上赛跑。这项活动每年都会举办一次，以求丰收的庄稼可以安全归仓。

斯库拉和卡律布狄斯

埃涅阿斯一行到达独眼巨人的住处之前，他们的船只驶入了西西里岛东北部和意大利之间的海峡。他们在那里遭遇了风暴与涡流，差一点葬身大海。原来，海妖卡律布狄斯（Charybdis）就潜伏在附近，那里“巨浪翻滚，波涛汹涌”。卡律布狄斯是大地女神和海神的女儿，胃口超级大，除此之外，她跟其他仙子并无不同。赫拉克勒斯赶着革律翁的牛群经过此地时，卡律布狄斯正饥肠辘辘，肚子饿得咕咕作响。于是，她偷了几头牛，狼吞虎咽地下了肚。这一幕正巧被朱庇特看到，他气恼地甩出霹雳击向卡律布狄斯。卡律布狄斯被击中后掉进了海里，找到一块巨石躲在了下面，可是她的食欲却有增无减。她在自己的藏身之处张开大口吸食周围的一切，一天三次，凡有船只经过此处，必被吞噬，无一幸免。巨大的漩涡涌动着，无数水手都难逃被吞噬的命运。今天，这片海域已不似从前那般危险可怕，但奥古斯都时代的地理学家斯特拉波却对这里的深海漩涡深感恐惧。据他记载：

海水从此处回流，过往船只很容易被吸入漩涡，一旦船头陷入，整艘船瞬间就被吞噬。被漩涡卷进去的船只都支离破碎，残骸顺水漂到陶尔米纳（Taormina）海岸，故而这里又被称为“排泄场”（Excrementia）。

卡律布狄斯大漩涡对面是一处悬崖，与意大利大陆相接。那里常年蹲守着另一个可怕的怪物——斯库拉（Scylla）。斯库拉以前是位美丽优雅的水神，海神尼普顿被她深深吸引，无法自拔。海后安菲特里忒（Amphitrite）发现后，醋意大发，偷偷在斯库拉沐浴的池水里下了药。斯库拉毫不知情，照常来到池中沐浴。可刚走进去，就感觉到了身体的异样。上半身仍然是原来那般可爱模样，但臀部以下却长出了蟒蛇般的六条脖颈，顶端各生出了一只狗头。那狗头嘴巴咧开，露出嘴里的三排牙齿，涎水横流。再往下，又长出了一条鱼尾，鱼尾下面还垂着十二条狗腿，不停地左右晃荡。这样的斯库拉让海神避之不及。她独自一人躲到了悬崖的洞穴里，从不露面，只有船只从旁边经过时才会来到洞外。她会将狗腿伸出去，把水手从甲板上掳走，带回洞穴里，再把他们吃掉（维吉尔也好奇于这些狗头会发出怎样的叫声，但他的描述却说斯库拉的下半身是一条巨大的鲸尾，上面长出了许多狼肚子，狼肚子下面还有一条条海豚尾巴）。

有的神话故事讲到，可怜的斯库拉是被女巫美狄亚改变了样貌。奥维德的《变形记》中则说是女巫喀耳刻（Circe）嫉妒海神格劳克斯（Glaucus）爱斯库拉胜过爱自己，于是便把斯库拉变成了这副模样。格劳克斯曾跑来向喀耳刻索要一个爱情魔咒，好借此来让高傲的斯库拉对自己倾心。可喀耳刻却劝他忘掉斯库拉，与自己长眠温柔乡。格劳克斯闻言，甚是气恼，说道：“只要斯库拉还像现在这般活着，我对她的爱就不会消退，除非树叶长满深海，海草遍布山头！”这番话让喀耳刻羞愧难当。于是，她披上黑色斗篷，悄悄地潜到斯库拉居住的地方——利基翁（Rhegium，卡拉布里亚地区），把改变斯库拉命运的药水倒进了她的水池里。

厄律克斯的过去和现在

厄律克斯气势磅礴的圣朱利亚诺山（Monte San Giuliano）是仅次于埃特纳的西西里岛第二高峰，一直以来都是重要的旅游景点。圣朱利亚诺山上有新石器时代和青铜时代以来建造的多座神庙。据修昔底德（Thucydides）记载，来自小亚细亚的难民厄力密亚人（Elymians）在山顶建造了第一座神庙（是膜拜阿斯塔特的圣地）。这些厄力密亚人的首都就在附近的塞杰斯塔。几个世纪以来，他们一直与迦太基关系密切。公元前510年，厄力密亚人挫败了斯巴达勇士多里阿斯在德雷帕努姆（Drepanum，即特拉帕尼）附近建立殖民地的企图。而公元前415年，在与邻邦塞利努斯（Selinus）的争端中，他们不得不向雅典寻求帮助。他们向雅典使节展示了厄律克斯神庙里数不尽的珍宝（神庙中供奉的是女神阿斯塔特，即希腊神话中的女神阿佛洛狄忒）。六年后，雅典远征军在叙拉古被击败，塞杰斯塔不得不再次寻求帮助。这次他们求助的是迦太基，并由此引发了一场席卷整个西西里岛的战争。

迦太基这个超级大国觊觎西西里已久。公元前278年，伊庇鲁斯（Epirus）之王皮洛士（Pyrrhus，亚历山大大帝的堂兄弟）曾短暂地占领过厄律克斯。在第一次布匿战争中，它曾两次易手，公元前241年被罗马占领。这座城市早已废弃，但这里的神庙却得到了蓬勃发展（神庙里供奉的是罗马女神维纳斯，相当于阿斯塔特或阿佛洛狄忒）。公元前217年，罗马人在特拉西梅诺湖（Trasimene）被汉尼拔带领的迦太基人打败。在神谕指引下，罗马人在卡比托利欧广场上建了一座维纳斯·艾瑞西娜（Venus Erycina，意为厄律克斯的维纳斯）神庙，成功扭转了局势。女神维纳斯（雕像）从此长住神庙，而且每年的4月23日都会举办纪念女神的节庆活动。由于女神维纳斯与罗马开国元勋埃涅阿斯的关系，她尤其受到尤利乌斯家族的崇拜，其中就包括恺撒和奥古斯都。公元前181年，在与意大利北部利古里亚人（Ligurians）的战争结束之后，人们又在罗马的科拉蒂纳城门（Porta Collatina）外建了第二座神庙——艾瑞西娜·里登斯（Erycina Ridens，“厄律克斯的笑夫人”）神庙。在那漂亮的柱廊中间，装点着众人为她献上的玫瑰。

罗马帝国衰亡后，西西里岛先后在汪达尔人、拜占庭人和阿拉伯人中几经易手，最终在公元1091年被诺曼人征服。在围攻厄律克斯时，诺曼人的领袖罗杰·德·豪特维尔伯爵（Comte Roger de Hauteville）因看到圣朱利安（St Julian）的幻象，便将这座山改名为“圣朱利亚诺山”。后来这座山虽然又先后被斯瓦比亚人（Swabians）、安茹人（Angevins）、阿拉贡人（Aragonese）和波旁人（Bourbons）占领，但一直都沿用了这名字直到1934

这是罗马国家博物馆里的一幅公元4世纪时的壁画。画中的维纳斯成为罗马帝国化身，坐于皇位之上。画的下方还有“圣洁、荣誉、皇权”（Virtue · Honour · Imperial Power）字样。

后（墨索里尼统治时期），又重新使用它原来的罗马名字：埃里塞。

在希腊罗马世界中，厄律克斯神庙是供奉维纳斯—阿佛洛狄忒的尤为重要的神庙之一，其建造之壮观令人叹为观止。公元前2世纪时，波利比乌斯（Polybius）曾赞叹道："无论是财宝数量还是建造规模，都胜过西西里的其他任何圣殿，这一点毋庸置疑。"但是，根据斯特拉波的记载，到了奥古斯都时期，虽说神庙与埃涅阿斯之间有着密切的关联，但光景已大不如前。又过了不到百年，在民众的不断请求下，克劳狄乌斯（Claudius）对神庙进行了重建。但今天，由于诺曼人在此处建了维纳斯城堡（Castello di Venere），我们只能从图片、神话以及史料中记录的宗教仪式来了解它曾经的辉煌。

与厄律克斯有关的重要日期和遗迹

公元前3000—前2000年	特拉帕尼和圣朱利亚诺山周围出现最早的定居者。
大约公元前1200年	厄力密亚人来到厄律克斯定居。
大约公元前750年	腓尼基人在埃里塞的山上为阿斯塔特（维纳斯）和麦勒卡特（赫拉克勒斯）建造了圣殿。
公元前510年	多里阿斯未能如愿建立斯巴达殖民地。
公元前415年	向雅典使节展示神庙内的财宝。
公元前278年	被伊庇鲁斯之王皮洛士占领。
公元前260年	被哈米尔卡·巴卡（Hamilcar Barca）摧毁，随后重建。
公元前249年	被罗马人占领，又被迦太基人围困。
公元前244年	被哈米尔卡夺回。
公元前241年	在罗马取得埃加迪群岛海战的胜利后逐渐废弃，但神庙仍然是很重要的存在。
公元前217年	在罗马卡比托利欧广场上建了维纳斯·艾瑞西娜神庙。
公元前181年	在罗马科拉蒂纳城门外建了艾瑞西娜·里登斯神庙。
大约公元54年	克劳狄乌斯重建圣殿。
公元831年	被阿格拉比德（Aghlebid）的阿拉伯人征服。
1091年	诺曼人占领了厄律克斯，并将其改名为圣朱利亚诺山。神庙废墟上建起了维纳斯城堡。
1934年	改名为埃里塞。

埃里塞是个美丽迷人的小城。这里有建于14至17世纪的教堂、鹅卵石街道和房屋，仅教堂就多达六十座。从维纳斯城堡可以看到整个西西里岛最美的景色。这里有厄力密亚人和腓尼基人建造的石灰石城墙，后来罗马人和诺曼人又对这些城墙进行了加固。但是，除了这些城墙遗址，这里再没有任何与古罗马历史有关的遗迹了。不过，游客们若想了解与古迦太基和古希腊有关的考古知识应该不会失望而归，因为**塞杰斯塔**就在附近，那里有剧院和在建的寺庙。

西西里好玩有趣的地方可谓数不胜数，实在无法一一提及，只能挑选最亮眼的几处介绍一下。在南海岸的**塞利农特**（Selinunte，即古希腊时期的塞利努斯）和**阿格里真托**[Agrigento，即阿克拉加斯（Acragas）]可以看到现存最好的希腊寺庙；西边的**叙拉古**有阿瑞塞莎泉（Arethusa Spring），还有剧院和博物馆。从**陶尔米纳**剧院可以看到绝美的埃特纳火山风光。**阿尔梅里纳广场**（Piazza Armerina）上那座建于公元4世纪的罗马别墅里有华丽的镶嵌画。科佐马特里切（Cozzo Matrice）考古遗址就在**佩尔古萨湖**畔（普洛塞庇娜被掳走的地方），与恩纳相邻，谷神庙遗迹就在那里。

第五章

库迈：过去与未来在此相遇

我曾亲眼看到挂在罐子里的库迈先知西比尔。当男孩们问她：“西比尔，你的愿望是什么？”她回答说：“死去。”

佩特罗尼乌斯（Petronius），《萨蒂利孔》（*Satyricon*），48

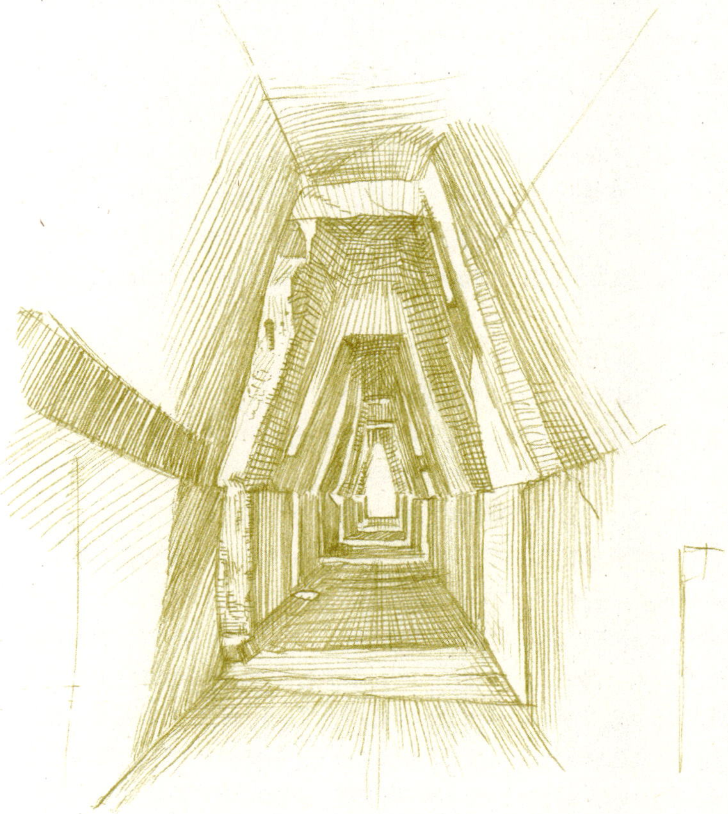

这里就如同炼狱一般，到处充满着死亡和恐怖的气息，仿佛末日会随时降临。海湾对面不远处就是如驼背巨人般的维苏威火山。这里熔岩翻滚，日夜不息，躁动不安的火山灰和岩浆随时可能会再次喷发，而且喷发的可能性也在逐年增加。一旦喷发，必将给人们的财产和生命安全带来毁灭性的破坏。更近处的弗莱格雷平原，泥浆沸腾，滚烫的蒸汽从地面裂缝中喷射而出。裂缝之下（并不是特别深的地方），融化了的岩石汇成了一整个熔岩湖，沸腾的熔岩不停地冒着泡，翻滚着，压力和能量不断积蓄，用不了多久便会喷涌而出——有科学家说，这是一座超级火山，一颗定时炸弹，一旦喷发，数百万人将会被夺去生命。

今日的库迈却是一派宁静美好。此时，我们正站在阿波罗神庙旁，俯视着下面淡蓝色的大海。海面上波光粼粼，长长的海浪慵懒地拍打着海岸，白色的泡沫伴着海浪的唰唰声欢快地翻腾跳跃着。海岸上，马儿正在那不勒斯的赛马场为比赛加紧训练着，单匹马拉的现代战车像两千年前一样在沙滩上疾驰。与大海仅一道细长海岬之隔的是富萨罗湖（Lake Fusaro），静谧的湖水在阳光下闪闪发光。这里以盛产牡蛎和贻贝闻名于世。米塞诺角（Cape Miseno）也在炎炎烈日下熠熠生辉。海天相接处，伊斯基亚岛（Ischia）上的埃波梅奥火山（Mount Epomeo）笼罩在雾色里，如梦幻一般朦胧虚无。库迈的美，纤弱精致却又宏伟壮丽，末日地狱般的威胁如影随形。这里不仅是通往冥界的入口，也是过去和未来相遇的地方。这里有意大利最著名的神谕者，将隐藏在宇宙深处的秘密向世人揭晓。她就是预言家西比尔（Sibyl）。

女预言家西比尔

德芙比（Deiphobe）是海神格劳克斯的女儿，青春活泼，美丽动人，居住在库迈附近的山林里。福玻斯·阿波罗被德芙比的美貌吸引。阿波罗千方百计想要讨德芙比欢心。只要德芙比愿意以身相许，无论提出什么愿望都会满足她。德芙比面露娇羞之态，指着自己扫到角落里的一堆灰尘说："数数那儿有多少微尘！有多少微尘，我就要活多少岁！"福玻斯同意了，但他知道德芙比忘了加上至关重要的一点：青春永驻。无所谓了，"只要你愿意与我双宿双栖，我一并都许给你便是"。然而，德芙比并不想与他有肌肤之亲，当下回绝了。可这样一来，德芙比便注定难逃延年增寿却日渐衰朽的命运。更惨的是，阿波罗还让德芙比拥有了预见未来的能力，对她来说这无疑就是雪上加霜。德芙比也因此得了个西比尔（女先知）的名号。埃涅阿斯航行到意大利海岸时与西比尔相遇。那时，她已经活了七代人的寿命，且自知还要再活漫长的三百年。最后，西比尔的身子变得瘦小干枯，缩成一团，只能藏身于一个罐子里。然而，即便在她身体衰朽不堪之时，她的声音依然在向后来者预言着未来之事。

关于这位先知西比尔还有另一个故事。它发生在古罗马的中心。傲慢王塔克文（Tarquin the Proud）统治期间，年老体衰的西比尔来到皇宫，向其出售九卷神谕，这便是人们所熟知的《西比尔预言书》（*Sibylline Books*）。此书是用希腊语以六音步诗行写成，据说起源于艾达山（Mount Ida），后因各种机缘巧合辗转各处来到了库迈。塔克文听到西比尔的要价时，不屑地笑了。一本书而已，岂会值那么多钱！女先知内心毫无波澜，平静地挑出其中三卷神谕，扔进了火里。火焰瞬间吞噬了沾满灰尘的羊皮纸。西比尔再次提出：剩下的神谕依然出售，但价格不变。待塔克文再次回绝之后，女先知又烧毁了三卷神谕，并第三次询问是否以相同的价格购买余下的三卷。此时，国王已有些拿不定主意，于是便征询祭司们的建议。祭司们一致认为：无论她要多高的价格，都要买下预言书！国王依言照做，买下了剩余的三卷神谕。女先知随即消失不见了。

这三卷神谕此后便存放在卡比托利欧广场的（至圣至伟之神）朱庇特神庙里，每当国家处于危难关头，祭祀必先来神庙祭拜，从中寻求解决之法。但公元前83年，神庙及庙内收藏的书籍都被大火烧毁。在这之后，人们根据存世的复本和世人的口口相传，尽可能地把被毁掉的预言书重新抄录保存。奥古斯都掌权时，深知这些预言书对其皇权的重要性，于是便假称这些预言毫无用处，予以清除。但暗地里却小心地将预言重新抄录，并把新的手稿存放在了宫殿旁的阿波罗神庙里。

埃涅阿斯和金枝

埃涅阿斯和他带领的特洛伊人正是在库迈得到了神谕和梦境的指引，首次踏上了意大利这片土地。维吉尔提到在布特罗图姆（即今阿尔巴尼亚的布特林特），特洛伊预言家赫勒诺斯建议埃涅阿斯去往库迈，“那里有圣湖，还有阿佛那斯（Avernus）湖畔喃喃低语的森林”，女先知西比尔就那里。“她脾气古怪，喜怒无常，在栖身的悬崖洞穴中轻声哼唱着人类的命运，在片片树叶上写下她的预言。”维吉尔还提到，西比尔曾将这些叶片上的预言分类整理，但一阵风刮过，叶片便会被吹起，乱糟糟地混作一团，上面的预言也就变得杂乱无章，难以理解。尽管如此，西比尔还是会向埃涅阿斯讲述他和罗马的未来。在厄律克斯，安喀塞斯出现在了埃涅阿斯的梦中，向他透露了一个可怕的消息：埃涅阿斯将会从库迈这里下到冥界去，并在那里亲眼看到罗马的未来。

埃涅阿斯初见西比尔，便从她口中听到了可怕的预言。受阿波罗的启示，西比尔向他透露说，未来会有“战争，可怕的战争，台伯河会被鲜血染红”。尽管如此，埃涅阿斯仍然不为所动，打定主意要前往冥界。西比尔提醒道：“下往冥界很容易，难的是如何返回。”她告诉埃涅阿斯，当他经过朱诺的圣林时，一定先从一棵黑色的橡树上摘下一根能再生的金枝。这金枝是他进入冥界的通行证，代表着此行得到了神的授意，也是送给冥后普洛塞庇娜的礼物。当埃涅阿斯历尽艰辛来到圣林时，母亲维纳斯派来一对鸽子飞在他前面为他带路。鸽子将他带到阿佛那斯湖畔后，便栖落于高高的树枝上。埃涅阿斯抬头一看，果然有金枝正熠熠发光。“那金枝就像槲寄生一样，即使在最冷的冬天，也仍然会生出碧绿的枝条。它无须人去替它播种繁殖，那金色的浆果会自己裹覆于树枝上，然后萌发生长。”埃涅阿斯伸出手去，将那金枝摘了下来。

进入冥界

罗马人相信有来世。这些说法大多是在公元前1世纪及以后流传开的，且受当时希腊哲学和宗教信仰的影响较大。有的人认同伊壁鸠鲁的观点，认为死亡就是身体原子的分解消亡，人死之后，一切都将随之终结；有的人遵循斯多葛派教义，认为世界是永恒的，灵魂也是其中的一部分；还有一些人相信毕达哥拉斯的轮回观。然而，大多数人还是认为灵魂会去往冥界，在那里，死者以幽灵的形式存在，会因生前所为而受到相应的惩罚或奖励。维吉尔的《埃涅阿斯纪》中就有许多这样的观点，不仅将埃涅阿斯塑造成自己心目中的大英雄，还将西比尔描绘成伟大的指引者。

库迈附近的阿佛那斯湖长期以来一直被认为是通往冥界的入口。湖中氤氲的含硫气体会让飞在水面上的鸟儿中毒身亡，人们因此给它起了一个希腊名字“Aornos”，意为“鸟类无法生存的地方”。幽灵般的猎犬游荡于湖畔，不时发出凄厉长嗥。就在这里，埃涅阿斯和西比尔开始了他们的冥界之旅。踏入冥界的一刹那，恐怖邪祟便蜂拥而至。阴森可怖的鬼影潜伏在幽暗通道的暗处，它们都是痛苦的化身，代表着疾病、衰老、饥饿、贫穷和恐惧，而对罪恶之人穷追猛打、绝不留情的复仇女神正蹲伏于铁笼内。紧接着，狮头、羊身、蛇尾的怪物奇美拉（Chimera）出现了，紧随其后的是九头蛇、鸟身女妖和蛇发女怪。那蛇发女怪双眼暴凸，尖牙呲露，长舌从齿间垂下，当真是丑陋可怖，令人毛骨悚然。

历尽重重艰险，他们终于到达了昏暗的阿刻戎河（River Acheron），河岸上有数不清的鬼魂，“数量之多，犹如秋天第一次寒潮来临时飘落一地的树叶，又像为躲避严寒而飞越大海的一群群候鸟”。他们都拼命想要去往对岸，然而，只有那些死后被妥善埋葬的人才能过河。过河时需乘坐渡船，撑船的是冥界船夫卡隆（Charon），形容龌龊，“灰白的胡子肆意散乱……肩上披着一条肮脏粗糙的毯子”。看到金枝后，卡隆才让埃涅阿斯和西比尔上船。活人的重量让船吃水很深，那河水肮脏无比，散发着恶臭。就这样艰难前行了一阵子，他们终于到达了满是淤泥苔草的河对岸。

罗马神话中关于卡隆的传说主要源自希腊神话，而伊特鲁里亚人的传说中也有一个冥界守护者，他的名字叫卡戎（Charun）。有时，在一些艺术作品中，卡戎会与长有羽翼的女神万特（Vanth）一起出现。万特是将灵魂引向冥界的使者。卡戎手持大锤，形容可怖。若有死者经过，他便会挥动大锤，砸向死者的脑袋，以确保他们完全死亡，灵魂得以解脱。罗马露天竞技场的打斗表演结束后，都会有人装扮成卡戎，用大锤击碎落败者的脑壳。这一锤被称为让角斗士最终解脱的“致命一击”。

帕埃斯图姆（Paestum）考古博物馆的彩绘墓碑上，一个长着翅膀的精灵（可能是伊特鲁里亚神话中的万特）正等着用渡船将死者送到冥界去。

刻耳柏洛斯、悲伤之地、战乱之地

守着冥界入口的是刻耳柏洛斯（Cerberus）。它是一只三头猎犬，性情凶残无比，周身长满卷曲的毛发（就像罗马人拴在家门口用来看家护院的恶犬一样，在有些镶嵌画里会见到这种护家犬。在庞贝古城还有一只在维苏威火山喷发时丧生的护家犬，人们将其制成石膏模型进行展出）。西比尔可是有备而来，俨然是一副胸有成竹的模样。她把一个（或许是三个）下了迷药的蜂蜜蛋糕扔给了刻耳柏洛斯。吃了蛋糕后，这恶犬果然倒地不起，陷入酣睡。

真正来到冥界后，他们亲眼见证了这里的运行法则。米诺斯、拉达曼提斯（Rhadymanthus）和埃阿科斯（Aeacus）三位判官负责将每个灵魂发配到属于他们的地方。埃涅阿斯首先来到了悲伤之地。这里的灵魂个个形容憔悴，有新生的婴儿，有蒙冤被处死的人，还有那些为爱殉情的人。狄多也在其中，虚幻的身姿，“皎若云间月”。埃涅阿斯内心情愫涌动，试图让狄多相信自己从未想过离开她，只是造化弄人，自己的命数由不得自己掌控。狄多却不为所动，“心如铁石，冷若冰霜”，眼下她心中唯一的慰藉便是她曾深爱的丈夫绪开俄斯。他们死后又相会于此。狄多不再理会埃涅阿斯，转身躲进了绪开俄斯虚幻的臂弯中。

埃涅阿斯只好继续前行。他欣喜地看到，昔日的特洛伊战友们也在这里，他们都是在战斗中牺牲的英雄。虽然已经殒身为鬼，但他们也还像生前一样，保持着战争中的敌对关系，各自为营。远处，死去的希腊战士们围聚在将领阿伽门农身边，看到埃涅阿斯时，眼神中满是仇恨和猜疑。他们试图像当年在战场上一样发出震耳欲聋的喊杀声，可他们是鬼魂，那声音落到埃涅阿斯耳中是那样微弱无力，几不可闻。

塔耳塔洛斯（地狱深渊）

你也许会以为让勇士们失去战斗能力已是残忍至极的惩罚，但这些与身处地狱深渊塔耳塔洛斯（Tartarus）中的遭遇相比真的算不了什么。对希腊人来说，地狱深渊是一个恐怖至极的地方，天有多高，它就有多深，是一个铁砧下落九天才能到达的地方。对罗马人来说，这里是死后经受酷刑折磨的地方。那些生前亵渎神灵、破坏家庭、背叛国家的人都要在这里接受惩罚，无一幸免。克里特国王拉达曼提斯用铁血手腕统治着这里。维吉尔对此处的描述极具哥特风格，充满了神秘和恐怖色彩：

埃涅阿斯看到左侧悬崖下有高墙向两侧延伸，三组墙将整个悬崖完全围了起来。悬崖外围便是奔涌肆虐的地狱火海，熔岩裹挟着巨石俯冲而下，发出震耳欲聋的轰鸣声。这里有个巨大的入口，那入口处的柱子是由坚硬的金刚石制成，坚固无比，无论是人还是神都难以伤其分毫。在高高耸立的铁塔上，复仇女神底西福涅（Tisiphone）正居于高处四下瞭望。她身穿沾满鲜血的束腰短袍，日夜守护着入口。四周充斥着尖叫声，鞭子狠狠抽打的声音不绝于耳，铁链脚镣一直叮当作响。

在这里，那些试图挑战朱庇特权威或人类世界法则的人（如泰坦巨人）将会受到惩罚，惩罚的手段可谓名目繁多，永无休止。提提俄斯（Tityus）因试图强暴拉托娜而在此接受惩罚：他四肢张开，被牢牢钉在地上，内脏被秃鹫争食撕咬；伊克西翁（Ixion）因试图引诱朱诺而被绑在了旋转的火轮上；坦塔罗斯（Tantalus）因为把自己的儿子做成佳肴让众神在宴会上享用而被判终身饱受饥渴的煎熬。除此之外，还有其他数不清的人在此受罚，尤其是那些收受贿赂、危害国家的人，那些专制统治者，那些任意制定法律又随意废除的人……当这位女先知西比尔将自己目睹过的罪恶讲给埃涅阿斯听时，她慨叹道："即便我有一百条舌头、一百张嘴和一副铁嗓，我也难以将他们犯下的所有罪行一一罗列，更无法数尽他们所受的万般惩罚。"还有一个罪大恶极的罪犯，后来被刻在了埃涅阿斯的盾牌上。他就是喀提林（Catiline）。公元前63年，他曾试图推翻罗马元老院，而元老院则指控他企图颠覆罗马共和国。在埃涅阿斯的盾牌上，喀提林"被吊在岩石上，看着复仇女神的脸，抖若筛糠"。

极乐世界

终于，二人毫发无损地逃离地狱深渊，来到了极乐世界。这里是一片水草肥美的平原，矮树成荫，散落于草原之上。品德高洁、淳厚善良的人们头戴纯白丝带，在一起舞蹈嬉戏。这些人（大多是男性）有的曾为祖国献出生命，有的是虔诚的祭司、先知和发明家，都是在生前曾经造福众生的人物。

极乐世界也有高墙与外界相隔。埃涅阿斯刚来到这片洒满晶莹露水的草地，就被要求出示通行信物。他便把献给普洛塞庇娜的金枝拿了出来。接下来，他还必须用圣水净化自身。埃涅阿斯一一照做。很快，他便见到了在特洛伊战争中死去的英雄们。他们正在草地上休息，身边是一群马儿在悠闲地吃草，旁边还停放着卸下了轭的战车。伟大的色雷斯歌者俄耳甫斯（Orpheus）正用那超凡脱俗的天籁之音唱歌给他们听。活着时能进出冥界的人可谓绝无仅有，而俄耳甫斯就是其中之一。他来到冥府，想要从死神手中救回他心爱的妻子欧律狄刻（Eurydice）。他最终说服了冥王哈迪斯

（普鲁托）释放自己的妻子，但他必须做到返回人间时不得回头看。就在俄耳甫斯马上就要返回阳间时，因为担心妻子没有跟上，他忍不住回头看了一眼。就在他回头看向妻子的刹那，他的妻子也因此永远地堕入了幽暗的冥界。在古希腊罗马时代，俄耳甫斯被看成是潜修者，他的预言集备受重视。据说，由他创立的神秘教派会让人在死后过上幸福的生活。

从罗马屋大维家族地下墓穴出土的一幅公元3世纪的壁画。画中是极乐世界中的墨丘利和死去的孩子奥克塔维亚·保利娜（Octavia Paolina）。

安喀塞斯的预言

埃涅阿斯来冥界的目的是以生者的身份与已逝之人相见。罗马人认为，死后一千年（也可能是在炼狱里备受折磨的一千年），有些灵魂会再次转世为人。他们前世的记忆在饮过忘川水之后便完全消失。维吉尔对此深信不疑，并据此给我们描绘了埃涅阿斯在极乐世界的经历见闻。埃涅阿斯在一处辟静的山谷里与父亲安喀塞斯的灵魂相见了，可他们没有办法拥抱彼此，父亲的灵魂直接从他的双臂间穿了过去。与此同时，他看到河岸上聚集了很多人的灵魂，“就像温和夏日里花丛间飞舞的蜜蜂。纯白的百合花点缀着田野，周围嗡嗡的虫鸣声不绝于耳”。

安喀塞斯告诉儿子，他们都将成为罗马未来的缔造者。维吉尔在自己的作品中坚称罗马的崛起不可阻挡，他还向读者描述了那个风云变幻的千年，一直延续到他所生活的那个年代。那些等待的灵魂中就有“奥古斯都·恺撒，他是上帝之子，终有一日，他会将意大利重新带入黄金时代”。这些即将在未来重生的灵魂急切地等待着迎接自己的新生和使命。维吉尔也向我们讲述了罗马未来的真正使命，并巧妙地将神话和政治融合在了一起：

这世间，有人善用艺术之锤锻造精美的铜器，技艺精湛，几可乱真；也有能工巧匠将大理石雕刻得栩栩如生，鲜活动人；有人在公堂之上巧舌如簧，能言善辩；也有人精通天文，熟知日月星辰之变幻；但是，罗马人，请你一定牢记，你的使命是统治国家。你也有过人之处，那就是：给民众带来和平；对失势战败者网开一面；对擅权暴虐者绝不容情。

了解了这一切的埃涅阿斯和西比尔内心激动万分。随后，他们便准备离开冥界，返回库迈。但根据维吉尔的描述，他们返回的途中遇到了两道睡梦之门，一道门由牛角制成，真正的梦境穿过此门到达人间；另一道门由象牙制成，是虚假梦境的通道。二人是通过第二道门离开冥界的——但原因却是无从探究。或许是因为他们二人此行本就不是梦境，也可能是因为他们在冥界所看到的未来愿景也有不详不实之处。具体为何，未有定论。

猴岛上的猴子

古罗马时代的伊斯基亚与库迈隔海相望，那里被称为猴岛。据说这些猴子的祖先是来自希腊埃维亚岛（Euboea）上凯尔科佩斯（Cercopes）家的两兄弟。这兄弟俩整日里招摇撞骗，胡作非为。有一次，他们二人想找乐子，离开了从小生活的森林去捉弄人。他们趁赫拉克勒斯在女王翁法勒（Omphale）身边为奴，偷走了他的盔甲。后来，赫拉克勒斯找到了他们。他把兄弟俩的脚绑起来，挂在一根杆子上，然后把杆子扛在了自己的肩膀上。赫拉克勒斯扛着二人继续前行，却听身后爆发出阵阵大笑。“什么事这么好笑？”赫拉克勒斯问道。“你的屁股！”二人回答，“长满了毛的大黑屁股！”赫拉克勒斯闻言，也不禁觉得好笑。于是他便解开了兄弟俩脚上的绳子，放他们走了。

然而，朱庇特却并不像赫拉克勒斯那般宽容。兄弟俩的谎言和恶搞让他甚是气恼，于是便把他俩变成了猴子，奥维德称他们为“畸形人，跟人相像，但又不是人”。他们四肢弯曲，无法直立，鼻子扁平，满脸皱纹。然后，“朱庇特让二人全身长出了黄褐色的毛发，剥夺了他们说话的能力（他们以前常常胡言乱语，颠倒黑白），然后把他们发配到了这个岛上，任凭他们在这里吱吱哇哇，抱怨不休”。与大多数神话一样，这个故事中也有一点与现实相符的地方：最初在伊斯基亚猴岛上定居的希腊人（虽不是猴子），确实是来自埃维亚岛。

库迈的过去和现在

早在青铜时代就已经有人在库迈定居了。那时的海岸线更靠近内陆，库马山（Monte di Cuma）实际上就是一个岬角。公元前8世纪中期以前，库迈一直都是一个只有几间简陋茅屋的小村子。大约在公元前730年，附近伊斯基亚岛上的埃维亚人在鸽子的引领下（也有人说是在铙钹声的指引下）来到库迈并定居下来，库迈也因此成为意大利最北部的希腊殖民地。不久之后，另一座希腊城市帕斯诺普（Parthenope）在南部海湾处建成，后又更名为纳波利（Neapolis，即那不勒斯，意为“新城”）。

公元前6世纪和公元前5世纪期间，库迈人经历了火山喷发，也受到了迦太基人的攻击，但他们顽强地抵抗住了这一切。他们随后加固了卫城，把朱庇特和阿波罗（在他们心中无比重要的神）供奉在圣殿最显眼的位置。在此期间，库迈一直处于“柔弱王阿里斯托得摩斯”（Aristodemus the Effeminate）的统治之下。名虽如此，实际上他却是位不折不扣的暴君。他曾两次击败伊特鲁里亚人，并通过抑制贵族阶层和解放奴隶巩固了自己的统治。此外，他还在公元前496年为罗马逃亡国王“傲慢王塔克文”提供政治庇护，并于第二年继承了其财产。六年后，库迈贵族推翻了阿里斯托得摩斯的统治，阿里斯托得摩斯及其家人也被折磨致死。

公元前5世纪末，库迈落入了萨姆奈特人（Samnite）的掌控之下，后来成为罗马的忠实盟友，在抗击皮洛士和汉尼拔的战争中一直与罗马并肩作战。公元前1世纪时，库迈城中开始了大规模的建筑工程——进一步加强了防御工事，修建了新的露天剧场，后来[在奥古斯都与劫掠成性的塞克斯图斯·庞培（Sextus Pompey）作战期间]还在城区和阿佛那斯湖之间修了一条宽阔的隧道。奥古斯都统治时期，又将阿波罗圣殿进行了大规模的修缮和改造，并修了一条圣道。到公元2世纪时，库迈一直都是一派繁荣兴盛的景象。但后来，由于港口淤塞，许多贸易被迫转移到了附近的波佐利（Pozzuoli，公元前531年得到库迈许可后，由萨摩斯的难民建立）。

到了公元6世纪，库迈的大部分地区已经荒废，神庙也都被改造成了基督教堂。后来，东哥特王国的国王托提拉（Totila）在与拜占庭帝国的战争中，看到了库迈在战略上的重要性，便将这里变成了自己王国的一个地区首府。但公元553年托提拉去世后，库迈又被拜占庭帝国的纳尔塞斯（Narses）"解放"。在这之后，伦巴第人（Lombards）、那不勒斯人（Neapolitans）和撒拉逊人（Saracens）都对库迈展开了激烈的争夺。直到1207年，这一要塞之地（当时已沦为海盗的藏身处）被蒙特福斯科（Montefusco）的那不勒斯人戈弗雷（Godfrey）摧毁，库迈也被彻底遗弃。

女先知西比尔的命运则要好得多。维吉尔在他的第四首《牧歌》（*Eclogue*）中写道：

> 库迈女先知西比尔所预测的最久远的时代已经到来。一个伟大的时代开始了。圣母归来，黄金时代（萨图恩时代）也随之而来。新的一代从天堂降临。鲁西娜（Lucina，生育女神）喜迎男孩的诞生！自他降生，一切冲突将会随之结束，全世界都将迎来黄金盛世！

这被认为是耶稣基督降临的预言。女先知西比尔也因此受到了君士坦丁大帝和早期教会神父们的推崇，在宗教的迅速发展中发挥了极其重要的作用。因而，西比尔不仅出现在13世纪的拉丁文圣歌《愤怒之日》（*Dies Irae*，正如大卫和西比尔所预见的那样，这一天世俗的一切都将化为灰烬）里，而且还出现在了米开朗基罗16世纪早期在西斯廷教堂的绘画中。

人们把维吉尔也看作是先知一样的存在。但丁在《神曲》中就将维吉尔作为穿越地狱和炼狱的向导，而那些迷信的人则把维吉尔的作品集作为预测未来的依据。带着心中对未来的疑虑，人们会随意地翻开维吉尔的书，手指碰巧所指的那一行就是对心中疑虑的回答。

与库迈有关的重要日期和遗迹

公元前1200—前730年	青铜时代和铁器时代库马山出现最早定居点。
公元前730年	埃维亚人在库迈定居。
公元前7世纪末	西比尔神谕出现（最早是朱诺的神谕，后来是阿波罗的神谕）。
公元前565年	帕斯诺普建立（后来的那不勒斯所在地）。
公元前531年	波佐利建立。
公元前524年	库迈战役中，库迈人打败了伊特鲁里亚人。
公元前505年	亚里西亚战役中与罗马人和拉丁人结盟，库迈人打败伊特鲁里亚人。
公元前474年	库迈人和叙拉古人在库迈海岸击败了伊特鲁里亚海军。
公元前470年	那不勒斯建立。
公元前421年	萨姆奈特人占领库迈，重建了城墙和圣殿。
公元前338年	罗马和萨姆奈特战争后，库迈成为罗马的盟友。
公元前215年	汉尼拔从库迈和弗莱格雷火山区被击退。
公元前38年	阿格里帕加紧防御以对抗塞克斯图斯·庞培，加固了库迈的港口，在阿佛那斯湖建造并训练舰队，在港口和阿佛那斯湖之间修建了隧道。
公元前27年	奥古斯都统治时期，阿波罗神庙被修整重建。
公元2世纪	修建了公共浴场；重建了朱庇特神殿；建了许多巨型神像。
公元5/6世纪	许多寺庙被改建为基督教堂。西比尔洞穴和罗马地穴被用作地下墓穴。
公元535年	贝利萨留斯为拜占庭占领了库迈。
公元542年	托提拉占领库迈。
公元553年	纳尔塞斯占领库迈。
公元717年	库迈先被伦巴第人占领，后又落入那不勒斯人手中。
公元915年	撒拉逊人在库迈大肆掠夺。
1027年	蒙特福斯科的戈弗雷摧毁了库马山的海盗据点。当地疟疾肆虐，日渐衰败。

库迈稍微有些难找，但这一路的寻索还是值得的。库马利科拉省道（Strada Provinciale Cuma Licola）的一条支线正好从罗马广场遗迹所在的地方

穿过。那里有公共浴场和巨人神庙（因巨大的雕像而得名）。从停车场出来有一条小路通往，穿过隧道就可以在左侧看到**西比尔洞穴**（Sibyl's cave）。那是一个4.5米高、2.5米宽、42.5米长的梯形通道，沿南北轴线延伸出去。其中有三条东向走廊，六条西向走廊，通道尽头是一个内厅，里面有三个壁龛。**罗马地穴**（Roman Crypt）的入口（通常是封闭的）也在附近。这是一条182米长的直行隧道，与1千米长的**安宁地穴**（Grotta della Pace）相接。地穴就在阿佛那斯湖畔，马车可以轻松通过，可能是奥古斯都出于军事目的命阿格里帕将军建造的。沿着陡峭的**圣道**（Sacred Way）向上走就到了一处平台，平台右侧就是**阿波罗神庙**。阿波罗神庙原本是一座希腊风格的建筑，后来奥古斯都进行了重建，而今已被毁坏得不成样子，但这里的景色却很美。沿着小路继续前行，穿过郁郁葱葱的林地，就来到了库马山顶。这里的**朱庇特神庙**也早已是一片废墟。这座神庙在公元5至6世纪被改造成了一座基督教堂。

库迈的许多文物，包括在罗马地穴中发现的被狄俄墨得斯窃取的特洛伊雅典娜神像的大理石雕像，都在**那不勒斯考古博物馆**中展出。馆中还有来自**庞贝**、**赫库兰尼姆**（Herculaneum）和**波佐利**等海湾城市以及**斯塔比伊**和**奥普隆蒂斯**（Oplontis）庄园里的文物。所有这些历史遗迹对于任何一个对罗马历史感兴趣的旅行者来说都是必去之地，而离库迈更近一些的**巴亚城**（Baiae）遗迹更是不容错过。那里曾是臭名昭著的享乐胜地，有些地方早已被海水淹没。说它是必去之地还有一个重要原因，那就是有人认为那些与地热溪流相通的地下隧道才是西比尔洞穴的真实所在地。

J.M.W.透纳（J. M. W. Turner）19世纪时的画作《金枝》（*The Golden Bough*）将故事的发生地换成了内米湖畔。詹姆斯·弗雷泽爵士（Sir James Frazer）受此启发进行了相关研究，该研究将宗教、神话和人类学进行了比较分析，虽极具争议，但影响深远。这幅画现在挂在伦敦的泰特不列颠美术馆（Tate Britain）。

第六章

拉维尼乌姆：猪、比萨和家邦守护神

正在海上航行的埃涅阿斯极目远眺，看到了一片广阔的森林。美丽的台伯河穿过这片森林奔向海岸，河底铺满了金色的沙子。河畔周围是鸟儿的天堂，鸟儿身上披着五彩斑斓的羽毛。它们跳跃盘旋，在林间倏忽掠过，婉转的鸟鸣响彻云霄。埃涅阿斯遂命令同伴改变航向准备靠岸。就这样，他们满怀喜悦之情驶进了树荫笼罩的河中。

维吉尔，《埃涅阿斯纪》，7.29–36

驶离狭窄的乡间公路，经过一家工厂检查站后，便会驶入一条遍布车辙的小路。向左侧远眺，便可看到刚刚收割完的大片田野，成群的燕子绕着小小的圣玛利亚教堂废墟飞来飞去。大海懒洋洋地躺在阳光下，泛着粼粼波光。开阔的地平线上唯一的遮挡便是那一排沿着海岸线建起的高层公寓。视线转向右侧，远处生机勃勃的田野里一棵棵高耸的树木将天空勾勒出生动的曲线。一条小路向远处延伸，一直通向地平线上的一座低矮的小山。但那座小山可不是我们的目标，我们得沿着脚下的这条只有几百米长的小路继续前行。远处田野上，羊群正悠闲地吃草，不时发出咩咩的叫声。走过这片田野，我们便来到了一座开放式建筑的跟前。建筑有屋顶，四面敞开，是专门为保护这里的古建筑遗址而建的。

这些古建筑遗址值得我们慢下脚步，仔细观察。一开始你可能看不出什么特别，但它们确实具有极其深远的意义。在最靠近道路的一侧，是一位古代英雄的石砌坟墓。坟墓朝向远处河口的方向，这条河在古代被称为努米库斯河（Numicus）。与这座石砌坟墓的一角相连的是后来所建的一座神殿，现在也仅剩地基，其边缘和轮廓还清晰可辨。神殿原来的巨型假门都是朝向拉维尼乌姆和罗马的方向，所有的门都是用石灰岩雕刻而成。神殿与那座坟墓的一角相连也并非巧合，而是专门这样设计，以便将神殿和墓中埋葬着的那位勇士联系起来，以期得到他的庇佑，因此具有重要的象征意义。正是在这里，一个国家的命运发生了转变：从漂洋过海到建立城邦；从流亡、流浪到征服、得胜；从过去在特洛伊的失败到未来在罗马的成功和权势。坟墓里的大英雄被认为是埃涅阿斯，神殿也是为纪念他而建造的。坟墓和神殿上方是高高隆起的土堆，周围长满了高大茂密的树木。每年，罗马那些身份显赫的大人物都会来此祭奠。可以说，拉维尼乌姆是意大利尤为神圣的地方之一。

萨图恩和黄金时代

埃涅阿斯到达意大利时，拉维尼乌姆周围的土地都在拉丁努斯国王（King Latinus）的统治之下，他还将这片土地命名为拉丁姆。关于拉丁努斯国王的祖先有几种不同的说法。其中一个说法认为他是大力神赫拉克勒斯的儿子，其母亲是来自北方乐土冰封之地的人质（有人认为是英国）。他母亲怀孕后，赫拉克勒斯便把她送给了拉丁姆的国王法乌努斯（King Faunus）。拉丁努斯便是由这对夫妇抚养长大的。另一个说法认为拉丁努斯是尤利西斯的儿子，是尤利西斯漂泊在外时所生。第三个版本（也是维吉尔认可的版本）则认为拉丁努斯确实是移民出身，但他的曾祖父却是萨图恩。在希腊传说中，与萨图恩相对应的是克洛诺斯，被宙斯推翻后，被永远囚禁在地狱深渊塔耳塔洛斯。但是罗马人认为，萨图恩被他的儿子朱庇特从希腊东部流放后到了意大利，在罗马的卡比托利欧山上建了王宫。萨图恩统治期间政清人和，后人将这段时期称为黄金时代。

啄木鸟皮库斯

萨图恩的儿子皮库斯（Picus）是拉丁姆的第一位统治者。关于他有太多的传奇故事。皮库斯相貌英俊，极擅长训练战马，因此有人觉得战神马尔斯才是他的父亲。水中的仙女和山林里的树妖都想要嫁给他，但他最终娶了双面神雅努斯（Janus）和维尼娅（Venilia，司掌风与海的女神）的女儿卡南斯（Canens）。卡南斯拥有甜美的歌喉，并且和皮库斯一样，也擅长预言。然而，她却无法预测自己的命运。

有一天，皮库斯在拉维尼乌姆附近的田野里打猎时，被太阳神的女儿喀耳刻撞见。喀耳刻是一名女巫，既有迷人的美貌，又有非凡的法力，居住于西南方的一个岬角[即现在的奇尔切奥山（Monte Circeo）]。后来，也正是在这个地方，喀耳刻把尤利西斯同船航行的伙伴们变成了野兽。喀耳刻只看了皮库斯一眼，心中便燃起了熊熊爱意。但骑在马背上的皮库斯被随从们围着，离得很远，根本无法接近。喀耳刻并没有就此放弃，她变出了一只鬃毛浓密的野猪，诱使这位国王紧追不舍地进入了灌木丛深处。随后，喀耳刻在林间升起雾气，皮库斯的同伴们迷失了方向，与皮库斯走散了。看到孤身一人的皮库斯，喀耳刻便立刻上前勾引他。

然而，皮库斯的眼中只有卡南斯一人。喀耳刻苦苦相求，皮库斯却不为所动，并发誓自己永远不会对卡南斯不忠。屡遭拒绝的喀耳刻恼羞成怒，举起魔杖连碰了皮库斯三次，口中同时念了三个魔咒。皮库斯大惊失色，拔腿就跑。奔跑间，他看到自己的身上长出了羽毛，嘴巴变成了喙——他竟然被变成了一只啄木鸟。皮库斯的随从发现后，奋起攻击，喀耳刻把他们也变成了动物。皮库斯一直没有归家，卡南斯终日郁郁寡欢。她在拉丁姆游荡了六天六夜，不吃不睡，不停地寻找皮库斯。最后，筋疲力尽的她倒在了台伯河畔。日复一日，卡南斯身形越发憔悴，可她仍然不停地唱着悲伤的哀歌，直到最后香消玉殒，只剩下歌声还回荡在风中。

自然之神法乌努斯

皮库斯和卡南斯有一个儿子，名叫法乌努斯。跟自己的先辈一样，他也热衷于亲近自然，不仅被奉为农牧之神和驯化自然之神，而且还因为喜爱狩猎，成为司掌原始荒野之神。同时，作为一个可以预言未来的神，他的预言也与自然不可分割。任何想向他请教的人都要前往圣林。他们会在新鲜柔软的羊毛上陷入睡梦之中，隐约间，他们似乎可以听到法乌努斯那超脱尘俗的声音在树林中回荡，诡异而又空灵。或许是因为他的声音在山谷间不断回响，人们会把他想象成一位有着很多分身的农牧神——半人半羊，长着羊腿、羊蹄和羊角。他轻浮好色，玩世不恭，相当于希腊神话中的牧神潘。跟牧神潘一样，他也以在人类和动物中制造恐慌为乐。

农牧女神法乌娜（Fauna）也没能躲过他的追求。法乌娜（到底是法乌努斯的妻子还是妹妹没人说得清）整日待在家中，与酒为伴，从不外出，坚守着自己的贞洁誓言，守身如玉。这让法乌努斯备受挫败，无比恼火。于是，他便用维纳斯的桃金娘树枝将其打死了。这还不算最惨的。还有的神话故事里说法乌娜是法乌努斯的女儿。法乌努斯贪恋其美貌，便把她灌醉，试图强奸她。法乌娜极力反抗，誓死不从。最终，法乌努斯变身成一条巨蛇，占有了她。

对于那些备受尊崇的爱国诗人（如维吉尔）来说，法乌努斯之所以如此重要，主要是因为他欣然接纳了来到意大利的伊万德（Evander）以及他的那些阿卡迪亚难民（第九章中将会说到，他们在埃涅阿斯的故事中起到了至关重要的作用），让他们在未来罗马建立的地方安顿下来。几年后，法乌努斯和仙女玛丽卡（Marica）生的儿子拉丁努斯也同样热情地接纳了远道而来的埃涅阿斯和特洛伊人。拉丁努斯之所以这样做，是因为他看到了两个预兆。第一个预兆是一群蜜蜂飞到他宫殿里的一棵树上筑巢安家，预示着很快就会有远方的客人到来，将拉丁姆建成一个强大帝国的中心。第二个预兆与拉丁努斯的女儿拉维尼娅（Lavinia）有关。拉维尼娅在祭奠神灵时，头发和头冠突然着起了火——这预示着她的未来注定不平凡，也同时预示了那场战争不可避免。

以比萨宣告旅程结束

埃涅阿斯的船靠岸时，他和同伴们都口渴得要死。众人纷纷下船，瘫倒在了树下。突然间，地下涌出了两股清泉。埃涅阿斯连忙在泉水旁建起两座祭坛，满怀感激之情虔诚地祭奠了神灵。一行人一路划桨航行，个个饥肠辘辘，饿得连餐桌和餐具都顾不上摆，直接把斯佩尔特薄饼铺在草地上当餐桌，然后把能找到的蔬菜水果一股脑儿全堆在上面。吃完这些还是不饱，他们又拿起铺在下面的薄饼吃了起来。阿斯卡尼乌斯开心地大喊：“看呀！我们把餐桌都给吃了！”

大家都被阿斯卡尼乌斯的话逗得大笑起来，可埃涅阿斯听到儿子的这番话却突然变得神情肃穆。他想起了刻莱诺（Celaeno）的诅咒。刻莱诺是半鸟半人的鸟身人面女妖。埃涅阿斯一行人航行至爱奥尼亚海（Ionian Sea）的时候杀死了刻莱诺的牛羊。正当他们准备大口吃肉的时候，那些野蛮的女妖突然从空中猛扑下来，对他们发起了猛烈攻击，一边使劲扇动翅膀驱赶他们，一边将粪便排泄到牛羊肉上。所有被女妖碰触过的东西都再也无法入口。双方正斗作一团的时候，刻莱诺大声喊出了她的预言："你们会到达意大利，但你们将永远不会拥有自己的城邦，也永远无法筑起城墙，直到你们为今天的行为付出代价，得到应有的惩罚！你们会饿到发狂，饿到连餐桌都吃掉！"

感谢上帝的仁慈，诅咒竟以这样一种让人意想不到的方式应验了。天选之地已经到达，安身立命的家园也近在咫尺，而且（根据一些现代评论家更具想象力的说法）意大利极受欢迎的食物之一也自此初见雏形。

一头怀孕的母猪

另外一个好兆头可是让埃涅阿斯异常高兴。第二个预言里还说，吃了餐桌以后，他们必须跟随一只四足野兽一路前行。它在哪里停下脚步休息，哪里就是他们建造未来城邦的地方。特洛伊人一起兴奋地搭建祭坛，妇女们也聚在一起载歌载舞。他们还把特洛伊的家邦守护神雕像请出来，为祭祀仪式做准备。但就在献祭开始之前，一只用于献祭的动物挣脱束缚跑了出来，那是一头怀了猪崽的纯白色母猪。它一边号叫着，一边向内陆跑去。众人立刻意识到，这一定就是预言中所说的那只野兽！

埃涅阿斯拔腿紧追，但又不得不小心谨慎，生怕它受到惊吓，跑错了路。他们一路追出三英里远，最后母猪终于筋疲力尽，趴在了一座小山上。埃涅阿斯看着眼前的这个地方，心里满是沮丧失望：这个地方很难防守，而且离海太远。一定是什么地方出错了。就在他犹豫不决的时候，附近灌木丛中传来一个声音："特洛伊人不会在此久居。多年以后，他们会建造一座新的城邦，统治整个世界。想要知道到底多少年，要看母猪生下多少猪崽。"第二天，母猪生下了整整三十头小猪崽（这从生物学上来看是完全不可能的），埃涅阿斯把它们全部献祭给了家邦守护神。（据狄奥尼修斯记载）献祭的地点"就在当地的神庙。在拉维尼乌姆人眼中，神庙神圣无比，一向禁止外人进入"。在不同的历史时期，这头母猪的尸体一直用盐腌渍着，保存在神庙里，但这段追母猪的故事却并非一成不变。维吉尔在书中对该故事的描述似乎过于简洁平实（只有五行文字），大意是：埃涅阿斯在台伯

这是奥古斯都和平祭坛上的画面，画面中埃涅阿斯正在神庙前将一头母猪献祭给家邦守护神。

河岸看到了那头怀孕的母猪，便立刻把它献祭给了朱诺。

家邦守护神

埃涅阿斯在拉维尼乌姆选择的献祭地点可谓意义非凡，从古至今，这座小城一直都在守护着特洛伊古老的家邦守护神。一位西西里历史学家称，与此相关的历史文物包括一副用铜铁制成的墨丘利节杖（*caducei*），也叫信使魔杖；还有一件特洛伊瓦罐。这件瓦罐特别能说明问题，因为Penates（家邦守护神）一词是从*penus*而来的，意思就是储物空间或容器。

家邦守护神一旦安顿下来就不会轻易挪动地方。几年后，特洛伊人迁到了山上，并在那里建立了阿尔巴隆加。他们希望将家邦守护神请到附近来，于是建造了一座辉煌的寺庙。然后，他们毕恭毕敬地将神像请到了新建的神庙里并举行了祭祀仪式。到了晚上，他们把神像挪到密室里锁了起来。但是第二天早上，所有的神像都不见了。到底怎么回事？门明明都锁得好好的；密室也完好无损，并没有强行进入的迹象；另外，肯定不可能被偷。这时，一名信使气喘吁吁地从拉维尼乌姆跑来，告诉众人说，神像又回到了拉维尼乌姆，还一如往常地端坐在原来的底座上呢。众人回到拉维尼乌姆，再次将神像迁回阿尔巴隆加，并再次举行仪式和献祭，但当天晚上神像又消失不见了。若再次迁回神像肯定会触怒神灵，特洛伊人不想离开美丽宁静的阿尔巴隆加回到拉维尼乌姆，但他们又渴望家邦守护神的庇佑。最后他们想了个法子。他们挑选了六百名男子，把他们和他们的家人一起送回拉维尼乌姆去侍奉家邦守护神，拉维尼乌姆也因此成了拉丁姆人的精神家园。后来，它也成了罗马人的精神家园。

埃涅阿斯和拉丁努斯国王

埃涅阿斯宣布拉维尼乌姆是天选之地后，特洛伊人便开始在低矮的土坡周围建造城墙壁垒，同时派年轻人出去觅食。但是他们带回的食物、衣服和铁器都是从当地人那里偷来的。很快，双方便因此准备开战。随即，拉丁努斯国王停止了与附近鲁图利人（Rutulians）之间的冲突，迅速向拉维尼乌姆进军。特洛伊人也火速穿上盔甲，拿起武器，冲出尚未完工的城门，在只建了一半的城墙外列队待发。拉丁努斯国王心知这群特洛伊人极其好战，又有丰富的作战经验，并不想与他们立即交战。于是，他便在城外扎营，准备先睡一觉，黎明时再开战。这一夜，拉丁努斯睡得并不安稳。

睡梦中，拉丁努斯见到了当地的一位神灵，也可能就是他的父亲法乌努斯。神灵告诉拉丁努斯切勿与特洛伊人为敌，要和他们友好相处，结成盟友，这对双方都有利。与此同时，在高度警戒的城墙内，埃涅阿斯也在睡梦中见到了他们的家邦守护神，得到了同样的神谕。于是，第二天，当太阳升起，金色的阳光照过农田和海边湿地时，埃涅阿斯和拉丁努斯举行了会面。他们决定解决分歧，宣誓结盟，永世为友。双方还对彼此的习俗、法律和宗教传统进行了深入的沟通和了解，并以老国王的名字来重新命名团结为一家的人民，即拉丁人。

拉维尼乌姆和拉维尼娅

拉丁努斯信守承诺，将拉维尼乌姆方圆8千米的一整块土地分给了埃涅阿斯，包括一大片海滩。特洛伊人紧锣密鼓地继续建筑城墙。就在城墙完工之时，附近的矮树林突然着起火来。说来也怪，几乎同时，一头狼叼着一捆干树枝大步跑来，使劲把干树枝甩进了火焰中。与此同时，一只老鹰从晴空中俯冲下来，奋力拍打着翅膀，助长火苗，让它烧得更旺。这时，一只狐狸出现了。它把自己的尾巴浸到附近的一条小溪里，然后试图用那漉漉漉的尾巴扑灭大火。眼看狐狸快要把火灭掉了，可那火焰却又重新烧了起来。整个矮树林全被大火烧掉了。在埃涅阿斯看来，这是一个神迹：就像熊熊不熄的大火一样，他的城邦也必然会发展壮大，吞噬它所触及的一切——但总会有人因此心生嫉妒，并试图遏制其发展。当地人对这个神话故事可谓喜闻乐见，他们在拉维尼乌姆的主广场上为三种动物（还有那头怀孕的母猪）立了青铜雕像。这些雕像都被摆在了神殿和寺庙中最重要最显眼的位置。

拉丁努斯还把自己的女儿拉维尼娅嫁给了埃涅阿斯，拉维尼乌姆这座城市就是因她而得名。然而，朱诺的愤怒还没有平息。虽无力扭转埃涅阿斯的前进脚步，但她仍然可以加以阻挠。根据维吉尔的描述，朱诺让司战女神贝罗娜（Bellona）带去了结婚礼物——冲突和流血。为了让读者们搞清楚其中缘由，他还讲述了另一段同样带来可怕后果的婚姻：海伦的婚姻，并将二者相提并论。“维纳斯又制造了第二个帕里斯和焚毁一切的大火来吞

这是在斯塔里乌斯·塔卢斯（Statilius Taurus）的墓中出土的一幅湿壁画（现藏于罗马国家博物馆）。该画损毁较严重，表现的是特洛伊人紧锣密鼓修筑拉维尼乌姆城墙的场景。

没这个新崛起的特洛伊。”和海伦一样，拉维尼娅也并非适合结婚的自由身，她之前已被许配给了图努斯（Turnus）。图努斯是鲁图利（Rutulian）的王子，国都就在阿尔代亚。朱诺已经成功激起了他对特洛伊人的嫉妒和愤怒。

战火中的拉丁姆

维吉尔将拉丁姆战争描述为第二次特洛伊战争，并将其与荷马的《伊利亚特》相提并论。早期的神话虽然在本质上与他的描述一致，但可能要粗略得多。根据神话传说，我们了解到拉丁努斯的妻子亚玛塔（Amata，意为“挚爱”）精于权谋。在她的鼓动下，图努斯决定与当地的沃尔西人（Volsci）以及伊特鲁里亚国王墨曾提乌斯联手。在维吉尔那个时代，伊特鲁里亚人异常强大。为了讨好当权的伊特鲁里亚人，维吉尔声称，在国王达尔康（Tarchon）的英明领导下，所有伊特鲁里亚人都像伊万德（未来建立罗马之地的统治者）一样，支持埃涅阿斯。他把墨曾提乌斯塑造成了邪恶的叛国者，并惨遭流放，后来在战斗中被埃涅阿斯杀死。李维对这场战争的描写只有寥寥数语，仅用一段话描述了战争经过，着重突显了罗马先辈们的英勇无畏。文中讲道，墨曾提乌斯是卡西里的国王，他担心盟国伊特鲁里亚（“从阿尔卑斯山到西西里岛，把意大利的国土延长并拓宽了出去”）的安全，率领一支军队向南进发，来到了拉维尼乌姆。“埃涅阿斯本可以躲在筑起的高墙背后，但他并没有那样做，而是带领他的人马，出面迎战。”

这次战争，实际上就是旧世界秩序（以图努斯为代表）和新世界秩序（以埃涅阿斯为代表）之间为争夺意大利的统治权而进行的斗争（表现为对拉维尼娅的争夺）。许多城邦首领都卷入了战争之中，其中就有拉丁努斯和伊万德的儿子帕拉斯。最终，这场战争以首将间的决斗画上了句号。基于荷马对赫克托耳和阿喀琉斯对决之战的描写，维吉尔也讲述了埃涅阿斯和图努斯的对决场面。埃涅阿斯奋勇迎敌，一番激战之后，将图努斯的剑震得粉碎，让他毫无招架之力。图努斯见势不妙，转身便逃。埃涅阿斯照准图努斯将长矛扔了出去，刺中了图努斯的大腿。埃涅阿斯随即上前，一把擒住了图努斯。图努斯只得认输求饶，求埃涅阿斯放自己一马。埃涅阿斯正拿不定主意的时候，突然看到了图努斯肩头挂着的剑带，那是已战死的帕拉斯的剑带。埃涅阿斯勃然大怒，一把将剑刺入了图努斯的心口。就这样，《伊利亚特》的故事结束了，这场战争的第一阶段也落下了帷幕。

舰队变形

埃涅阿斯是有众神庇佑的，这一点图努斯应该知道，因为此前已有诸多预兆。有一次，图努斯想尽办法也无法攻下拉维尼乌姆，便试图烧毁特洛伊人的舰队。就在火光四起、浓烟滚滚的时候，天空中突然传来天籁般的音乐——铙钹铿锵，笛声清亮。女神西布莉也从艾达山匆忙赶来。舰队的船只都是用艾达山上的松木建造的，她不忍心看着这些船就这么毁于一旦。于是，随着一阵可怕的霹雳声，她引来了漫天冰雹来扑灭火焰。与此同时，强劲的大风和滔天海浪将船只从停泊处撕裂。然后，正如奥维德在《变形记》中所写的那样：

坚硬的木头化成了柔软的血肉，尖翘的船尾变成了头和脸，船桨变成了手足，在海水中不断划动，龙骨变成了脊柱，帆索变成了头发，桅杆变成了手臂（这些船变成了海中的仙女）。她们身体的颜色跟以前一样，是天蓝色的；但是以前她们是怕水的，而现在她们却像顽皮的女孩子一样在海浪中嬉闹戏水，像鱼儿般欢快地游动。她们原本出生在荒凉的山上，而此刻却沉浸在翻涌的海水中，乐不思蜀。

拉维尼乌姆的特洛伊人也发生了转变，他们不再渴望返回故土，而是开始认真筹谋罗马的未来。

埃涅阿斯之死和人们对这位英雄的崇拜

图努斯的死并没有终结双方的敌对冲突，鲁图利人和墨曾提乌斯（或许是所有的伊特鲁里亚军队）还在继续进攻。四年后，已经成为拉丁姆国王的埃涅阿斯带领军队冒着倾盆大雨打完了他人生中的最后一场战斗。雷鸣电闪中，埃涅阿斯被砍死，倒在了努米库斯河河畔。然而，他的尸体却神秘地消失了。奥维德告诉了我们原因：朱庇特授意维纳斯去赐予她的儿子“一些神性”。

维纳斯欣喜无比。谢过父亲之后，她便乘着鸽子战车疾驰而去，不久便来到了劳伦大陆（Laurentia）的海岸。努米库斯河河水正从高高的芦苇丛中蜿蜒流淌，汇入附近的大海。她命令努米库斯河清除埃涅阿斯身体里的所有死气，让缓缓流动的河水把不洁的死气带到海里。就这样，埃涅阿斯的身体得到了净化。维纳斯用神圣的香水涂遍他全身，用调和了甜蜜甘露的琼浆玉液爱抚他的脸，把他变成了罗马人的神。罗马人称为英帝格斯神（Indiges），并建了祭坛和神庙来供奉他。

后来有人说埃涅阿斯并没有真的死去，而是被活着送到了天堂。几天后，阿斯卡尼乌斯等人看到了成神之后的埃涅阿斯又回到了努米库斯河边，身上穿着他在战斗中穿过的战袍，沿着河岸漫步。（据不明来源的消息称）

他此刻已是不朽之身。于是，人们为他建造了一座庙宇，把他作为“英帝格斯圣父”来供奉。*Indiges*的意思是“本土的”，一般指神话中那些有着丰功伟绩的凡人，他们身上闪耀着神的光芒，死后被当作神来崇拜。还有一位充满传奇色彩的英帝格斯神是罗慕路斯。在古代，权贵被神化的想法根深蒂固，人们往往会把刚刚去世的统治者奉为神灵，尤利乌斯·恺撒和奥古斯都都是如此。

埃涅阿斯也被人们奉为家神（Lar）。到了公元前4世纪时，他开始被奉为“英帝格斯神”和“英帝格斯圣父”，甚至是“朱庇特英帝格斯”，被供奉在拉维尼乌姆的英雄祠里受世人膜拜。这座英雄祠旁边是一座公元前7世纪的古墓。虽说时代不同，但人们都说这就是埃涅阿斯的坟墓。哈利卡纳苏斯的狄奥尼修斯写道：

拉丁人为埃涅阿斯建造了一座英雄祠，并题词：“献给保护努米库斯河水域的神和守护这方土地的圣父。”……（坟墓和英雄祠）依小土坡而建，周围齐齐整整地种满了树木。景致很美，非常值得一看。

拉维尼乌姆的这座英雄祠地位极其重要。公元前338年拉维尼乌姆被纳入罗马联邦后，几个世纪以来，每年罗马的那些身份显赫的地方官员在任期开始和结束时都会来到这里，向埃涅阿斯和维斯塔(以及其他家邦守护神)献祭。事实上，这座英雄祠本身就是极具标志性的建筑，罗马奥古斯都陵墓的设计就是受它的影响（当然，亚历山大省埃及女王克利奥帕特拉墓也可能是设计灵感的来源）。

以美酒献祭

终结这场战争的使命就落在了埃涅阿斯的儿子阿斯卡尼乌斯身上。他结束战争的方式并不是武力，而是靠虔诚与计谋。一天，趁拉丁人的军队在别处打仗，墨曾提乌斯的儿子劳苏斯（Lausus）占领了拉维尼乌姆。落入伊特鲁里亚人手中之后，拉维尼乌姆除了投降似乎别无选择。但劳苏斯却又提出，拉维尼乌姆投降之后，未来许多年内都要把所有当地的葡萄酒作为贡品进贡。阿斯卡尼乌斯认为这一条款欺人太甚，坚决反对。

同时，他向军队宣布：如果在朱庇特的护佑下，拉丁人胜利了，拉维尼乌姆人民将把这座城市献给朱庇特，并把每一年的葡萄酒供奉给他，直到永远。随后，他们披上盔甲，冲出营地，杀死了劳苏斯。伊特鲁里亚人四散逃窜，墨曾提乌斯也落荒而逃。双方随后派出谈判者，协议停战。双方决定搁置分歧，拉丁人和伊特鲁里亚人自此宣誓结盟，化敌为友。

阿斯卡尼乌斯和拉维尼娅

阿斯卡尼乌斯和他的继母拉维尼娅之间的关系并不融洽。埃涅阿斯死后不久，拉维尼娅就发现自己怀孕了。她非常害怕，如果自己生下一个儿子，阿斯卡尼乌斯可能会把他视作自己的竞争对手，会想要杀了他。所以她从拉维尼乌姆偷偷逃了出来，躲在森林里的一座房子里。房子的主人叫提尔胡斯（Tyrrhus），是拉维尼娅信得过的一个仆人，曾在她父亲手下负责放牧。阿斯卡尼乌斯曾把他心爱的鹿杀死了，他也因此对阿斯卡尼乌斯怀恨在心。

这头鹿是提尔胡斯亲自养大的。他的女儿西尔维亚（Silvia）非常喜欢这头鹿，每天把它的皮毛梳理得油光锃亮，还用美丽的花环装饰它的鹿角。小鹿性子温顺，白天在草地上吃草，黄昏时分便回到鹿圈。在一个炎热的下午，这头鹿正在河边悠闲地漫步，刚刚到达意大利的阿斯卡尼乌斯和战友们也正巧出门打猎。这头可怜的小鹿被阿斯卡尼乌斯一箭射穿了胁腹。可它并没有当即毙命，而是踉踉跄跄，回到了提尔胡斯家的鹿圈，鲜血滴了一路。终于，小鹿再也撑不住了，倒在地上，奄奄一息，痛苦地呜咽着。西尔维亚伤心不已，她的父亲也怒不可遏。一家人看着这只垂死的小鹿难过至极，他们发誓要向杀死它的人报仇。

拉丁人找不到拉维尼娅时，他们想到了最坏的情况，认为她肯定被阿斯卡尼乌斯杀害了。愤怒的民众涌到广场，大声疾呼，要为拉维妮娅复仇。阿斯卡尼乌斯跳上讲台，向众人发表讲话。他告诉大家，拉维妮娅还活着，任何人找到她都将得到丰厚奖赏。这时，碰巧在场的提尔胡斯站了起来，说如果阿斯卡尼乌斯发誓保证拉维尼娅和她孩子的安全，便将他们带回家。阿斯卡尼乌斯照他所言对众发誓。一家人重新团聚，他也对拉维尼娅荣宠有加，还把她新生的儿子西尔维乌斯（Silvius，“樵夫”）当作兄弟一样对待。

提图斯·塔提乌斯之死

在这之后不久的另一个神话传说也跟拉维尼乌姆有关。那时罗慕路斯和萨宾王提图斯·塔提乌斯（Titus Tatius）共同统治着刚刚建立不久的罗马。有一次，塔提乌斯的朋友突袭了拉维尼乌姆的领地。拉维尼乌姆的使臣们便来到罗马要讨回公道。罗慕路斯答应给个说法，但塔提乌斯却不同意因此事去惩罚自己人，便打发这帮使臣回去了。返程途中，塔提乌斯派党羽前去行刺，一行人死的死，伤的伤。拉维尼乌姆再次派出了更多使臣来到罗马，严正抗议这一暴行。罗慕路斯逮捕了行凶的肇事者，给他们戴上镣铐，交给了拉维尼乌姆人。塔提乌斯知道后，立即带上一支精锐小队冲了出去，他们砍倒守卫士兵后将被囚的罗马人放了。

双方的这种紧张局势一直没有得到缓解。后来，到了一年一度祭拜罗马诸神的时候，罗慕路斯和塔提乌斯不得不前往拉维尼乌姆。在庄严的祭拜仪式上，被塔提乌斯杀害的那些人的朋友和家人们怀着满腔愤怒，拿起祭祀用的刀和叉将塔提乌斯刺死了。他的尸体被运回了罗马，在这之后的每年人们都会为他举行祭奠仪式，即便到了罗马帝国时代也是如此。

拉维尼乌姆的过去和现在

后世人们在普拉提卡迪马雷（Pratica di Mare）的田野里发现了铁器时代的古墓，这表明，可能从公元前1100年左右就已经有人在拉维尼乌姆定居了。四个世纪后，这里开始变得重要起来。到了公元前7世纪，这座城墙高筑的城邦成了以阿尔巴隆加为首的拉丁联盟（Latin League）的一部分，该联盟在公元6世纪末与罗马建立了军事合作关系。那时的拉维尼乌姆还是一派欣欣向荣的景象：在一块青铜牌匾上记录了卡斯特（Castor）和帕勒克（Pollux）的故事，这表明当时的拉维尼乌姆人已经与希腊有了贸易往来；罗马末代国王被驱逐后，当时的贵族卢修斯·塔克文·克拉提努斯（Lucius Tarquinius Collatinus）自愿选择流亡到拉维尼乌姆，足见它的巨大吸引力。公元493年，罗马—拉丁联盟正式成立。但五年后，罗马将军科利奥兰纳斯（Coriolanus）叛变并对拉维尼乌姆发起了攻击。他和沃尔西人重创了拉维尼乌姆，随后又围攻了罗马。到了公元4世纪中叶，日益紧张的关系导致拉丁战争（Latin War）爆发，罗马在公元338年击败了拉丁联盟。

拉维尼乌姆已经成为宗教中心，是拉丁姆的精神家园。大概就是在这个时候，得胜后的罗马人在坟墓附近建了英雄祠。他们（错误地）认为这坟墓就是开国之父埃涅阿斯的坟墓。这英雄祠在当时人的心目中是极为神圣之地，在公元6世纪重新对外开放时，人们还在里面供奉了供品。曾经在拉维尼乌姆的祭祀仪式中最为重要的那十三座祭坛后来也被弃用并封盖了起来，这大概也是当时的罗马人所为。

公元前82年，拉维尼乌姆在与苏拉的内战中惨遭马略（Marius）军队的蹂躏。朱利安王朝（声称自己是埃涅阿斯的后裔）的崛起无疑赋予了这座城邦更重要的意义。很多当代作家都描写过那些熠熠生辉的神殿和寺庙(据说，有些还是特洛伊人建造的)。除了埃涅阿斯的英雄祠，这里还有灶神维斯塔神庙，里面供奉着特洛伊的家邦守护神。此外，还有供奉爱神维纳斯、酒神利柏耳、谷神克瑞斯、女神安娜·佩雷纳（Anna Perenna）和水泽女仙朱图耳那（Juturna）的神庙。这里还有很多庄园遗迹，充分说明了拉维尼乌姆在整个罗马帝国时期的重要性。但随着基督教的传入，拉维尼乌姆也逐渐衰落了。公元4世纪，君士坦丁大帝将拉维尼乌姆及其领地赠送给了教会。公元5世纪，英雄祠附近建了圣玛利亚教堂（Santa Maria della Vigne），从此旧宗教被新宗教取代。自公元12世纪普拉提卡（Pratica）城堡建成以来，这片土地一直为权贵家族所有。今天的普拉提卡迪马雷是由16世纪建筑师小安东尼奥·达·桑加罗（Antonio da Sangallo the Younger）设计建造的，归博尔盖塞家族（Borghese）所有。

与拉维尼乌姆有关的重要日期和遗迹

大约公元前1100年	最早有人在此定居。
公元前7世纪	英雄埋葬处（后来被确定为埃涅阿斯的墓地）。
公元前6世纪	十三座祭坛中的第一座建成。拉维尼乌姆向南和向西扩张。
大约公元前500年	纪念卡斯特和帕勒克的牌匾落成。
公元前488年	拉维尼乌姆被科利奥兰纳斯和沃尔西人占领。
公元前4世纪	英雄祠建成。
公元前338年	拉维尼乌姆成为罗马联邦的一部分。
公元前3世纪	祭坛被弃用。
公元前82年	内战期间，拉维尼乌姆遭马略军队践踏。
公元前1世纪晚期	拉维尼乌姆仍是重要的宗教中心。
?公元4世纪20年代	君士坦丁大帝将拉维尼乌姆赠予罗马耶路撒冷圣十字架大教堂（Basilica of the Holy Cross of Jerusalem）。
公元5世纪	在一处罗马庄园旧址上建造了圣玛利亚教堂。
1017年	《教皇诏书》中记载，拉维尼乌姆（除城墙外）归属于罗马圣保罗本笃会修道院（Rome's Benedictine abbey of St Paul）。
大约1530年	小安东尼奥·达·桑加罗设计建造了普拉提卡迪马雷。
1617年	拉维尼乌姆（与普拉提卡迪马雷一起）被卖给了博尔盖塞家族。
1939年	附近的波梅齐亚（Pomezia）是为彭甸沼地（Pontine Marshes）的排水工人们建造的。

拉维尼乌姆位于罗马东南30.5千米，地处波梅齐亚和一个军用机场之间。古城的遗迹很少。它的一部分现在属于普拉提卡迪马雷村，村子入口处是一道**罗马大门**（Roman gate）。真正的宝藏之地在马雷大街（via del Mare）以南，经过强生医疗机构（Johnson and Johnson Medical Facility）之后

再往前一点就到了。

在这里可以看到公元前4世纪时建造的**埃涅阿斯英雄祠**遗址（发掘于1968年），与之相邻的是建造于公元7世纪的**埃涅阿斯墓**。往西大约100米远的地方就是**十三座祭坛**。这些祭坛是1957年被发现的，呈直线排列，从北往南大约有50米的距离。北边的几座祭坛建的时间最早，高度上要低于其余的几座，因附近有一口圣井，所以常常会被水淹。其他几座祭坛立在一个用石灰岩建成的平台上，并没有什么固定的排列顺序，建造时间大概在公元前6世纪到公元前3世纪。那个时候，圣殿被毁被埋，人们在祭奠时便把供品堆在祭坛上。当时人们在此处供奉祭拜的是哪（几）位神灵如今已不得而知。有人认为是维纳斯（斯特拉波在书中提到，拉维尼乌姆有一座重要的神庙就是供奉维纳斯的），也有人认为是英帝格斯神。还有一些人认为这座圣殿是拉丁联盟所有城邦所共有的，每个城邦都有属于自己的祭坛。还有一种说法把十三座祭坛与拉维尼乌姆日历中的月份联系了起来。从这里发掘出的一块纪念卡斯特和帕勒克的青铜牌匾被视为与希腊人往来的证据。附近有一处清泉，走过泉水不远就能看到一座长方形的**古建筑遗址**。这座建筑毁于大火，后来在公元前5世纪时进行了重建。附近还有**两座窑**的遗迹。

往北不到1千米（半英里）的普拉提卡大街（via di Pratica）上，坐落着极具现代感的拉维尼乌姆**考古博物馆**（Archaeological Museum）。馆内有丰富的语音和视频展示，向人们介绍埃涅阿斯的航行以及拉维尼乌姆的宗教信仰，内容丰富多彩。这里最吸引人的要数公元前5世纪的**密涅瓦陶土雕像**（还有特里同陪同在侧）、公元前5世纪至公元前3世纪时的几座**女神像**，以及原英雄祠的**装饰性双扇门**。

海岸处，普拉提卡的福斯河（River Fosso，即古时的努米库斯河）河口处便是当年特洛伊人的登陆点，但从古代到现在，海岸线已经内移了。这里曾经被称为特罗亚（Troia），以朱庇特英帝格斯神殿著称。但今天这里除了海滩和风景一般的滨海区，也没有什么值得一看的了。

第七章
阿尔代亚：抵抗中心

冷酷的复仇女神阿勒克托（Allecto）扇动着乌黑的羽翼俯冲到鲁图利人建起的城墙之上，这座城市据说是达那厄（Danaë）为阿尔戈斯殖民者建立的。达那厄的船行驶到此处时遭遇大风被毁，弃船登岸后建立此城。这个地方曾经被我们的祖先称为“阿尔代亚”。后来虽然历经坎坷，但直到今天，“阿尔代亚”依然威名不减。

维吉尔，《埃涅阿斯纪》，7.408–413

在这样一个温暖的午后，阿尔代亚会让你的心情变得无比舒畅。猫咪们吃饱喝足后都懒洋洋地躺在树荫下休息，广场上一丛丛的夹竹桃已经抽出了嫩芽。街边人行道上，身着工作服的人们围坐在面包店和咖啡店外的塑料餐桌旁，店里的一切都散发着诱人的气息。柜台和橱窗里摆满了各种面包、馅饼、比萨饼、酿番茄配烤土豆，还有装在金属托盘里的鸡肉焗饭。沿着小路往前不远的地方，妈妈们正坐在长椅上耐心地等待着刺耳的放学铃声响起。孩子们会兴高采烈地从学校里冲出来，因一天的课业结束、欢乐的时光就此开始而欢呼雀跃。

再往前走，小路顺势向下。路面的石头看上去愈发有年代感，一段古老的城墙一直延伸到了田野里。穿过鲁图利大街（via dei Rutuli）可以看到一片考古发掘后被废弃的场地，几座砖石建筑显得异常突兀。从这里就可以看见那些盖在石灰岩边上的现代房屋，都被漆成了粉红色、奶油色和橙色，非常艳丽醒目。墙壁上斑驳的裂痕交织成网，到处坑坑洼洼。房屋的尽头处，破损的城墙高高地耸立在悬崖上，将视线引向万里无云的天空，思绪也随之飘回到了那个古老的年代，仿佛看到了被这些雄伟城垛保护着的古城。

阿尔代亚的建立

罗马人认为阿尔代亚是由一位希腊人建立的——但具体是谁却还存在争议。一些人认为，尤利西斯在外游历期间曾去拜访过美丽迷人的女巫喀耳刻。他们在喀耳刻居住的山岬生下了三个儿子——拉丁努斯（拉维尼乌姆的国王）、罗慕斯（Rhomus，他用自己的名字为罗马命名）和阿尔代亚斯（Ardeias，建立了阿尔代亚）。虽然这一说法为这三座拉丁城市间的密切关系提供了一个简洁明了的解释，但我们只需要稍加思考就能意识到这不可能是真的：另一个更为重要的神话故事将阿尔代亚描述为对抗埃涅阿斯及特洛伊人的中心城市。而埃涅阿斯和尤利西斯两人不仅是同时代的人，而且他们的远征时间也大致相同。尤利西斯的儿子在特洛伊人到达阿尔代亚时还年纪尚小，根本不可能在这之前就建立起阿尔代亚，也更加来不及将它建设成一个繁荣城邦以便与埃涅阿斯相抗衡。显然，阿尔代亚的历史起源比这还要古老。

如此一来，另一个神话故事受到了人们的关注。这个故事跟阿尔戈斯（Argos）的公主达那厄有关。达那厄美得不可方物，但她的父亲阿克里西俄斯（Acrisius）听到了一个预言，说将来自己会死于达那厄的儿子之手。于是，他试图逆天改命，把达那厄锁在一座青铜铸成的牢房里，只有一扇小窗户

插图原作是一幅庞贝壁画。画中的达那厄被渔民救起后坐在木棺旁，怀里抱着还是婴儿的珀尔修斯。

与外界相通。而朱庇特就是透过这扇窗户的缝隙看到了达那厄，并被她深深地吸引。于是，他把自己变成了金色的水珠，缓缓地滴进牢房，最终让达那厄怀了孕。阿克里西俄斯发现女儿怀孕时，无比震惊，他再次尝试改变命运。这一次他把达那厄锁进一个木制棺材，又把棺材扔进了海里，但他的计划再次失败。棺材漂到了岸上，达那厄和她的儿子得救了。几年后，这位年幼的儿子珀尔修斯（Perseus）在玩掷铁饼时失了手，意外地将阿克里西俄斯杀死了。

希腊人认为达那厄的棺材被冲上了爱琴海的塞里福斯岛，但罗马人对此却有不同的看法。他们认为棺材是在拉丁姆被救上岸的。当地的国王皮鲁姆纳斯（Pilumnus）爱上了达那厄并娶她为妻——他们一起建立了阿尔代亚。还有一种说法是，达那厄到达意大利时，她已经生了两个儿子，阿格斯（Argus）和阿吉斯（Argeus）。个中情由并不重要，重要的是他们和阿尔戈斯的关系。阿尔代亚不仅被他们建成了一座希腊城邦，而且跟阿尔戈斯一样，受到了特洛伊的死敌朱诺的青睐。这对于像维吉尔这样的诗人来说是天赐良机，他将阿尔代亚国王图努斯和埃涅阿斯之间的冲突描述为第二次特洛伊战争（可悲的是，现有的考古证据无法证明早期希腊人与阿尔代亚之间的关系）。

达那厄的新任丈夫皮鲁姆纳斯是一位国王，也是当地的农耕之神。他曾教人们研磨谷物的方法（这也并不奇怪，因为他的名字就意为“杵”）。他的弟弟皮库姆努斯（Picumnus，啄木鸟神皮库斯的化身）也是一位农耕神，主司婚礼嫁娶，也是幼儿的保护神。同时，作为粪肥之神，他还负责收集和布撒肥料。

图努斯

在神话故事中，阿尔代亚是鲁图利人的首都，与伊特鲁里亚人关系密切。它最著名的统治者在拉丁语中被称为“图努斯”，但希腊人却称他为Tyrrhenus，意为“伊特鲁里亚人”。他也是神族出身，他的母亲是司掌风与海的女神维尼娅。他的姐妹们也是女神：声音甜美的卡南斯（拉维尼乌姆国王皮库斯的妻子）和喷泉女神朱图耳那。他的父亲同样身份显赫，具体是谁尚无定论——有人说是雅努斯（是门神和司始之神），也有人说是阿尔代亚的国王道努斯（Daunus），即达那厄和皮鲁姆纳斯的儿子。无论如何，图努斯就是因为受家族成员的影响而最终走向了衰败。这个人就是亚玛达，国王拉丁努斯的妻子，他们的女儿就是拉维尼娅。

当时许多国王和城邦首领都是拉维尼娅的追求者，都想俘获其芳心，但亚玛达决意让拉维尼娅嫁给她相貌英俊的表哥图努斯，从而让两大家族和两个王国缔结联盟。拉维尼娅的祖父、农牧神法乌努斯却并不赞同。他托梦给儿子拉丁努斯，告诉他不要促成这段婚姻，而要为拉维尼娅选择一个外国人做她的丈夫。（用维吉尔的话来说）这个人：

能把他的血和我们的血相融，我们的家族便会因此与神比肩，而我们的后代将统领整个世界——四海八荒，乃至海洋的尽头，只要有太阳照耀的地方——所有的国家都归他们统治。

这个外国人就是埃涅阿斯。拉丁努斯因此改变了初衷，埃涅阿斯的死敌朱诺则利用这一机会让亚玛达对丈夫心生愤恨。她派了自己的心腹去阿尔代亚，这个人就是复仇女神阿勒克托。她靠汲取他人的痛苦和苦难而变得强大，头顶盘踞着许许多多蓝黑色的毒蛇，是复仇女神中最心狠手辣的一个。阿勒克托来到图努斯面前，目光如炬，怂恿他去战斗。最终，图努斯打定主意，万事俱备，只待与埃涅阿斯决一死战。

在维吉尔庞杂的叙述中，图努斯并非英雄人物，却拥有英雄般的气概。他胯下骑着一匹带有花斑的色雷斯骏马，头上戴着一顶镶猩红盾徽的金头盔，疾驰到特洛伊人的城墙跟前，率先投出了第一支长枪。战争开始了。他杀入特洛伊营地（据维吉尔的描写，营地在台伯河畔），单枪匹马，骁勇善战，奋勇杀敌，直到最后被重重围困，被迫跳入台伯河，才得以逃脱。混战中，图努斯口中大喊“狭路相逢勇者胜”，手起刀落将埃涅阿斯的朋友帕拉斯杀死了。但最终，图努斯不敌对手。朱诺说服朱庇特让幽灵指引他上了一艘船。船漂到海上，奇迹般地把他送回到了阿尔代亚，终得脱身。在阿尔代亚，他再次与埃涅阿斯相遇，二人展开了最后一场大战。

随着最后大战时刻的临近，图努斯的妹妹——悍妇（维吉尔的原话）朱图耳那抓住了他战车的缰绳，驾驶着战车（以下是维吉尔的精彩描写）：

就像一只蓝黑色的燕子，在某个有钱人家的大厅里上下翻飞，翅膀在高高的屋椽上掠过，还时不时地啄些食物碎屑来喂她那群啾啾待哺的雏燕。她的叫声时而回荡在空空的房间，时而在如镜般的池面回响。

就在图努斯与特洛伊人酣战之际，他获悉自己最主要的盟友亚玛达误信谣言，以为自己已经战死，竟然自缢身亡了。战争自此开始走向终结。图努斯跳下战车，直接与埃涅阿斯对战。埃涅阿斯的长矛飞出，把图努斯的剑刃击得粉碎。他转身便逃，埃涅阿斯紧追不舍。最终，朱庇特以战争耗时太长为由，派复仇女神化身尖叫的猫头鹰现身战场。猫头鹰在图努斯脸上拍打了一下翅膀，图努斯顿时变得斗志消沉。朱图耳那知道末日就要到了，她便用灰色的面纱遮住头面，满怀悲痛地跳入附近的大河之中。图努斯大腿受伤，血流不止，栽倒在地，但埃涅阿斯并没有对他手下留情。利刃深深地刺入了他的胸口，这位阿尔代亚国王最终被埃涅阿斯终结。

朱图耳那、劳拉和家神拉雷斯

图努斯的姐姐朱图耳那对他的死感到尤为悲痛。朱图耳那也曾短暂地参加过战斗，在此之后，她的命运便似乎是注定了的。朱图耳那性感又美丽，深受朱庇特的喜爱。但尽管朱庇特热情示好，她却避而不见，要么躲在榛

这面伊特鲁里亚镜子上刻着墨丘利、劳拉（Lara）和另外两位神正看着母狼给拉雷斯（Lares）兄弟俩哺乳。

树丛中吓得浑身发抖，要么干脆沉到水池里不出来。其他水泽女神们都同情朱图耳那的遭遇，竭尽所能地为她提供藏身之处。后来，朱庇特不得不把她们都叫到跟前，告诉她们朱图耳那再逃避也无济于事——“许身于我对我们双方都有利：我会享受到人间极乐，她也会获得最大的利益”——他命令水泽女神们不准再收留朱图耳那在她们所属的水域避难。

但有一位水泽仙女仍然不听劝告，试图帮助朱图耳那。她就是劳拉，当地河神的女儿，是个典型的长舌妇。劳拉从小就爱打听张家长李家短，热衷于传播流言蜚语。而眼下，她的这一喜好就要给她带来灭顶之灾。她不仅提醒朱图耳那要远离河岸（朱图耳那并没有听），还告诉朱诺说朱庇特想要做背叛她的事。朱庇特知道后，勃然大怒。他一把扯下了劳拉的舌头，命令墨丘利将她带去冥界，去守护一片凄冷幽暗的湖水。但墨丘利行至途中，欲念难抑，竟在路边的灌木丛里把劳拉强奸了。

可怜的劳拉饱受凌虐屈辱，又口不能言。最后，她生下了一对双胞胎儿子，他们后来成为守护家宅和岔路口的神，被罗马人称为“拉雷斯”。实际上，他们的名字应该是来源于伊特鲁里亚语中的*lar*一词，意为“首领”（lord）。公元前4世纪的一面镜子背面刻着这两兄弟被一只母狼哺乳的画面，墨丘利、劳拉和另外两位神站立一旁，看着这一幕。这个画面我们并不陌生，人们很容易将这兄弟俩误认成罗慕路斯和雷慕斯。事实上，人们对拉雷斯的崇拜比这两兄弟建立罗马的故事早了几个世纪。母狼哺乳的故事最早发生在这两位伊特鲁里亚首领的身上。也正是他们的故事，为后来罗马的民间神话和神话形象的塑造奠定了基础。

占有了朱图耳那后，朱庇特信守诺言，给了她承诺的一切。他让朱图耳那掌管拉丁姆所有的河流、泉水和湖泊，并把她嫁给了双面神雅努斯。他们生了一个儿子——丰斯（Fons），被奉为喷泉之神。但在罗马，这位女神最终是凭借自己的力量赢得了人们的认可。她的圣池位于阿尔代亚和拉维尼乌姆之间，是努米库斯河的发源地。池中的水是用来进行净化仪式的圣水。今天，在古罗马广场的泉水屋（fountain-house）里，人们依然可以看到朱图耳那泉（Juturna's Spring）。从喷泉再往北一点，就是原战神广场（Campus Martius）所在地。在这里的银塔广场（Largo di Torre Argentina），有三座神庙，据说其中之一就是为供奉朱图耳那所建。

卢克丽霞遭强奸

在与阿尔代亚相关的神话中，暴力侵害妇女的行为一直都是其中浓墨重彩的一笔，而这一笔着实令人难以接受。其中最著名也是影响最深远的一个故事大概发生在公元前6世纪晚期。在被埃涅阿斯击败后，鲁图利人重建了自己的首都，阿尔代亚再次迎来了巨大的繁荣。事实上，正因眼红于阿尔代亚的繁荣富足，罗马傲慢王塔克文起了贪心，决定去征服它。第一次进攻被击退后，他命令军队围困阿尔代亚。

为了打发无聊的时间，军队里的一些高级官员，包括国王的儿子塞克斯图斯（Sextus），便聚在一起喝酒聊天。其间，大家谈起了自己的妻子，都说自己的妻子最贤淑。后来，卢修斯·克拉提努斯（Lucius Collatinus）建议他们亲自去看一看，通过突然造访来验证真伪。于是他们套上马鞍，先骑马去了罗马，结果却发现他们的妻子并没有坐在家里独自哀伤，而是在聚会玩乐。他们最后来到了克拉提努斯家，见到了他的妻子卢克丽霞（Lucretia）。众人一路奔波来到科拉提亚（Collatia），可谓不虚此行。虽已是深夜，但卢克丽霞依然端庄地坐在织布机前和女仆们一起工作着。见众人到来，她羞怯地对克拉提努斯和他的同事们表示了欢迎。克拉提努斯心中得意，坚持让大伙都留下来吃晚饭。第二天早上，他们又火速赶回阿尔代亚，继续参加围城。

但是塞克斯图斯·塔克文（Sextus Tarquinius）却并没有留在阿尔代亚。他对卢克丽霞见色起意，想要得到她。那天晚上，他找了个借口回到了科拉提亚。卢克丽霞碍于其高贵的身份，不得不为他准备了晚餐，并在客房为他铺好了床。黑暗中，塞克斯图斯穿过走廊，蹑手蹑脚地来到卢克丽霞的房间。他手持利剑，把她粗暴地按在床上。卢克丽霞拼命挣扎，意欲尖叫，但塞克斯图斯小声威胁道：若反抗的话，他会先杀了她，然后再杀死一个奴隶，把他们的裸体放在一起，这样无论谁发现他们都会认为她和奴隶通奸。卢克丽霞吓坏了，只得顺从了塞克斯图斯。但是，等他第二天早上偷偷溜走后，卢克丽霞写了一封信送到了阿尔代亚，恳求丈夫克拉提努斯快赶回来。克拉提努斯依言照做，同去的还有卢克丽霞的父亲，以及国王的侄子卢修斯·尤尼乌斯·布鲁图斯。

卢克丽霞将事情的始末说了出来，大家闻言皆愤怒难遏。卢克丽霞请求他们发誓为自己复仇，大家都甘愿照做。随后，卢克丽霞抓起一把匕首，深深扎进了自己的心脏。众人见状，心中怒火再次熊熊燃烧。为什么她要忍受这样的痛苦？她才是被强暴的受害者！卢克丽霞的丈夫和父亲难以自抑，悲痛落泪。布鲁图斯抓起那把带血的匕首，发誓要让罗马摆脱塔克文家族的暴政——这座城市在他们的统治下受苦太久了（布鲁图斯也受苦太久了。塔克文的儿子们一直欺凌侮辱他，叫他“笨蛋”。他们去德尔斐向神祈求神谕的时候也让布鲁图斯一路跟随。神谕告诉他们说，谁最先亲吻了这尊精美的头像（大概完成于公元前4世纪）据说是卢修斯·尤尼乌斯·布鲁图斯，现藏于罗马的卡比托利欧博物馆（Capitoline Museum）。雕像上的眼睛是用玻璃镶嵌的。

自己的母亲，谁就是最终统治罗马的人。布鲁图斯是唯一一个听懂神谕的人。他当即俯身在地上，亲吻了大地母亲。现在这神谕就要变成现实了）。

他们先去了罗马，将此事告知民众，激起了无数罗马市民的愤怒。然后，他们又回到了阿尔代亚。布鲁图斯和克拉提努斯率领一支人民军队，开始为自由而战。此时的国王塔克文已经逃到了他在北方的伊特鲁里亚老家卡西里，而他的儿子塞克斯图斯则跑到了附近的加贝伊（Gabii）寻求庇护。他以为这里的人会支持他、保护他，没想却在这里被仇敌杀害了。布鲁图斯和克拉提努斯二人因解放罗马有功，罗马人民任命他们为年度执政官。二人也因此被载入史册，名垂千古。四个多世纪后，布鲁图斯的后代将在一场政变中扮演重要角色，这场政变杀死了另一个潜在的独裁者——尤利乌斯·恺撒。

卡米卢斯和高卢人

相对来说，阿尔代亚可谓是默默无闻，名不见经传，但它在罗马历史上仍有一席之地。公元前390年，罗马独裁者马库斯·福利乌斯·卡米卢斯（Marcus Furius Camillus）流亡到此处。这位大将军打败了强大的维爱人，最终却陷入了派系斗争。来到阿尔代亚后的他，再一次有了用武之地。因为当时的高卢人（Gauls）开始进军意大利，拉丁姆已遭毁坏。很快，一小队敌兵在阿尔代亚的城墙外扎营，城内的居民开始紧张不安起来，卡米卢斯却临危不惧。他对城内居民发表了一番振奋人心的讲话，随后便趁夜色带领阿尔代亚的士兵们潜进了高卢人的营地。敌兵毫无战斗准备（正如卡米卢斯向众人所承诺的那样），被杀了个落花流水。到了第二天早晨，没有被杀死的高卢人都四散逃命去了。

然而，罗马依然被高卢人占领着。人们派出了一名勇敢的信使去往被围困的卡比托利欧元老院，请命召回卡米卢斯。参议院随即颁布法令，让将军卡米卢斯回来接管指挥权。卡米卢斯及时返回罗马，发起了猛攻，击溃了高卢人，解除了威胁。阿尔代亚再次见证了历史的转折点。但后来，阿尔代亚因误判形势，且对罗马一直怀有敌意，最终难逃被废弃的命运。后来新兴地主们逐渐把这片富饶的牧场占为己有，最终当地的土著居民便只剩下了皮鲁姆纳斯人和斯特基利努斯人（Sterquilinus）。

被改造的城市

先败于埃涅阿斯，后败于罗马，阿尔代亚成了被征服城市的代名词。它甚至出现在一句拉丁谚语中，提醒人们即使是帝国的首都也不是无懈可击的（公元前390年被高卢人占领）："甚至连罗马都曾像阿尔代亚一样被攻占过一次。"然而，根据奥维德的《变形记》记载，在埃涅阿斯把阿尔代亚洗劫一空之后，这个小镇却发生了神奇的一幕：

图努斯倒下了。在图努斯生前曾经盛极一时的阿尔代亚也随着他的离去衰败了。然而，当入侵者结束了杀戮，家园陷落，一切皆化为灰烬时，一只神奇的鸟从废墟中高高地飞起，拍打着翅膀，搅动着周围的灰烬随风飘散。鸟儿发出了凄厉的尖叫声，周身的羽毛黯淡无光，伤痕累累。所有能够代表这座城市的痕迹——包括它的名字阿尔代亚——都被保留在了这只鸟儿身上。阿尔代亚城在鸟儿翅膀的扇动中奏响了自己的哀歌。

任何鸟类学家都知道，从这座陷落之城的灰烬里生出的那只鸟是一只苍鹭（阿尔代亚，又意为"鹭"）。

阿尔代亚的过去和现在

自公元前2000年以来，阿尔代亚周围地区就已经有人在此居住和耕种了。但这座城邦的建立却只能追溯到公元前8世纪，是当时鲁图利人的首都。根据希腊古代历史学家在研究碎片中给我们留下的信息，以及拉丁努斯、罗慕斯和阿尔代亚斯是兄弟的传统认知，我们了解到，公元前6世纪和公元前5世纪时，阿尔代亚的力量与罗马不相上下。但我们今天的许多认知都来自李维在他的一本书里所提供的那些（不可靠的）简短材料。书中说道，罗马的最后一位国王，傲慢王塔克文，觊觎阿尔代亚的财富，在公元前510年试图通过围城来征服阿尔代亚。随后，他被卢修斯·尤尼乌斯·布鲁图斯领导的军队击败，遭到废黜。那些建于公元前6世纪的防御墙或许可以在一定程度上证实历史学家们的看法。无论围攻的结果如何，在公元前5世纪时，阿尔代亚和罗马是盟友——公元前443年，沃尔西人从南面进攻阿尔代亚时，是罗马军队帮忙打败了他们。

两个世纪后，在罗马抗击汉尼拔的生死关头，阿尔代亚并未顾念当年的相救之恩对罗马施以援手。公元前201年第二次布匿战争结束时，罗马便直接将阿尔代亚置于自己的掌控之下。从诸多方面来看，这都标志着阿尔代亚的灭亡。到了公元1世纪，阿尔代亚的人口已呈衰减趋势，但农业作家科鲁迈拉（Columella）在这里购置了地产。从公元476年往后的五百年间，阿尔代亚都是荒无人烟。当时人们建造了一座城堡，后来被移交给了教皇。直到20世纪，随着周围沼泽的干涸，阿尔代亚再度繁荣起来。今天，这里成了一个农业城市，呈现出一派欣欣向荣的景象。

与阿尔代亚有关的重要日期和遗迹

公元前8世纪	阿尔代亚建城；发现了一些墓葬和棚屋遗迹。
公元前6世纪	建造防御墙。
公元前510年	阿尔代亚被傲慢王塔克文围困。
公元前509年	在与迦太基签订的条约中，阿尔代亚被称为罗马的盟友。
公元前443年	罗马军队击退了包围阿尔代亚的沃尔西人。
公元前4—前3世纪	在印加斯托河附近建了神殿。
公元前390年	卡米卢斯在阿尔代亚城外击败高卢人。
公元前348年	在与迦太基的条约中，阿尔代亚再次被列为罗马盟友。
公元前218—前201年	阿尔代亚在第二次布匿战争中拒绝向罗马提供支援，后来罗马直接将阿尔代亚纳入自己的统治之下。
公元1世纪	科鲁迈拉在阿尔代亚购置了地产。
1118年	教皇格拉修斯二世（Pope Gelasius Ⅱ）在阿尔代亚的城堡里居住。
1932年	随着沼泽的干涸，阿尔代亚再次走向繁荣。
1991年	雕塑家贾科莫·曼祖（Giacomo Manzù）在阿尔代亚去世。为纪念他，建了一座博物馆。

虽然每年来阿尔代亚的人们并非冲着这里的历史遗迹而来，但这里的一些遗迹还是值得一看的。首先就是那些建于公元前7世纪的**防御墙**，公元前4世纪时又进行过增建。在别处，还有四座寺庙遗址被发掘了出来。在鲁图利大街附近的卡萨里亚乔考古区（Casarinaccio area），即阿尔代亚广场所在地，有一座建于公元前6世纪的寺庙（里面供奉的可能是女神维纳斯）和一座建于公元前1世纪的大教堂（罗马世界早期的教堂之一）遗迹。这里还有一座早期**基督教的小礼拜堂**（Christian Oratory），里面有精美的**壁画**，需提前预约才能前往参观。在附近的印加斯托河（River Incastro）河口处，有公元前4世纪至公元3世纪时期的**港口**遗迹，也有公元前6世纪至公元2世纪时供奉码头守护神维纳斯（Venus Marina）的**圣地**遗迹。

人们至今并未发现古代**科拉提亚**的遗迹。据推测，其遗址应该在伦格扎村（Lunghezza），科拉蒂纳大道（via Collatina）从中间穿过。伦格扎村位于罗马东北24千米处，在伦格扎城堡（Castello di Lunghezza）下方。这座城堡是一座坚固的中世纪农舍，墙壁坚固高耸，现在这里已经成为一个供人们休闲娱乐的公园。

第八章

阿尔巴隆加：国王、皇帝和教皇的山顶家园

湖与山顶之间的大片土地就是阿尔巴的所在地。这山与湖就像城墙一样，让阿尔巴固若金汤。山体高耸，湖水开阔，打开水闸后，湖水可以分流到附近的平原，市民可以以这样的方式随意调节水的流量。

哈利卡纳苏斯的狄奥尼修斯，《罗马古代史》(*Roman Antiquities*)，1.66

空气凉爽清透。火山口休眠已久。陡峭的山坡上浓林密布，叶子是深绿色的，阳光透过树枝倾泻如瀑布，溅落在翠绿茂密的草地上，影影绰绰，细碎斑驳。山下湖畔浅滩处，灌木生长茂盛，人们都从这里淌水入湖，纵情畅游。近处，一艘艘白色的游艇或停在软绵绵的草地上，或静静地泊在湖边。阳光打在完美的船体上，如水波一般轻轻漾开，温暖的微风轻轻拍打着帆索。湖面是深浅不一的蓝，粼粼波光在湖面上舞动着，忽而闪耀如银，忽而迸发出无数光点，四散开来。

有时（但不是今天），湖面平静得就像一面镜子。站在山坡上，仿佛是站在一个巨大圆环的边缘。这里是天空和湖泊之间唯一的立足点。无论天空还是湖面，都有淡淡的白云飘过。无论天空还是湖面，都铺满了蓝色，蓝得无以复加。天空延伸到哪里，湖面便追随至哪里，无比深远而辽阔。在蓝天的映衬下，地平线上那苍劲的伞松倒映在湖面上，每一根墨绿色的松针都清晰可见。绵延起伏的山脊上，尖顶或圆顶的白色建筑向四周铺排开来，每一栋都意义非凡。这美景真是令人叹为观止。虽然罗马距离此处只有半小时车程，但那里交通拥堵，喧闹繁忙，空气污浊，是另一个截然不同的世界。

创建阿尔巴隆加

埃涅阿斯到达意大利三十年后，他的儿子阿斯卡尼乌斯建立了阿尔巴隆加（“白色长城”）。之所以叫这个名字，是因为它特殊的地理位置——从阿尔巴努斯山（Mount Albanus，意为“白山”）的山脊横穿而过。至少，大多数罗马人是这么认为的。事实上，与阿尔巴隆加有关的神话从来都难有定论，李维就曾提出过这样一个疑问：

> 现在无法完全确定（谁又能对这样一段古老的历史完全说得准呢），当真是阿斯卡尼乌斯建立了阿尔巴隆加，还是他的兄长。据说，他的这位兄长在特洛伊未遭攻击时由克瑞乌萨所生，后来也跟随他们的父亲一起逃离了特洛伊。我所说的这个人就是尤尔，尤利乌斯家族就是以他的名字命名的。

这个疑问还没搞清，又出现了另外一个疑问。哈利卡纳苏斯的狄奥尼修斯（生活在罗马人痛恨国王的时代）讲述了另一个故事：尤尔实际上是阿斯卡尼乌斯的儿子。据他说，虽然尤尔没有继承王位，但拉丁人赋予了他比王权还要尊贵的身份，并且一直到狄奥尼修斯生活的那个时代，其家族还承袭着这份殊荣。与此同时，维吉尔对这个问题给出了自己的答案。他认为阿斯卡尼乌斯本人有时就被叫作尤尔。

无论阿尔巴隆加的真正创始人是谁，这座城市在创建之后很快便成为

庞贝城维蒂之家（House of the Vetii）的一幅湿壁画中，房屋主人两侧各站着一位手举丰饶角的家神，一条象征好运的蛇从下面爬过。

拉丁民族的首都（但是，由于家邦守护神不愿意搬到这里，拉维尼乌姆仍然是他们的精神家园）。几个世纪后，阿尔巴隆加的王子们又成了罗马的创建者。这两座城市之间的关系总是充满了变数：随着时间的推移，罗马最终会摧毁阿尔巴隆加，将其从地图上彻底抹去。这可能就是与阿尔巴隆加早期历史相关的神话如此之少的原因。

事实上，与阿尔巴隆加有关的大多数神话似乎都是人为编造出来的。因为当时的编年史家们发现埃涅阿斯到达意大利的时间（大约在公元前1185年）和罗马建立的时间（这个时间比较确定，是在公元前753年4月21日）有较大的差距，这就令人尴尬了。虽然之前关于谁是罗马的创立者存在着许多矛盾说法和时间错乱的理论：有的说是埃涅阿斯本人创建的（甚至有人说是他同尤利西斯一起创建的，并且以特洛伊女性名字Romē来命名这座城市），有的说是埃涅阿斯的儿子罗穆斯（Romus，阿斯卡尼乌斯、罗慕路斯和埃乌律列昂的兄弟）创建的，也有人说是阿斯卡尼乌斯的儿子（也叫罗穆斯）创建的——暂且先列举这三个说法——但是，现在又有一种更科学、更符合逻辑的新说法得到了普遍认可：阿尔巴隆加王朝诞生了。

阿尔巴隆加王朝

阿尔巴隆加的这几位国王并非什么圣明贤德之人，大多只是徒有虚名。尽管如此，他们依然被看作是罗马国家形象的核心代表，并在奥古斯都广场（建于公元前2年）拥有自己的雕像，在其一侧是埃涅阿斯的雕像，另一侧是奥古斯都的祖先尤利乌斯家族成员的雕像。

这几位国王的主要不同之处在于他们在位的时间都非常长（长到让人觉得不可思议）。阿斯卡尼乌斯在位三十八年之久，之后拉丁人民投票选出了他的继承人，不是他的儿子尤尔，而是他同父异母的兄弟西尔维乌斯（埃涅阿斯与拉维尼娅所生的儿子）。西尔维乌斯在位二十九年，并将自己的名字传给了王朝历代国王。继西尔维乌斯之后，王国又相继出现了许多位长期执政的君主[埃涅阿斯·西尔维乌斯（Aeneas Silvius），在位三十一年；拉丁努斯·西尔维乌斯（Latinus Silvius），在位五十一年；阿尔巴·西尔维乌斯（Alba Silvius），在位三十九年；卡佩图斯·西尔维乌斯（Capetus Silvius），在位二十六年；凯皮斯·西尔维乌斯（Capys Silvius），在位二十八年；卡尔佩图斯·西尔维乌斯（Calpetus Silvius），在位十三年]。之后便出现了第一个值得我们关注的国王，台伯里努斯·西尔维乌斯（Tiberinus Silvius）。

台伯里努斯的统治非同寻常，不仅是因为在位时间短暂（在位仅仅八年），更是因为结局的悲惨。当年阿斯卡尼乌斯与伊特鲁里亚人讲和，双方同意以阿尔布拉河（River Albula）为界，互不侵扰。但是，时间一久，河岸地区便时不时地爆发各种小规模的冲突。在其中一次冲突中，台伯里努斯被对方杀死，尸体被水流冲走。拉丁人悲悯于他的英年早逝，于是，他们用死去国王的名字给这条河重新命名，这条河从此便被称为台伯河[维吉尔曾讲述过另一个神话故事，故事里讲到在埃涅阿斯到达意大利之前，这条河就因巨人台伯里斯（Thybris）而得名了]。

再往后，便到了国王阿格里帕·西尔维乌斯（Agrippa Silvius，在位四十一年）。在他之后是令人感到恐惧的阿洛迪乌斯（Allodius），他也被称为罗慕路斯·西尔维乌斯（Romulus Silvius）。狄奥尼修斯写道：

他在位十九年，性情暴虐，被诸神厌弃。他并不相信神的力量，还找到了模仿雷电的方法，用雷电来震慑普通民众，让他们以为他就是神。但是后来，暴雨和闪电袭击了他的宫殿，旁边的大湖因暴雨而水位大涨，最终将其全家吞没毁灭。时至今日，当水位下降、湖面平静无波时，仍能清晰地看到当年宫殿的廊柱以及其他的一些遗迹。

可惜——抛开狄奥尼修斯是否真的看到了遗迹，也不论闪电两次击中同一个地方有多大可能性——这个故事着实让人无法信服。它与希腊神话中的描述如出一辙，而在希腊神话中，同样的故事发生在厄利斯（Elis）国王萨尔摩纽斯（Salmoneus）身上。

奇怪的是，维多利亚时期曾有游客听到了一个类似的故事。在阿尔巴努斯（Albanus）的火山口曾经有一座繁华的城市。有一次，耶稣基督来到意大利，乞求当地人施舍于他。可这里的人虽生活富足，却都对他冷眼相向，毫无怜悯之心，只有一位老妇人施舍给他两勺饭食。基督便让她收拾好自己的东西，赶快离开。待她到达安全之处后，他让整座城市沉入了火山口，并让大水涌入，淹没了一切。

后来，又经历了两任阿尔巴国王[阿文廷努斯·西尔维乌斯（Aventinus Silvius），在位三十七年，罗马的阿文廷山因是他的埋葬地而得名；普鲁卡·西尔维乌斯（Proca Silvius），在位二十三年]的统治，才迎来了历史舞台上的主要人物：那对双胞胎诞生了，罗马建城的伟大神话就此拉开序幕。

努米托、阿穆利乌斯和雷亚·西尔维亚

普鲁卡有两个儿子。原本他打算把王位传给哥哥努米托（Numitor），可弟弟阿穆利乌斯（Amulius）却以武力夺取了王位，并想尽一切办法保住得来不易的王权。问题的关键是如何处置努米托的两个孩子，以免他们长大成人后再来夺回王位。其中一个孩子是个男孩，他打算让这个孩子死于“不明劫匪的伏击”；另一个是女孩，他指派这个女孩[雷亚·西尔维亚（Rhea Silvia），又名伊利亚（Ilia）]去当维斯塔贞女，这样她就不可能再生育子嗣。努米托不愿意挑起内乱，只能无奈地看着这一切，束手无策。然而，众神却看不下去了。因为（李维的这番话极具爱国情怀）：

在我看来，这座伟大城邦的建立早已是天定，世界上最伟大的帝国即将诞生，只有诸神所在的天国才能出其右。

于是，在阿穆利乌斯统治的第四个年头，雷亚去战神马尔斯的圣林取水时，失身于一位天神。这位天神到底是谁一直没有定论。是马尔斯本人？还是阿尔巴隆加当地的某位神仙？他甚至有可能是爱慕雷亚的一个普通凡人，或者是装扮成神的阿穆利乌斯。不管是谁，这件事之后便出现了新的预兆——日食，黑暗笼罩着整个地球。雷亚发誓说，在那位神消失之前，

他曾告诉自己将生下一对双胞胎，他们将是这世上最英勇、最有胆识之人。

阿穆利乌斯发现雷亚怀孕后，便派士兵对其严加看守。随后，他召集长老们开会。绝望无助的努米托试图说服长老们放过雷亚，祈求他们至少在预言得到验证之前不要伤害她。后来，雷亚确实生下了一对双胞胎。然而，即使这样也没能给她带来生机。生下两个儿子罗慕路斯和雷慕斯之后，阿穆利乌斯对外宣称其中一个孩子是被偷偷带进产房的。在他的威压之下，长老会众人只得答应了他的要求：作为一名失足的维斯塔贞女，雷亚必须被监禁起来（某些版本中说她被殴打致死），而两个男孩被放进一只篮子里扔进了河中。

有人认为奥古斯都和平祭坛上的这幅画里，居中的人物便是雷亚·西尔维亚（与罗慕路斯和雷慕斯在一起）。也有人认为这是丰饶女神克瑞斯。

罗慕路斯和雷慕斯

在神话故事中，这样的做法通常都会以失败告终。被装入篮子投入河中的两个婴儿被一位善良的牧民福斯图卢斯（Faustulus）救了上来。他把两个孩子带到了罗马的帕拉蒂尼山。孩子们长大后帮着他放羊。十八岁时，二人与附近阿文廷的牧羊人发生了激烈的争吵，对方想要抓他们去阿穆利乌斯面前评评理。于是，阿文廷人设下埋伏，但最终只抓到了雷慕斯，当时罗慕路斯正在附近的萨宾小镇卡尼纳（Caenina）庆祝宗教节日。

罗慕路斯听说雷慕斯被抓走后，立刻召集了他的牧民伙伴。但此时，雷慕斯已经到了阿尔巴隆加，被带到了国王面前。阿穆利乌斯一副高高在上、不可一世的态度，轻蔑地宣布雷慕斯有罪，但他却让努米托来决定如何惩罚于他。然而，努米托却对雷慕斯产生了好奇，总感觉有些似曾相识。当这个年轻人向他讲述了自己的童年时，努米托已经对他的真实身份了然于胸。高兴之余，努米托还派了一个可靠的家仆去和罗慕路斯联系。不久，拥护两兄弟的牧民们就聚集在了阿尔巴隆加的街道上，福斯图卢斯也在其中。他把曾经装过婴儿的篮子藏在斗篷下面，希望用这个篮子来证明他们的身份。

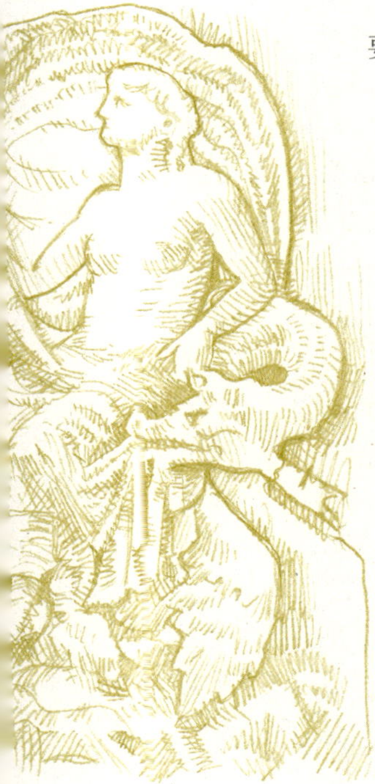

暴乱，一触即发。一个守卫看到福斯图卢斯时，要求他把斗篷下的东西拿出来检查。旁边的守卫认出了这个篮子，便把福斯图卢斯拖到阿穆利乌斯面前，逼问他双胞胎是否还活着——却不知他们二人此刻就在阿尔巴。形势紧迫，努米托赶紧在各处散布谣言，想以此混淆视听，让国王的守卫们摸不着头脑。与此同时，罗慕路斯兄弟俩各自带领一队牧民袭击了阿穆利乌斯，将这个篡位者杀死。很快，努米托就对阿尔巴隆加的民众们发表讲话，向他们揭露了阿穆利乌斯的所有罪行，告诉众人是自己下令刺杀了阿穆利乌斯。讲话结束时，罗慕路斯和雷慕斯率领他们的牧民军队，挤过人群来到了外祖父的身边，俯身在地，拜他为王。广大民众也一呼百应，纷纷跪拜新王。

努米托重新夺回了阿尔巴隆加的王权，

而他的两个外孙也开始考虑建立属于自己的城邦。于是，他们和追随自己的牧民、拉丁人，还有一些希望开始新生活的阿尔巴民众一起回到了绿草遍野的帕拉蒂尼山——用李维的话来说，“追随者如此众多，让人忍不住对即将建立的新城邦充满期待，那一定是一个让拉维尼乌姆和阿尔巴隆加都相形见绌的城邦”。

霍拉提兄弟

尽管罗马和阿尔巴隆加有着千丝万缕的联系，但在罗马第三任国王图卢斯·霍斯提利乌斯（Tullus Hostilius）统治初期，二者之间的关系已经破裂。双方都指责对方侵扰边境，都派出使节去讨要赔偿。罗马的使节们遵照图卢斯的指示，一到阿尔巴就开门见山，要求对方赔偿，遭到断然拒绝。与此同时，阿尔巴使节在罗马受到了各种款待，日日宴饮，关于赔偿事宜罗马人却一拖再拖。最终，当阿尔巴使节终于有机会提出赔偿要求时，图卢斯告知他们，是阿尔巴违背了双方约定，阿尔巴是过错方，罗马有充分的理由对其宣战。

阿尔巴隆加的国王克鲁利乌斯（Cluilius）一向好战尚武，他立刻率领军队逼近罗马，修筑强大工事，与（同样紧张备战的）罗马人对峙。可就在这个当口，克鲁利乌斯突然暴毙而亡。究竟是中毒而亡，还是年事已高，抑或是天神干预的结果，没有人知道，但图卢斯自然会对外宣称这是神的旨意。他趁夜色带领手下穿过敌人防线，潜进了阿尔巴。第二天，阿尔巴人在将军梅提乌斯·富夫提乌斯（Mettius Fufetius，优柔寡断却无比精明）的率领下对他们展开了追捕。正当双方准备开战时，传来了一个让人不安的坏消息。他们共同的敌人，维爱和菲德纳（Fidenae）的伊特鲁里亚人正在附近列阵以待，打算趁双方打得两败俱伤时发动进攻，上演鹬蚌相争渔翁得利的戏码。

鉴于这种局面，罗马和阿尔巴商定：双方通过三场决斗决定胜负。无论哪方获胜，都将永远统治另一方。神奇的是，双方军队里都各有一组三胞胎士兵：罗马方是霍拉提家族的三兄弟，阿尔巴方是库里亚提（Curiatii）家族的三兄弟。更神奇的是，这六人都是在同一天出生的。这还不算完，三胞胎的妈妈们还都是姐妹，几个男孩从出生就一起长大。然而，虽然他们之间有着如此深厚的血缘和友谊，虽然阿尔巴隆加是罗马的母城，虽然这将是一场生死较量，但六人都欣然同意，愿为荣誉和至高无上的王权而战。

在两边军队的欢呼声中，几位势均力敌的勇士大步走到了阵前空地。这是一场漫长而激烈的较量。罗马这边先有一个人倒下了，紧接着第二个

在阿尔巴诺湖（Lake Albano）附近的阿皮亚诺瓦大道（Via Appia Nuova）上有一座大型伊特鲁里亚风格的墓地，据说是霍拉提和库里亚提兄弟们的墓。

又倒下了。最后，霍拉提家族只剩下霍拉提乌斯（Horatius）一人还在战斗，但很快他也被库里亚提家族的三兄弟包围了，似乎难逃被击杀的命运。然而，他却瞅准时机，躲开了致命一击，冲出了包围。库里亚提三兄弟带着伤拼命追赶。眼看就要被其中一个追上的时候，霍拉提乌斯却一个转身偷袭了他。猝不及防之下，阿尔巴一方折损了一员勇士。另一位库里亚提兄弟也很快追到跟前，可他还没来得及喘口气，也被霍拉提乌斯杀了。现在两边都各剩下一人，但库里亚提乌斯（Curiatius）的大腿受了重伤，只能勉强站立。他明显不是霍拉提乌斯的对手。最终，霍拉提乌斯不费吹灰之力便将他解决了。

于是，图卢斯接受了阿尔巴的投降，双方签署条约后，霍拉提乌斯作为英雄回到了罗马。可惜，一切并非皆大欢喜。霍拉提乌斯的妹妹先前与库里亚提三兄弟中的一个定了亲。她认出被兄长杀掉的正是自己的心爱之人，他身上还穿着自己亲手缝制的婚袍。她顿时崩溃大哭，泪流不止。霍拉提乌斯无法容忍妹妹的做法，她竟然把敌人看得比自己的亲哥哥和自己的国家还重。气恼之下，他把那把还带着鲜血的剑刺入了妹妹的胸膛，口中大喊着："到地狱跟你爱的人厮守去吧，所有为敌人流泪的罗马女人都去死吧！"霍拉提乌斯妹妹的死给罗马的胜利蒙上了阴影。若不是霍拉提乌斯的父亲上诉为他求情，他很可能早就被处决了。最终，他不仅没被处死，还被净化了罪行——从一个由两根木梁支起的"枷锁"中间爬过。据说，他一直好好地活到了公元前1世纪末。但命运却不会对梅提乌斯·富夫提乌斯和阿尔巴如此宽容。

阿尔巴的毁灭

罗马与维爱和菲德纳的长期敌对局面最终引发了战争。国王图卢斯援引与阿尔巴隆加所订立的条约，号令阿尔巴军队，在阿尼奥河（Anio）和台伯河的交汇处共同抗击敌人。双方战斗正酣时，狡猾奸诈的富夫提乌斯竟然背信弃义，临阵违抗命令，把自己的队伍撤回到了附近山里的安全地带。图卢斯就这样被盟友抛弃了。军队士气无疑会遭受致命性的打击。图卢斯遂命令骑兵们举起长矛，试图遮挡富夫提乌斯军队的动静，同时对外宣称阿尔巴隆加的军队是受他之命前去包抄敌人的。罗马士兵闻言士气大振，奋勇杀敌，维爱人和菲德纳人纷纷落败，拼命地想游到河对岸逃命。但他们的盔甲太重，逃跑谈何容易。这一仗，罗马人取得了迄今为止最大的一次胜利。

如何处置背信弃义的阿尔巴隆加？很明显，富夫提乌斯的如意算盘是不参战，就等着看谁是最终赢家，谁赢了就和谁结盟。既然他想要脚踏两只船，那么对他的惩罚也必须匹配得上他的罪行。于是，他们把富夫提乌斯的手脚绑在两辆由四匹马拉的战车上，战车朝相反的方向疾驰而去，生生将他撕裂，只剩下"几块被绳子捆住的躯体残块，早已血肉模糊"。随后，霍拉提乌斯被派往阿尔巴隆加，命令那里的民众立即收拾东西离开阿尔巴，搬去罗马。他们被安顿在了西莲山上，开始了新生活。对此，李维是这样描述的：

一路上到处都能见到阿尔巴难民，源源不断，一眼望不到头。难民们偶尔会在人群中认出自己的同乡，彼此相顾无言，默默流泪。他们经过神庙时，看到士兵在那里把守，仿佛他们心中的神也沦为了俘虏，内心悲痛难抑，忍不住失声痛哭起来(尤其是女人)。所有阿尔巴人都离开之后，罗马人把阿尔巴的所有建筑都夷为平地——无论是公共建筑还是私人建筑都——无一幸免。一小时之内，阿尔巴长达四个世纪的历史被彻底摧毁。唯有那些神庙幸免于难，在罗马国王的授命下被保留了下来。

虽然神庙被保留了下来，但与这些神庙相关的祭拜仪式却逐渐被忽视，这让朱庇特大为恼火。盛怒之下，他用巨石像雨点般砸向阿尔巴努斯山。图卢斯·霍斯提利乌斯内心惊恐不已，赶紧派人重建废弃的神殿。但是，无论做什么似乎都难以拯救这位好战的国王了。当图卢斯再一次搞砸了祭拜朱庇特的仪式时，这位天神引来一道闪电，摧毁了图卢斯和他的宫殿。

改造阿尔巴努斯湖

仅仅三百多年后，也就是公元前4世纪初，罗马得知阿尔巴努斯湖（现在的阿尔巴诺湖）是决定与维爱之战胜负的关键。这个湖位于一座死火山的火山口，没有天然的出口。有一次大旱，这个湖的水位竟莫名其妙地上涨了，所有人都认为这是一个伟大的预兆。这意味着什么？通常情况下，罗马人都会向伊特鲁里亚的占卜师请教，他们是这方面的专家。但是自从战争以来，他们都被赶走了。因此，眼下的当务之急就是派人去希腊请示德尔斐神谕。

神谕给出了明确的答案：罗马不会获胜，除非抽干湖水，把湖水引入灌溉渠道，避免湖水入海。此外，神谕还指出，罗马人必须保证阿尔巴努斯山上的所有拉丁节日都要得到足够重视，必须按照祖辈传统认真举行祭祀仪式。于是，罗马人按照神谕举行了祭祀仪式，然后又挖了一条隧道。果然，维爱陷落了（可能也是卫城下挖了很多矿坑的缘故）。事实上，从考

沃尔泰拉（Volterra）的这个公元前2世纪的雪花石膏瓮盖子上是一位女占卜师，左手上拿着一块羊肝。

古学的角度来看，当时罗马人只需要把建于公元前6世纪的那条早已年久失修的隧道修好即可。透过神话故事，可以看到其背后真正的政治意图：只有对阿尔巴努斯山上的阿尔巴神殿给予足够的尊敬，同时改进平原上的灌溉条件才能重振拉丁联盟（以阿尔巴隆加为首），增强彼此间的团结。也只有这样，罗马才有希望击败伊特鲁里亚人。开凿隧道不过是一个额外的收获。

阿尔巴的海外拓展

据说罗马不是唯一一个在阿尔巴隆加的基础上建立的城市。中世纪编年史家蒙默思的杰弗里（Geoffrey of Monmouth）认为，国王西尔维乌斯（埃涅阿斯的孙子）的妻子怀孕时，有占卜师预言这个孩子长大后会成为意大利最勇敢、最受人民爱戴的人。西尔维乌斯想到这个孩子将来会篡夺王位，内心无比愤怒，盛怒之下便处死了预言的先知。后来他的妻子死于难产，但他还是在自己的宫殿里把儿子布鲁图斯抚养长大了。可命中注定的事还是发生了。在一次狩猎探险时，布鲁图斯的箭意外射偏，误杀了西尔维乌斯。男孩不得不流亡在外。

在外流亡期间，布鲁图斯饱经磨难。和他一起流亡的还有希腊和特洛伊的流亡者，他们个个英勇果敢。这一行人路过高卢（Gaul）时在那里建立了图尔城（Tours），然后继续一路向北航行，在阿尔比恩岛（Albion）的托托涅西姆（Totonesium）登陆。上岸后，他们与当地的巨人展开了一场激烈无比的战斗，大获全胜。随后，他们便以自己领袖的名字“不列颠”（Britain）重新命名了这个国家，并以队伍中将军科林诺斯（Corineus）的名字命名了康沃尔郡（Cornwall），而托托涅西姆（Totonesium）则改名为托特尼斯（Totnes）。随后，一行人继续向东行进，最终到达了泰晤士河畔，在那里建立了一座新城，即特罗亚诺瓦（Troia Nova）[或特里诺文图姆（Trinovantum）]。今天我们称它为伦敦。

阿尔巴隆加的过去和现在

阿尔巴隆加的重要性与它本身的古代历史（事实上它的历史并不长）关系并不大，更多的是因为它是罗马的母城，在精神信仰上与罗马有着密切关联。直到公元前7世纪中叶，它一直是拉丁联盟中最强有力的领导者，随后便被罗马彻底摧毁，几乎没有留下任何遗迹。然而，公元前396年左右，罗马人帮助修复了一条排水隧道，把阿尔巴努斯湖的水引到附近平原灌溉良田。公元前338年拉丁联盟彻底溃败后，阿尔班山（Alban Hills）依然是罗马的精神象征。朱庇特圣殿仍然具有重要的象征意义：在罗马两位执政官都会亲自参加的拉丁节期间，两人会在这个圣殿献祭一头白色小母牛，并把它的肉庄严地分发给每一个拉丁民族。此外，罗马的将军们若有小胜，也会到这里来庆祝一番。

阿尔班山离城市的喧嚣如此之近，却又如此宁静美好，这里是城里有钱人最喜欢去的地方。公元前1世纪的政治家克洛狄斯（Clodius）和庞培，以及公元1世纪的皇帝图密善（Domitian）都对这里钟爱有加。皇帝图密善的宫殿甚至横跨了整个阿尔巴隆加。就在一个多世纪后，即公元202年，塞普蒂米乌斯·塞维鲁皇帝（Septimius Severus）在附近的阿尔巴努斯驻扎了第二帕提亚军团（Legio Ⅱ Parthica）。公元12世纪，该地区成为甘多尔菲（Gandolfi）家族的领地，并因其宫殿而得名甘多尔福城堡（Castel Gandolfo）。这座城堡于1596年被梵蒂冈买下，并于1624年重建和翻新，此后一直是教皇的消夏居所。

与阿尔巴隆加有关的重要日期和遗迹

公元前9—前7世纪	阿尔巴隆加成为拉丁联盟的首都。
公元前7世纪中期	罗马摧毁了阿尔巴隆加。
公元前396年	罗马人帮助修复阿尔巴努斯湖的排水隧道。
公元前2—前1世纪	阿尔班山成为罗马权贵们喜爱的休闲胜地。
公元81—96年	图密善在阿尔巴隆加建造了宫殿。
公元202年	塞普蒂米乌斯·塞维鲁皇帝在附近驻扎了第二帕提亚军团。
公元12世纪	甘多尔菲家族在图密善宫殿旧址上建造宫殿。
1596年	梵蒂冈买下甘多尔福城堡。
1624年	甘多尔福城堡被改造成教皇的消夏居所。

由于早期历史上的暴力纷争，传说中的阿尔巴隆加并没有留下什么存在的痕迹。它真正的所在地至今都无法确定，争议很大。有人认为它在阿尔巴诺湖西侧的甘多尔福城堡，也有人认为它在湖东边。相对而言，那条古老的**排水隧道**的位置更容易确定。该隧道长1450米，平均宽度为1.2米，最大高度为2.5米，坡度约为0.14‰。隧道的入口位于甘多尔福城堡下面，出口在勒摩尔（Le Mole）。

甘多尔福城堡南面便是图密善宫殿的遗迹所在地。这座宫殿最初建在三个狭窄的露台上，每个长500米。这座宫殿的旧址就在教皇宫殿的庭院内，不对游客开放。那些想要寻找古迹文物的人应该去阿尔巴诺，**卡斯特**

拉·阿尔巴纳（Castra Albana）军团营地旧址就在这里。这里可以看到（半个）**圆形露天竞技场**、**罗马城门**（一个雄伟的大门）和**切洛马奥浴场**（Baths of Cellomaio）。这些都是皇帝卡拉卡拉（Caracalla）在谋杀了自己的弟弟盖塔（Geta）后建造的。图密善宫殿里原有一座**水神殿**（nymphaeum），后来被改建为**罗通达圣玛利亚教堂**（Santa Maria della Rotonda）。再往东南走，就到了（经过大力修复之后）所谓的**霍拉提和库里亚提墓**（Tomb of the Horatii and Curiatii）：公元前1世纪的建筑，每个角落都有四个锥台，建筑风格与众不同，独一无二。阿尔巴诺西部的多里亚·潘菲利别墅公园（park of Villa Doria Pamphili）里，有一条古老的阿皮亚大道（via Appia），传说中的**庞培庄园**（Villa of Pompey）旧址就在大道旁边。再往偏东北方走一点，就是一座大型的**塔形坟墓**，据说也与庞培有关。

内米湖和**狄安娜神殿**（Temple of Diana）遗迹就在附近，也非常值得一游，而湖畔的**古罗马船舶博物馆**（Museo delle Navi Romane）总能让人想起沉痛悲伤的过往。博物馆里有两艘卡利古拉皇帝（Caligula）的大型游艇，是从湖底费力打捞上来的，从1932年开始就一直被安置在这个博物馆。但在1944年，两艘船以及博物馆都被德国士兵纵火烧毁了。现在馆内还有船的模型在展出，同时展出的还有其他与船只相关的手工艺品。

第九章

帕拉蒂尼山：权力的殿堂

阿卡迪亚人(Arcadians)是帕拉斯的后代。他们跟随国王伊万德的脚步，选择在这里定居，在这山上建造了属于他们自己的城市，并以祖先帕拉斯的名字命名它为帕兰提姆(Pallanteum)。

维吉尔，《埃涅阿斯纪》，8.51–54

罗马城的竞技场外人头攒动，有票贩子，还有街头音乐家。街头画家们蹲在罗马废墟的喷绘板旁，专注而投入地忙碌着。公交车放下一批乘客，又接上新的乘客。他们晕头转向、舟车劳顿，此刻正准备从自己的遗愿清单上再划掉一个地标：帕拉蒂尼山。

小径两旁的树木在夏日的微风中挺立着，树叶仿佛在发出轻声叹息。乌鸦嘎嘎地叫着，草丛中的昆虫窸窸窣窣地爬来爬去。心情平静下来了，头脑也清醒了。这个地方多浪漫啊！砖石建筑从矮树丛中拔地而起，玫瑰花正肆意绽放。走过去，便可以俯视下面的广场，广场上的一切都像建筑模型或儿童玩具一样向四周铺展开来。站在广场上，可以看到从马克西姆竞技场直至卡拉卡拉浴场（Caracalla's Baths）。从这里，我们也可以俯瞰整个罗马，远眺阿尔班山。

站在这样的高处，仿佛远离了现实的喧嚣，置身于被福泽笼罩之地。事实上也确实如此。因为在过去，这里一直都是罗马权贵们的居住地，从神话及早期历史中的历任国王，到共和国的律师、将军和政治家，再到拥有无上权力的历代皇帝，他们的宅邸和庄园宏伟又奢华，因此皆被冠以帕拉蒂尼之名。

伊万德到来

神话中的罗马是一个属于难民和移民的城市，它的第一任国王萨图恩就是被朱庇特放逐到这里的。在这之后又过了两代人的时间，另一个希腊人在台伯河口附近登陆了。他就是来自帕兰蒂姆（Pallantium）的阿卡迪亚王子伊万德。在罗马早期历史中，伊万德扮演了一个勇敢者的角色，但关于他的家族出身和来意大利的原因却存在争议。

有人认为伊万德的曾祖父就是阿卡迪亚凶狠无比的国王吕卡翁（Lycaon）。他曾杀害年幼孩童，并烹其骨肉请朱庇特享用。朱庇特震怒于他的残暴行径，把他变成了狼人。他们还说，伊万德的母亲不知用什么办法说服伊万德杀死了自己的父亲，所以伊万德不得不逃离自己的国家。也有人不愿意把这位古罗马的国王说成是弑父者，于是他们编了一个不同的故事：高贵的伊万德是墨丘利与预言女神卡门塔（Carmenta）所生的儿子。伊万德在帕兰蒂姆的民间起义过程中成为政治夺权的受害者，后来他和母亲及自己的亲信们被迫逃亡。

伊万德抵达意大利的诸多细节也都没有确切说法。有的故事里讲到他为争夺台伯河周围的土地而战，击退了来自普雷尼斯特［Praeneste，现在的帕莱斯特里那（Palestrina）］的军队，并在英勇斗争中杀死了敌国国王赫里卢斯[Herilus，或称埃鲁卢斯（Erulus）]。

除此之外，还有一个更加广为人知的神话故事。传说伊万德带着善意而来，将船只停泊在河岸，并在岸边建了几座简易木屋安顿下来。他的母亲预言说，他的这个新定居点将会发生巨大的变革。当地的统治者法乌努斯对他的到来给予了热烈的欢迎，而伊万德也给这个世外桃源般的地方带来了文明：他教当地人掌握了字母表和文字，引入弦乐器和长笛，开始了对希腊众神的崇拜，制定了法律，启蒙了艺术，还有“很多其他有益于公众生活的方面”。

哈利卡纳苏斯的狄奥尼修斯描述了伊万德听从母亲嘱托在当地选择一座小山安顿下来的经过：

> 伊万德在距离台伯河稍远一点的地方建了一个小村庄，就在现在罗马市中心的位置。这村子对于这些乘坐两艘船从希腊远道而来的船员来说已经足够大了，但随着时间的推移，它不断发展，最终成为比任何其他城市都大的城市。无论从规模、权势还是财富上，在整个人类历史上，将没有任何一个城市能与之相媲美。他们以自己在阿卡迪亚的母城给这个地方命名，称它为帕兰蒂姆。但现在，历经岁月沧桑，它早已破败不堪。现在罗马人称它为帕拉蒂尼，而且这个名字还衍生出了许多荒唐可笑的词汇。

其中一个词汇是这样解释的：由于这座山曾经是放牧羊群的牧场，所以它最早被叫作“巴拉图姆”(Balatium)，意为“羊咩咩之地”。

赫拉克勒斯和卡库斯

维吉尔在《埃涅阿斯纪》中让伊万德作为讲述者，向读者讲述了发生在罗马早期的一个极具教化意义的神话故事：恶人卡库斯（Cacus）的毁灭。卡库斯是火神伏尔甘的儿子，是一个会喷火的怪物，无法无天，丑陋不堪。他住在一个山洞里，洞口摆满了腐烂的头颅，地板上沾满了鲜血。多年来，周边村庄的村民一直都生活在卡库斯的威慑之下，每天都过得提心吊胆，惶惶不可终日。他们每一天都在祈求救世主的降临。

在早期的神话中，这位救世主是一位名叫雷卡拉努斯（Recaranus）的意大利牧羊人。但后来的罗马人一致认为，这位救世主不是别人，正是赫拉克勒斯。赫拉克勒斯为完成十二项功绩中的一项，来到遥远的西班牙，从三身巨人革律翁那里偷走了他的牛，然后又回到了希腊。夜幕降临时，赫拉克勒斯让牛群在帕拉蒂尼山上吃草，而他则躺在草地上睡着了。当晚，卡库斯爬上山坡，抓了好多头牛，然后拽住牛尾巴把牛拖回自己洞里。

第二天黎明时分，赫拉克勒斯发现有几头牛不见了，但是（由于卡库斯使了些手段）他并没有发现任何蛛丝马迹。赫拉克勒斯只好自认倒霉。正当他准备重新踏上旅程的时候，身边的一头牛发出了一声哀鸣，紧接着从极深的地下也传来了一声牛叫与之回应。赫拉克勒斯立刻明白了。盛怒之下，他发出仰天怒吼，抓起棍子，便去找他的牛，就连卡库斯也吓坏了。他之前一直在小心观察赫拉克勒斯，既兴奋又不露声色。但现在，他赶忙跑回自己洞里，割断绳子让一块巨石落下，堵住了入口。盛怒的赫拉克勒斯在帕拉蒂尼山上来回奔走，想要找到通往地底洞穴的入口，却怎么也找不到。最后没办法，他只好使用武力强行进入。

洞穴正上方的山脊上有一块高高隆起的陡峭崖壁，那是秃鹫筑巢的地方。崖壁向左侧倾斜，下方便是滚滚河水。赫拉克勒斯使出全力向右侧拉拽巨石，把巨石从根部扳倒，然后又猛地朝相反方向推去。随着一声雷鸣般的巨响，河岸高高隆起，河水惊恐地向后退去。

卡库斯没有了藏身之处，蜷缩在洞穴里，嘴里吐着火球。赫拉克勒斯向烟雾弥漫的洞穴中连射数箭，然后纵身跳进洞穴，赤手空拳掐死了这个恶魔。赫拉克勒斯把卡库斯的尸体拖出洞穴时，伊万德和他的同伴们都高兴地围了过来。那个曾折磨他们的怪物已经变成了一具抽搐的尸体。

在历史上，帕拉蒂尼山有一条陡峭的小路被称为卡库斯小径（Cacus's Steps）。但是，维吉尔和奥维德都认为卡库斯的洞穴在对面仅一条山谷之隔的阿文廷山上。在罗马人的心目中，阿文廷山一直都与平民画上等号，而那些有钱有势的人则一直把自己同朱庇特与希腊公主所生的儿子赫拉克勒斯联系在一起（至少最初是这样）。

罗马神话中的赫拉克勒斯

精明、理性的罗马人认为，关于赫拉克勒斯之旅的神话是对罗马早期军事远征的虚构描述，反映了那个时代的帝国扩张。狄奥尼修斯认为赫拉克勒斯的原型人物就是奥古斯都，而且不只狄奥尼修斯一人这样看。奥古斯都曾率领大军，击败前来侵略的国家，推翻暴君，维护社会秩序，推行法制和合法的君主制，建立城市，修建道路和改造沼泽，同时新帝国建立后还大力推行各民族大融合。狄奥尼修斯认为，这就是“赫拉克勒斯的神殿遍布意大利的原因，城市各处甚至路边都有很多祭坛，在这里几乎找不到任何不崇拜赫拉克勒斯的地方”。

狄奥尼修斯笔下的卡库斯抢劫成性，他甚至还曾派一伙窃贼去抢赫拉克勒斯大军的粮草。经过长时间的围攻之后，他们被希腊人打败了。赫拉这是公元2世纪晚期的康茂德皇帝（Emperor Commodus）大理石半身像。康茂德皇帝扮成了赫拉克勒斯，披着狮皮，手持棍棒。该雕像现存于罗马卡比托利欧博物馆。

克勒斯继续前行。走之前，他还留下了两个可靠的副手——法乌努斯和伊万德——来统治这片土地。后来，赫拉克勒斯继续向南，前往那不勒斯湾，与他的舰队会合。这支舰队一直在西班牙附近作战，此时正停泊在一个港口，狄奥尼修斯（在对即将发生的灾难毫无所知的情况下）称为“永远安全可靠的港口”——赫库兰尼姆。

伊万德的母亲卡门塔曾向他透露说，这位希腊客人“凭借高尚的品德和伟大的功绩”，终将成神。于是，在赫拉克勒斯离开罗马之前，伊万德在台伯河附近建起了一个巨大的祭坛，并屠牛向赫拉克勒斯献祭。这祭坛所在的位置后来被称为“屠牛广场”（Forum Boarium）。在古代，波提提（Potitii）和皮纳里（Pinarii）两个古老家族自称是伊万德祭司的后代，其家族成员每年都会在胜利者赫拉克勒斯神庙献祭一头小母牛（还有的传说称，因为皮纳里族的人在参加第一次献祭仪式时迟到了，地位一直在波提提族之下，没有资格分食献祭动物的内脏）。

赫拉克勒斯和阿卡·劳伦缇雅

多年后，在罗马第四任国王安库斯·马尔西乌斯（Ancus Marcius）统治期间，赫拉克勒斯的祭司因为无聊，便自己和自己玩起了掷骰子的游戏。

左手代表自己，右手代表赫拉克勒斯。结果，他的右手赢了。作为对获胜方的奖赏，这位祭司安排了一顿美味大餐送到神庙。与大餐同时送去的还有一位伊特鲁里亚女孩，名叫阿卡·劳伦缇雅（Acca Larentia）。女孩独自一人在神庙里过夜，（据普鲁塔克所言）期间赫拉克勒斯降临神庙，“以异于凡人的方式”占有了她，并告诉她要留住第二天早上她遇到的第一个男人。

巧的是，这个男人也是伊特鲁里亚人，他就是非常富有的塔鲁提乌斯（Tarutius）。塔鲁提乌斯爱上了阿卡·劳伦缇雅，娶她为妻后不久就去世了。然而，劳伦缇雅的好运并未就此结束。几年后，在赫拉克勒斯神庙附近的维拉布鲁姆市场（Velabrum），她突然消失得无影无踪。赫拉克勒斯早先便对外宣称劳伦缇雅是属于他的。当人们宣读她的遗嘱时，人们发现劳伦缇雅把她的钱和财产都留给了罗马人民。为此，当时的国王奉她为女神，并设立了一个专门的节日——劳伦塔利亚节（Larentalia），每年都会向她和家神拉雷斯献祭。

伊万德和埃涅阿斯

埃涅阿斯到达意大利时，他和伊万德成为忠实盟友。当时这位国王年岁已高——他在特洛伊战争爆发前就已经在外流亡了六十年。然而，他却仍然记得自己年轻时见到埃涅阿斯的父亲安喀塞斯时的情景。当时，安喀塞斯和特洛伊国王普里阿摩斯一起来到阿卡迪亚，还给他带了好多礼物。当埃涅阿斯和他的船友们向上游航行时，伊万德正巧在台伯河边向赫拉克勒斯献祭。

维吉尔在《埃涅阿斯纪》里详细描写了二人会面的隆重场面，将生活在现代都市中的读者们带回到了那个到处是田野和牧场的古罗马时代。伊万德带着埃涅阿斯游览了罗马著名的地标性建筑，他们的参观路线正是当时的罗马将军们凯旋时所走的路线：先经过灌木丛生的卡比托利欧广场（“如今已是金碧辉煌”），路过悠闲吃草的牛群（牛群所在的位置就是未来罗马广场所在地），来到了帕拉蒂尼山，参观了他的皇室——一间小棚屋，堆积起来的树叶做床，熊皮做毯子。这样的描述方式并不仅仅是为了幽默或怀旧。在罗马人心目中，历史和文化传统都意义重大，用这样的方式让读者们了解最初的简陋与艰辛也未尝不可。

按照自己的心意来编排埃涅阿斯和伊万德在帕拉蒂尼山会面的场景，这可不是维吉尔唯一一次任性而为。早期神话里讲到，当地的伊特鲁里亚人和远行而来的特洛伊人之间爆发了战争。但是，由于奥古斯都时期伊特鲁里亚人在朝中势力强大，维吉尔必须把他们在历史中所扮演的角色粉饰成王面形象。于是，他便对神话故事做了改动。伊特鲁里亚人若要成为埃涅阿斯的同盟，那埃涅阿斯的敌人就一定得是伊特鲁里亚人的叛徒：这个人就是残暴王墨曾提乌斯。墨曾提乌斯的残暴恶行毫无下限。在完全掌控了卡西里（现在的切尔韦泰里）之后，墨曾提乌斯对其进行了专制统治，所有的敌人都被他鞭笞致死。后来爆发了民众起义，他不得不逃去阿尔代亚，向好友图努斯寻求庇护。

与此同时，伊特鲁里亚人却强烈要求让墨曾提乌斯血债血偿。但是，当他们的最高指挥官塔尔奎尼亚的达尔康准备对其发动攻击时，却因发生了多次不祥的预兆而不得不放弃。达尔康的占卜师警告他说，他们必须选择一位外来者作为领导人。伊万德坚信这个人就是埃涅阿斯。紧接着，维纳斯又在帕拉蒂尼山上空制造了一场雷雨，天空中如鬼魅一般显现出了各种兵器，四周传来伊特鲁里亚人震耳欲聋的喊杀声。维纳斯给众人呈现出来的这一奇观进一步印证了伊万德的想法，埃涅阿斯也欣然接受了这一使命。他肩披赤褐色狮皮，率领一批精兵强将从帕拉蒂尼山出发，纵马穿过台伯河，前往卡西里，与驻扎在那里的达尔康军队汇合。罗马的辉煌与强盛之日也因此更近了一步。但是，罗马城的建立却是在四百多年以后了。那是建功立业的四百年，也是历经风雨的四百年。

罗慕路斯和雷慕斯被弃于河中

阿尔巴隆加那位篡位的国王阿穆利乌斯发现，尽管自己百般阻挠，但他的侄女雷亚·西尔维亚还是生下了一对双胞胎。他把男婴放在一个篮子里，交给信得过的仆人，让他们把篮子扔进台伯河。狄奥尼修斯记录了接下来发生的事情：

> 仆人们快到台伯河时，发现台伯河因大雨决堤了，河水淹没了平原。他们从帕拉蒂尼山下来，尽可能地靠近河边，然后在山脚下将篮子放入了水中。篮子顺水漂了一段，但随着河水逐渐变浅，篮子撞上了一块岩石，翻了。篮子里的婴儿跌落在河滩处，发出了嘤嘤的哭声。哭声引来了一只母狼。它刚生了狼崽，乳房被奶水胀得鼓鼓的。母狼便走上前，一边给两个婴儿哺乳，一边为他们舔去身上的泥水。

牧民看到母狼，试图把它吓跑。但它毫不惊慌，安静地等待两个男孩吃饱。然后，母狼在确认两个孩子安全后才慢慢后退。它温和地向帕拉蒂尼山下的一个山洞跑去，那山洞就在牧神庙旁的无花果树下。替国王放牧的福斯图卢斯也在牧民当中，只有他一个人知道婴儿的真实身份。但福斯图卢斯生性善良，而他的妻子正在为他们刚刚夭折的孩子悲伤不已。于是，他决心挫败国王的计划，秘密把两个孩子抚养成人。就这样，长大成人后的双胞胎兄弟回到阿尔巴隆加，推翻了阿穆利乌斯的统治，让他们的外祖父努米托重新登上王位。

罗慕路斯、雷慕斯和母狼的神话可谓众所周知，因此，当人们得知这个神话故事直到公元前4世纪晚期才出现时着实感到震惊。创作这个神话故事的目的是给罗马的建立编织一个无比荣耀的原始故事。这个故事类似于墨丘利和劳拉所生的双胞胎家神拉雷斯的故事，他们同样由母狼哺育长大，同时也与拉丁国王塔尔切修斯（Tarchetius）的神话故事有相似之处。这个国王有个伊特鲁里亚名字，他也曾将一对新生的双胞胎投入河中随波逐流。这种相似性表明罗慕路斯和雷慕斯的故事可能是出于宣传目的构想出来的：敬畏天神、强兵尚武的罗马是由战神马尔斯和一位处女祭司所生的儿子建立的。然而，总有人想要揭穿这个神话。由于*lupa*（母狼）一词也有“娼妓”之意，因此他们认为是努米托将这对双胞胎从阿尔巴隆加偷出来，交给身份高贵的福斯图卢斯（伊万德的后裔）喂养。因此，双胞胎兄弟并非由母狼养大，而是由福斯图卢斯的妻子抚养成人。福斯图卢斯的妻子曾经是一名女工，她不是别人，正是阿卡·劳伦缇雅，那个赫拉克勒斯为之倾心的女子（她本人也与拉雷斯兄弟俩有关）。

母狼的洞穴和附近的无花果树成为罗马城市的重要地标。每年2月15日，人们都会在这里举行牧神节（Lupercalia）的第一次祭祀仪式来祈求多子多福。献祭用的山羊和狗会被剥皮，然后割成条状送给年轻的贵族们。他们会手持皮带赤身裸体地绕着帕拉蒂尼山跑，一边跑一边用皮带抽打旁观者。年轻的女性会故意往前凑，希望被皮带抽到，因为这样更容易怀孕。

罗慕路斯、雷慕斯和罗马的建立

努米托登上王位后，罗慕路斯和雷慕斯带着一群年轻人离开了阿尔巴隆加，打算在台伯河畔建立一座属于他们自己的城市。可刚一开始，他们就因为选址问题争吵了起来，僵持不下。最后，他们决定让神替他们做选择。二人在日出前，各自站到了自己选定的地方——据说罗慕路斯在帕拉蒂尼山，雷慕斯在阿文廷山。二人都凝视着远处的地平线和阿尔班山苍白的轮廓，雷慕斯最先看到了神迹：六只秃鹫从他的右侧飞上了天空。他得意扬扬地跑到帕拉蒂尼山宣布自己赢了。可当他走近罗慕路斯时却看到从他身边飞起的秃鹫不是六只，而是十二只。那么，到底谁赢了呢——是先看到秃鹫的雷慕斯，还是看到了更多秃鹫的罗慕路斯？

在众人的支持下，罗慕路斯赢得了胜利。罗慕路斯象征性地将长矛投向山顶，那长矛刺入山体后竟然奇迹般地长出了叶子，众人因此更加确信罗慕路斯的选择是正确的。4月21日是日食日，这些新殖民者便在这一天在帕拉蒂尼山上献祭。他们点起火堆并从火焰上跳过以净化自己。接着，罗慕路斯找来一头公牛和一头母牛，给它们套上犁。他赶着两头牛绕着山犁出了一块长方形的犁沟，然后他把种子撒进了土里。这条犁沟也是未来城墙的位置，犁沟的缺口处就是城门所在地。与此同时，他给总司令塞勒（Celer）下令，从现在开始，任何人进入“城内”必须走“城门”，从其他地方进入都将被判渎神和叛国罪，将被处以死刑。

然而，雷慕斯仍然心怀怨恨，想尽一切办法与兄长唱反调，还嘲笑其建筑工程进展缓慢。“这能叫城墙吗？”他冷笑着，一抬腿便轻松地跨过了还很低的墙基。塞勒就在旁边，他遵照先前罗慕路斯的命令，抓起铁锹，朝雷慕斯的头上砍去。当罗慕路斯看到弟弟的尸体时，他强力克制住内心的悲痛，喃喃自语道：“既然如此，那就让任何试图越过罗马城墙的人都去死吧！”雷慕斯因自己的行为送了命，但这件事也预示了这座城市的未来。到了共和国晚期，罗马人经历了长久的内战，已经习惯了自相残杀，对另一个更黑暗的故事版本深信不疑。他们认为是罗慕路斯亲手杀死了自己的双胞胎弟弟，而（根据更早年间的传说）或许雷慕斯是为了罗马城的未来而主动献祭了自己。

在罗马古代史中，柏勒里亚节（Parilia）那天就是罗马的建国日（公元前753年）。在柏勒里亚节当天，人们会向地位最高的女神帕雷斯（Pales）

在这幅浮雕画里，一个农夫（也许就是罗慕路斯）正在赶着牛犁地，身后跟着一群穿托加袍的古罗马人。

献祭。女神帕雷斯的名字可能与帕拉蒂尼山有关。柏勒里亚节原本是一个牧羊人的节日，牛羊会在这一天从火堆上跳过以得到净化，羊圈牛圈也会进行清洁净化。牧民也会跳过火焰，然后将神圣的月桂叶水喷洒在身上。后来又多了一项奇怪的祭祀项目：上一年10月在战车比赛中获胜的那匹头马会在这一天被屠宰，取其血与刚从母牛肚子里剖出来的小牛的骨灰混合在一起。然后再将混合物加入焖烧的豆秆中，用于熏蒸。公元前45年，尤利乌斯·恺撒为柏勒里亚节增加了新的比赛项目。公元121年，罗马皇帝哈德良在柏勒里亚节当日为新建的维纳斯和罗马神庙揭幕。这座神庙的遗址就在克洛西姆斗兽场（Colosseum）对面。

克劳迪娅·昆塔

公元前204年，在与汉尼拔的战争中，祭司们查阅西比尔预言书后得知，目前战事毫无进展的原因是："那位母亲不在！罗马人，听我说，找到那位母亲。找到后，一定要以最纯洁的手欢迎她的到来！"这位母亲就是众神之母西布莉，是弗里吉亚的生育女神，居住在特洛伊附近的艾达山。在当地的帕加马国（Pergamum），人们一直供奉着传说为女神化身的黑石。起初，帕加马国王阿塔罗斯一世（Attalus I）并不想让出黑石，但随后便发生了地震。一个声音从供奉黑石的神殿里响起，语气坚定地说："送我走！我想去！罗马是一个值得所有神居住的地方！"正因如此（也因为阿塔罗斯想要平息罗马人的怒火），这块黑石开始了西行之旅。但是，当黑石到达台伯河时，运送石头的船却被困在了沙洲上。

看着搁浅的船，众人都无能为力。即使是最贞洁的罗马人——祭司和维斯塔贞女——也想不出办法让船重新启航。就在大家感到绝望无助时，克劳迪娅·昆塔（Claudia Quinta）站了出来，没人能想到她会是众人的大救星。她容颜娇美却不愿对男人言听计从，所以名声一直不太好，现在是她证明自己清白的好机会。她双手掬起台伯河水，然后又张开手掌伸向天空，向西布莉祈祷：若我是至贞至洁之身，请让我送您到罗马城。然后，她抓住船上的绳子，没怎么费力就把船从沙洲上拉入了河中。最终，在献祭和祈祷仪式之后，西布莉的神庙在帕拉蒂尼山上落成，神庙四周鲜花遍野。每年4月4日都会举办美珈利西亚节（Megalesia）庆祝这一盛事，观众站在神庙台阶上观看游行、武士表演和戏剧（包括喜剧）表演。

帕拉蒂尼山的过去和现在

虽然考古发现无法证实所有的神话传说，但在帕拉蒂尼山上的考古发

这座建于公元50年左右的祭坛上画着克劳迪娅·昆塔牵引载着女神西布莉所乘坐的船在罗马靠岸。

现却与神话故事的时间大致吻合。在帕拉蒂尼山的北部地区发现了公元前12世纪的历史遗迹，在西南部发现了公元前8世纪的棚屋，其中的一处两室棚屋被认定为古罗马时代“罗慕路斯的小屋”。作为极其重要的历史古迹，这个棚屋被小心地保存下来，四周都用栅栏围着。狄奥尼修斯对它的描述如下：

照看这座棚屋的人将它视为一处圣殿。他们绝不会为了让它看起来更庄严而在里面增加任何东西，哪怕是再小的东西也不行。如果小屋因风暴受到损毁，或因岁月漫长而自然老化，他们会及时进行修复，尽可能地使它恢复如初。

后来的一系列考古发现证实，罗马的城墙是在公元前8世纪中叶建造的，与神话中的时间完全吻合。

后来，周围低洼地带（屠牛广场、古罗马广场和马克西姆竞技场所在地）逐渐干涸，罗马城的面积扩大了，甚至连王室也搬离了帕拉蒂尼山，但这座山的声望却丝毫不减。山的西南部仍然是无比神圣之地（维多利亚、西布莉和阿波罗神庙都在这里），但其余部分逐渐被越来越多的豪华别墅占据。到了共和国晚期，西塞罗、提比略·克劳狄乌斯·尼禄（Tiberius Claudius Nero）和马克·安东尼等名人都在这里居住。

昆塔斯·霍尔滕修斯·霍塔卢斯（Quintus Hortensius Hortalus）的宅院就坐落在罗慕路斯小屋与西布莉和阿波罗神庙之间，后来被奥古斯都强征了去（包括鱼塘）。这给帕拉蒂尼山带来了永久性的改变。这处宅院不仅是一处绝佳的房产，还具有深远的宗教意义。作为罗马的第一位皇帝，奥古斯都深知神话故事具有强大的宣传力量，因此将这处宅院据为己有、为其所用是最明智之举。确实，奥维德也曾把帕拉蒂尼山与奥林匹斯山相比，一语中的地指出：

那些最强大的神都选择以此为家（普通神住在别处）。如果让我来形容它，那么即便这么说有些冒险，我也会毫不犹豫地称它为“属于天堂的帕拉蒂尼山”。

众所周知，奥古斯都一生都过着简朴的生活，但他的继任者却没有像他那样自律。他们把奥古斯都和妻子莉薇娅的住处作为遗产保存下来，然后在其附近又新建了更大、更豪华的别墅自己居住，其中包括皇帝提比略、卡利古拉和尼禄（Nero）。皇帝尼禄的“金宫”（Golden House）有一部分就在帕拉蒂尼山上，而皇帝图密善那庞大巍峨的皇宫里既有寝宫、观众大厅、会客室，又有行政办公室——帝国政府的各个部分都被置于同一屋檐下，这在历史上还是第一次。位于帕拉蒂尼山东北的阿多尼斯花园（the Gardens of Adonis）凉爽宜人，是一处水源充足的休闲公园。

一个世纪后，塞普蒂米乌斯·塞维鲁皇帝对宫殿进行扩建，很可能就是在那时建了塞维鲁纪念碑（Septizodium），把宫殿与西莲山连在了一起。塞维鲁纪念碑宏伟壮观（部分建筑一直保留到了16世纪），高9米、长27米，围绕着阿卡克劳迪亚水道桥（Aqua Claudia aqueduct）建造。这建筑不可谓不奢华，但是，若与他的继任者埃拉伽巴路斯（Elagabalus）的派对相比，就显得平淡无奇了。埃拉伽巴路斯举办派对时，单是从天花板上掉落的玫瑰花瓣就多到让客人喘不过气来，泳池里是满满一池的葡萄酒。到了公元3世纪晚期，帕拉蒂尼山的地位开始逐渐下降。公元293年，皇帝戴克里先（Diocletian）分裂了帝国，这让帕拉蒂尼山的人气每况愈下。虽然到了公元4世纪早期，罗马皇帝马克森提乌斯（Maxentius）在帕拉蒂尼山上再次大兴土木，但他最终还是将宫殿建在了罗马城外的阿皮亚古道旁（但他把帝国徽章埋在了帕拉蒂尼山）。

基督教让帕拉蒂尼山的地位雪上加霜。公元394年，一切非基督教的宗教活动皆被视为非法。此后不久，人们就发现狄奥多西一世（Theodosius）

的养女赛琳娜（Serena）把女神西布莉神像上的项链偷走了。随后赛琳娜被处决。公元5世纪时，哥特人（Goths）和汪达尔人（Vandals）入侵罗马，目的就是夺取富饶的帕拉蒂尼山。尽管后来狄奥多里克大帝（Theodoric）在一定程度上恢复了帕拉蒂尼山的昔日辉煌，但当时也就只有山顶适合居住。荒废多年的帕拉蒂尼山渐渐乏人问津，后来被改造成大片的农田和葡萄园，许多历史遗迹也都被烧毁。公元16世纪时，法尔内塞家族（Farnese family）在这里建造了一座别墅，别墅周围建有古罗马风格的花园。1764年，爱德华·吉本（Edward Gibbon）在访问罗马后，这样写道：

把目光投向帕拉蒂尼山，在各种杂乱无章、残破不全的废墟中或许会看到大理石剧院、方尖纪念碑、大型雕像以及尼禄宫殿的廊柱。而在这座城市的其他几座山上，大片的空地上就只见到废墟和几处花园。

与帕拉蒂尼山有关的重要日期和遗迹

大约公元前1150年	出现了乡村聚落和墓地。
公元前753年	罗马建国日。
大约公元前750年	建起了棚屋和最早的围墙。
大约公元前525年	居住区向北扩展。
公元前294年	维多莉亚神庙建成。
公元前204—前191年	西布莉神庙建成。
公元前2或前1世纪	罗马精英人士选择在此居住。
大约公元前30年	奥古斯都来此居住。
大约公元15年	提比略在奥古斯都宫殿北面建造宫殿。
公元81—92年	图密善宫殿建成。
公元191—211年	塞普蒂米乌斯·塞维鲁皇帝扩建宫殿。
公元293年	四帝共治预示着帕拉蒂尼山的重要性开始下降。
公元306—312年	马克森提乌斯在阿皮亚古道旁建造宫殿。
公元326年	在阿多尼斯花园建造圣安娜斯塔西亚教堂（Church of Santa Anastasia）。
公元394年	赛琳娜偷了女神西布莉的项链。
公元410年	阿拉里克洗劫了罗马。西布莉和阿波罗神庙变成废墟。
公元455年	汪达尔人洗劫了罗马。
公元526年	狄奥多里克大帝来帕拉蒂尼山居住。

尽管自爱德华·吉本时代以来已经进行过多次重大的考古调查，但无论对于外行人还是考古专家来说，帕拉蒂尼山仍然是一个谜。要想来帕拉蒂尼山游玩，一张好用的地图是必不可少的，除此之外还需要带上帽子、水和非凡的想象力。

从阿卡克劳迪亚水道桥附近的圣格雷戈里奥大道（via di San Gregorio）或提图斯凯旋门（包含在古罗马广场门票中）都可以来到帕拉蒂尼山。从提图斯凯旋门附近上山会有一段较陡峭的山路，沿着这条路可以到达著名景点**隐廊**（cryptoporticus，提比略宫的一部分）。穿过隐廊便来到了法尔内塞花园（Farnese Gardens），里面的植物杂乱无章地生长着。再往前就可以到达一个**露台**，站在露台上可以俯瞰整个古罗马广场，视角极佳。而古罗马广场的对面便是卡比托利欧山和克洛西姆斗兽场。

沿着一条逆时针方向的路线前行，经过另一个观景台（从这里能看到圣彼得大教堂和屠牛广场），便来到了帕拉蒂尼山神圣的西南面。这里还残存着**胜利女神神庙**（Temple of Victory）和**西布莉神庙**的一点点遗迹，（在金属屋顶下）还能看到**罗慕路斯小屋**和**卡库斯小径**遗址。**奥古斯都与妻子莉薇娅的宫殿**也是不可错过的景点，如果对外开放的话，一定要去游览一番。这里的壁画精美绝伦，**面具之屋**（Room of the Masks）一直都是奥古斯都的寝室，他可能在这里住了四十年之久。与奥古斯都宫殿相毗邻的是阿波罗神庙，里面有希腊语和拉丁语的图书馆。

还有一条小路通向**后期的皇室建筑群**，其中最重要的历史遗迹可以追溯到图密善和塞普蒂米乌斯·塞维鲁统治时期。这里的房间像迷宫一般，很多房间的用途至今还存在争议。最引人注目的要数那个被叫作运动场的地方，实际上那是建于公元1世纪晚期的一个下沉式花园，大约14米长。另外一个不容错过的景点是**塞维鲁拱廊**（Arcate Severiane），从帕拉蒂尼山向外延伸出去，部分附属建筑几乎要与马克西姆竞技场相接。拱廊还设有皇家包厢，塞维鲁皇帝和家人平时都是坐在这里观看战车比赛。在拱廊的最西端，可以把阿尔班山的美景尽收眼底。

帕拉蒂尼博物馆里收藏了大量历史文物，有阿波罗神庙里的**陶土彩绘**和庙中达纳特柱廊里的**神像**，有荷马时期的**湿壁画**、**半身雕像**，等等。此外，还有一幅**涂鸦**，画的是一个被钉在十字架上的驴头人，旁边的文字写着：亚历山梅诺斯（Alexamenos）信奉上帝。

第十章

卡比托利欧山：众神之家

接着，他便带他登上了塔尔皮亚山（Tarpeian Hill），即卡比托利欧山。现在的卡比托利欧山一派金碧辉煌，但在过去，这里却是杂草丛生，荆棘遍布。但即使在那时，这里作为精神家园，也依然会让周围的乡民们心生敬畏，顶礼膜拜。即使在那时，当他们望向这里的一草一木、一花一石，也会忍不住战栗不已。"在这枝繁林密的山上住着一位神，"他说，"到底是哪位神我也不清楚。但阿卡迪亚人都说他们曾看到过朱庇特右手挥动着黑色神盾，在这山上呼风唤雨，驱动云层。"

维吉尔，《埃涅阿斯纪》，8.347–54

庞贝城狄俄斯库里之家（House of the Dioscuri）的一幅壁画上画着王座之上的朱庇特，高大威严，一只雄鹰蹲踞在他的脚下。

绿色的长尾鹦鹉在卡比托利欧广场上空翱翔，天空中不时传来啾啾鸟鸣。广场上的鹅卵石被阳光晒得暖暖的，周围到处都是兴奋的喧闹声。马尔库斯·奥勒里乌斯（Marcus Aurelius）的雕像就耸立在广场上。他骑着骏马，英气勃发，右手伸展出去，给人一种快乐安详的力量。宪兵们穿着整洁的蓝色制服，皮肤晒得黝黑，笔直地站在那里，注视着来往的人群。环顾四周，你会发现更多马的雕像：两匹用白色大理石雕刻的骏马骄傲地站在主人狄俄斯库里兄弟（Dioscuri）身旁，这二人就是双生子卡斯特和帕勒克，他们守护在一段台阶坡道的两侧，坡道下面便是人潮攒动的街道。天空万里无云，祖国祭坛（Altar of the Fatherland）就像白色的婚礼蛋糕，顶端两侧高高地耸立着两组马拉的青铜双轮战车雕像，在阳光的照射下轮廓格外分明。战车上分别是团结女神和自由女神。这座看上去有些碍眼的祖国祭坛是为意大利国王维克托·伊曼纽尔二世（King Victor Emanuel Ⅱ）建的纪念碑。

这座建筑总会让人感慨良多，生出许多强烈的情感，内心泛起爱国豪情的同时，也会忍不住对其艺术设计吐槽一番。吐槽归吐槽，不得不说它对于整个城市的景观来说是至关重要的。在市区参观时，偶尔抬头，可能就会从某个角落瞥见那高高耸立的战车雕像，这无疑让它成为一个随处可见的地标性建筑。这座建筑所体现出来的是权力、权威和无比的自信（尽管给人一种庸俗感，但可能也正是这个原因，才让这种自信显得更加不可一世）。可以说，这座建筑之所以能如此顾盼自雄，与它的位置不无关系。这附近曾经有一座神庙，算得上是罗马尤为神圣、宏伟的神庙之一。但现在神庙已经不见了，只留下了地基部分，现保存在一个用铬合金和玻璃建造的明亮展厅里。即便只是地基部分，也足以让人感受到它曾经的恢宏壮美。这座神庙就是朱庇特神庙（Temple of Jupiter Optimus Maximus）。至圣至伟之神朱庇特是罗马万神殿中最强大的神。

萨图恩时代

卡比托利欧山崖壁陡峭，充满了神秘感。对于青铜时代晚期的意大利人来说，它似乎是一个被神圣光环笼罩的地方，这或许就是他们坚信萨图恩的统治始于此山的原因。公元前1世纪的瓦罗（Varro）就曾这样写道：

> 权威专家认为，卡比托利欧山在过去被叫作萨图尼乌姆山（Mount Saturnium），拉丁姆也因此得名“萨图恩属地”……根据专家们的记载，传说中的古城萨图尼亚（Saturnia）就建在这座山上。

在希腊神话中与萨图恩相对应的神是克洛诺斯，但二者之间相去甚远，有着天壤之别。克洛诺斯凶恶至极，他曾生吃了自己的孩子，以防他们篡位，可最终还是被算计，难逃战败后被推翻的命运——狄奥尼修斯认为，罗马人对这样的故事肯定是难以接受的。萨图恩善良仁慈得多，他掌控着雷电[跟伊特鲁里亚的萨特雷斯神（Satres）相似，或许二者有亲缘关系]，是宇宙的秩序之神，控制着时间和四季轮回，决定着农民的收成，对农民来说地位尤其重要。他的妻子是丰饶女神俄普斯（Ops）。罗马的国库就在卡比托利欧山下的萨图恩神庙里，想来这也绝非巧合。

农神萨图恩像“时光老人”一样手持镰刀，维护着一年当中的周期循环，季节更替。人们为此每年都会在冬日举办农神节（Saturnalia），在冬至日前后进行为期数天的庆祝活动。农神节到来时，人们会举行专门的仪式，把绑在农神像（抹了橄榄油以保证其象牙色的外观）脚上的羊毛绳解开，随后，便是为期七天的庆祝活动，节日气氛笼罩着整个罗马。人们会互相交换礼物，准备美食美酒欢宴畅饮，奴隶在节日期间享有特权，与奴隶主互换角色。公元2世纪的历史学家贾斯汀曾这样记载：

在萨图恩的统治下，没有奴隶，也没有私有财产。更确切地说，一切财产都为大家所共有，不予分割，共同继承。正因如此，在农神节期间，奴隶们可以在宴会上和主人同坐，共享美食。

一个世纪前，诗人斯塔提乌斯（Statius）描述了农神节期间非同寻常的节日氛围：

萨图恩带来了慷慨的馈赠！这一天，所有人，无论男女，不分老幼，不计贫富，同坐一桌，共享美食。在这里，自由超越了等级！

然而，随着时间的推移，与萨图恩相对应的希腊神克洛诺斯的故事传入了罗马，他的自私残暴也给罗马的农神节造成了不好的影响。节庆活动中，增加了为期十天的角斗项目，角斗士都要以命相搏。节日期间的有些仪式（例如把稻草扎成的人扔进台伯河）让罗马人不得不怀疑，以前可能真的发生过以人献祭的事情。

即便如此，罗马本土的农神萨图恩仍然以神力护佑着卡比托利欧山。他曾被篡位的儿子朱庇特驱逐出希腊，巧的是，传说中罗马正是由一群流亡者创建的。根据维吉尔的记载，萨图恩把当地那些未开化的人们召集起来，教他们立法守法。他因在此处得以安全藏身，便将此地称为“拉丁姆”（*lateo*，意思是“我藏身于此”）。虽然在历史上这座山与朱庇特的关系更为密切，但在很多神话故事中，它不仅仅代表着正义，还意味着安全。

避难所

罗慕路斯和雷慕斯来到罗马时，也同时带来了一大群忠实的支持者。但即便如此，人口也还是有限，无法让罗马在帕拉蒂尼山上迅速崛起。因此，在雷慕斯死后，罗慕路斯发布了一份公告。在卡比托利欧山上的两片小树林之间有一处山坳，山坳里有一块空地，那里便是天神阿西利乌斯（As-laeus）设立的“避难所”。罗慕路斯宣布说，天降神谕，任何来到这里的人，无论过去犯过何等罪过，都会被接收为罗马公民，罗马会为其提供一切可能的保护。很快，许多流浪在外的不法之徒爬上了陡峭的卡比托利欧山——有逃跑的奴隶、逃债者，甚至还有杀人犯——个个怀揣着对新生活的向往而来。

罗马人口开始逐渐增加起来，而罗慕路斯也开始把心思用在了如何加强管理上。他挑选了一百名资历最老的人，任命他们为元老（相当于参议员）来辅佐自己，为国家管理献计献策，同时他们也是宪法的“创始人”。“创始人”在拉丁语中是*patres*，因此，这些长老们及其后代（也都属于上层阶级）都被称为patricians（贵族）。

就这样，罗马在建立初期吸引了很多世界各地的人来到罗马。无论他们的背景如何，来到罗马后，他们都成为罗马公民并在此接受教化，继而为推进罗马兴盛发展做出贡献。这为罗马的强大奠定了基础，在快速扩张的共和国时期以及罗马帝国早期尤为重要。但同时，这一做法也导致了一些不良后果，其中之一就是：罗慕路斯曾承诺要与最早前来寻求庇护的人分享战争中夺得的土地，这样一来，罗马的繁荣、自由以及罗马人的生活都将建立在对外征服的基础上。另一个后果更加迫在眉睫，且同样充斥着暴力。当时大多数前来寻求庇护的人都是男性，没有女性，因此，罗马很有可能在一代人的时间内便消亡——早期罗马神话中最具争议的一个故事也因此拉开了序幕。

萨宾妇女

在元老院的建议下，罗慕路斯向周边其他城邦派出使节，希望这些城邦允许罗马公民与其公民通婚。虽然罗马也给出了相应的外交条件，但这些城邦竟没有一个同意通婚。有哪个生而自由的正派人愿意选择一个逃跑的奴隶或重罪犯做自己的女婿呢？此外，帮助罗马也与他们自身的利益不符。他们担心一旦罗马建立起来，很可能会成为自己的劲敌。因此，他们遣返了罗马使节，还轻蔑地建议说，或许罗马也应该考虑给那些不正经的女人提供庇护，只有这样罗马人才有希望娶妻生子。

罗马的单身汉们气得咬牙切齿，可又无计可施。后来，罗慕路斯想到了一个很大胆的计划（也有些不讲道义）。他声称在帕拉蒂尼山和阿文廷山之间的山谷中发现了一座藏于地下的神坛，可能属于谷物之神康苏斯（Consus）或海神尼普顿。至于到底是哪位神并不重要，重要的是这两者都与马有关联。因为罗慕路斯宣布在8月21日，罗马建国四个月后，他将举行一场赛马比赛和节日庆典，庆祝这一奇迹般的新发现。他邀请了来自四面八方的所有伟大和善良的人到罗马来欢聚一堂，共同庆祝。

既能到台伯河游玩，又能亲眼看看这个新崛起的城邦，这样的好机会又有谁能拒绝呢？于是，附近的拉丁人和萨宾人都拖家带口，倾巢而出，纷纷涌入罗马城。酒足饭饱之后，玩乐了一天的客人们醉眼蒙眬，渐渐有了困意。这时，罗慕路斯发出了信号。年轻小伙子们立刻从人群中冲出，在年轻漂亮的姑娘中挑自己最喜欢的，拉起来便跑。有的把女孩子带到自己家，还有的跑到了贵族老爷家里。这些姑娘中有一个特别漂亮迷人的，所有见过她的人都在问她会被带到哪儿去。“去塔拉西俄斯（Thalassius）家。”有人大喊道，一边喊着，一边往这位年轻贵族家走去［李维和普鲁塔克对此都有相关记载，二人都认为客人们在前往新娘新家的途中口中高呼“塔拉西俄”（Talassio）的习俗，大概跟这个神话故事有关］。

在场的父亲长辈们连忙把其他的家人召集起来，匆忙登上马车逃离罗马。离开时，他们痛斥着罗马人的卑劣行径，诅咒罗马人在宗教节日做出此等龌龊之事必将受到神的惩罚。这次的节日庆典活动就这样落下了帷幕。与此同时，罗慕路斯前去探望了被关押的女子，向每个人保证，若是明媒正娶，罗马人绝不会这样对待她们，只要她们愿意嫁给罗马人做妻子，就可即刻获得自由，拥有合法婚姻，成为罗马公民，获得财产，生儿育女；罗马人会是好丈夫，定会善待她们，并会加倍弥补她们远离家园和父母的损失。李维（大男子主义地）断言：

> 罗马男人们的甜言蜜语印证了罗慕路斯的话。对于自己的行为，他们辩解说是出于对姑娘们浓烈的爱，这也是赢得女人芳心的最佳方式。

历史学家对于到底有多少妇女被扣押各执一词，有的说一共有30人；另外两个数字却是惊人得具体：527人和683人。

代表最高荣耀的战利品

然而，这些女孩的家人们却并不会轻易买账。当时努米托统治下的阿尔巴隆加拒绝向他们提供任何帮助。他们便汇集到萨宾山的库勒斯城（Cures），那里的国王是提图斯·塔提乌斯。他们请提图斯·塔提乌斯做他们的首领，准备与罗马一战。可是卡尼纳城却急于复仇，没有等到塔提乌斯的统一命令便贸然出击，向罗马边境发起了进攻，烧毁了那里的庄稼和农庄。但是，他们并没有坚持多久。当时的罗马已经拥有了一支训练有素的军队，罗慕路斯击溃了入侵者并杀死了他们的首领。然后，他乘胜追击，一直把敌军赶回他们的城邦。夜幕降临时，卡尼纳城便落入了罗马人的手中。征战自此开始。

罗慕路斯卸去了卡尼纳国王的盔甲。然后，他把这副盔甲披挂在架子上，扛着它游行，一路来到了卡比托利欧广场。随后，他用月桂叶装饰了这副盔甲，并将它供奉在一棵神圣的橡树前。这便是罗马历史上的第一次胜利。

罗慕路斯又亲自划出了一块土地，打算在这里新建一座神庙用来供奉战利品之神朱庇特·弗里特利乌斯（Jupiter Feretrius），并宣称今后要把“代表最高荣耀的战利品”（*spolia opima*）供奉于此。而这种最高荣耀，只有杀死敌方国王或指挥官的将军才配拥有。在罗慕路斯之后，只有两位罗马人做到了这一点：一位是奥卢斯·科尔内利乌斯·科苏斯（Aulus Cornelius Cossus），他在公元前437年打败了维爱的国王；另一位是马库斯·克劳狄乌斯·马塞勒斯（Marcus Claudius Marcellus），他在公元前222年杀死了凯尔特国王维利多马鲁斯（Viridomarus）。罗慕路斯建造这座圣殿从两个方面来看意义重大。这不仅是罗马建造的第一座神庙，也标志着朱庇特降临到了卡比托利欧山，在未来的几个世纪中都将统治这座山、这座城，以及整个罗马。

这枚公元前1世纪的古罗马硬币上，马库斯·克劳狄乌斯·马塞勒斯带着代表最高荣誉的战利品走进了战利品之神朱庇特·弗里特利乌斯神庙。

塔尔皮亚的背叛

萨宾军队在北部集结，罗慕路斯也开始部署士兵们加固帕拉蒂尼山周围的城墙，同时在阿文廷山和卡比托利欧山周围加紧修筑新的城墙。早春时节，敌军开始了对罗马的进攻。根据狄奥尼修斯的记载（有些令人难以置信），共有两万五千名萨宾步兵和一千名骑兵与几乎相同兵力的罗马人及其盟军（阿尔巴隆加和伊特鲁里亚）作战。罗马共有七座山，其中三座有着严密的防御工事：罗慕路斯在埃斯奎林山扎营，奎里纳尔山上部署着伊特鲁里亚盟友鲁卡莫，同时派军官斯普里乌斯·塔佩乌斯（Spurius Tarpeius）保卫卡比托利欧山。

天亮时，国王塔提乌斯在卡比托利欧山以东的低地上扎营，神情严肃地查看着周围的地形，而罗马人也能从高处看到他们。罗马指挥官的女儿塔尔皮亚（Tarpeia）惊奇地发现萨宾人的左手腕上都戴着纯金打造的手镯，阳光一照便闪闪发光。她也渴望拥有一副这样的金手镯，用什么交换都可以！于是，当天晚上，塔尔皮亚假装去打水，从一个窄门溜进了塔提乌斯的帐篷。她提出，如果萨宾人把他们左手上的东西给她，她就会带他们进入卡比托利欧山。就这样，在黑暗的掩护下，塔提乌斯带领一队精挑细选的士兵跟着塔尔皮亚穿过来时的窄门，来到了城堡前。可是，当塔尔皮亚要求得到应得的奖赏时，塔提乌斯扔给她的不仅是金手镯，还把盾牌扔给了她（他的左手上确实不只有手镯，还握着盾牌）。他的士兵见状，也纷纷将左手上的盾牌扔向了塔尔皮亚。就这样，背信弃义的塔尔皮亚被重重的盾牌压死了。

这个故事是最广为人知的版本。然而，一些人却坚持认为，塔尔皮亚引着萨宾人往卡比托利欧山去的路上，一直在想方设法除掉他们的盾牌，这样罗马的驻军便可以轻松击败他们。可是，塔提乌斯识破了她的计谋，把她杀死了。在历史上，卡比托利欧山上曾有一座塔尔皮亚墓，墓前供了一个神龛，每年人们都会为其洒酒祭奠——显然，人们不会以这样的方式去祭奠一个叛徒。事实上，卡比托利欧山最初可能就叫塔尔皮亚山，后来才改名为卡比托利欧山。但即便改名后，山上仍有一处陡峭的悬崖（有些罪犯会被从这里抛下摔死）被称为塔尔皮亚石（Tarpeian Rock）。

和解

卡比托利欧山落入了萨宾人手中，这让罗马人有些措手不及，乱了阵脚。他们拼尽全力也没能把萨宾人赶走。塔提乌斯此刻信心十足，当罗慕路斯带人悄悄爬上山坡时，萨宾王还亲自出来迎战，把罗马人打回了山谷中（现在古罗马广场所在的地方）。由于连下了几场春雨，山谷里洪水肆虐，山路泥泞，举步维艰，许多人陷入泥沼——其中有一个叫梅提乌斯·科提乌斯（Mettius Curtius）的萨宾骑兵陷入泥沼，被迫弃马逃生（据说，古罗马广场的湖因此而得名“科提乌斯湖”）。

罗马人只得撤退到帕拉蒂尼山。此时的罗慕路斯头部受了重伤，加上眼看着自己刚刚建起的城邦就要毁于一旦，他痛苦地举起双手向天祷告，祈求朱庇特前来相助。罗马人听到他的祷告后，士气大增，坚守阵地，英勇抗敌。双方势均力敌，孰胜孰败难见分晓。此时的萨宾人却军心不稳了。随着伤亡人数的增加，一件意想不到的事情发生了：被掳走的萨宾妇女们冲进了山谷，其中许多人怀里还抱着新生的婴儿。

交战双方纷纷停住，面露惊讶之色。妇女们来到交战士兵中间，让他们归队站好并保持安静。妇女中有一位名叫赫西莉亚（Hersilia），她的丈夫刚刚战死。她来到双方阵前，发表了一番非常了不起的言论。是的，她们确实是被罗马人掳来的，这并不光彩。可她们现在婚姻幸福，许多人已经生下自己的孩子，孩子们身上流的是罗马人和萨宾人的血——如果战争继续，她们和孩子注定会成为受害者。这番话朴实无华，却醍醐灌顶，双方军队都羞愧地陷入了沉默。随后，罗慕路斯和塔提乌斯站了出来，同意休战，双方结盟，合而为一，由二人共治（就像后来的罗马执政官一样）。赫西莉亚也成了罗慕路斯的妻子，并被封为王后。他还下令在古罗马广场为“坚守者”朱庇特（Jupiter Stator）建造了一座神庙。这座神庙一直保存完好，最终于公元64年毁于大火（西塞罗就是在这座神庙第一次发表了反对喀提林的著名演说）。

世界之首

罗慕路斯之后又过了两个半世纪，罗马在最后一位国王傲慢王塔克文的统治之下，此时的卡比托利欧山才真正成为权力的巅峰。在此之前，峰顶已经建了一些小规模的神殿和庙宇，大多都是提图斯·塔提乌斯修建的。在塔提乌斯入主卡比托利欧山之前，他就曾立誓要在山上修建这些神殿和庙宇。可后来，当塔克文收服了周边的拉丁城邦回到罗马时，便下令把大多数神殿和庙宇都拆除了，还把南部山顶的坟墓（包括塔尔皮亚的墓）都迁走了，打算腾出空间为至圣至伟朱庇特（Jupiter Optimus Maximus）新建一座更加宏伟的神庙。

这块被选中的祥瑞之地很快便被清理出来，占卜师也为建造这座神庙向众神祝祷请示。几乎所有神都显灵，表示愿意搬离，只有一位例外。他便是界神特米努斯（Terminus），边界和所有权的守护神。界神拒绝挪位让众人欣喜异常。因为根据占卜师的解读，这意味着界神做出了守护罗马的承诺。于是，占卜师便命令将界神殿留在原处，成为新建神庙的一部分，并在屋顶上方开一个口，好让界神观测天象。

除此之外，还有另外一个祥瑞之兆。挖掘地基的工人挖出了一个人头，相貌特征完好无损。现在，所有人都确信无疑：（如果一定需要证据的话）这就是最有力的证据，罗马将成为伟大帝国的首脑城市。由于拉丁语中“首脑”一词是*caput*，人们便把这座山改名为Capitoline（卡比托利欧）。罗马在历史上也被称为*Caput Mundi*，意为“世界之都”。事实上，这座神庙里供奉着三位神，称为卡比托利欧山三主神（Capitoline Triad）：朱庇特、朱庇特的女儿密涅瓦和他的妻子朱诺。

被圣鹅拯救

在罗马历史上最危险的时刻，是朱诺拯救了卡比托利欧山。公元前4世纪初，强大的布伦努斯（Brennus）率领一支高卢军队从阿尔卑斯山入侵意大利，一路所向披靡。在阿里亚河（River Allia，距离城北约18千米）战役中，他们取得了胜利。罗马军队逃到了附近的维爱（Veii），高卢人攻入罗马。整个罗马城已成空城，只有卡比托利欧山上还有卫兵把守。这里的高墙是他们的最后一道防线，身体健全的男人们在高墙后守护着自己的妻儿。

罗马城被敌人放火烧毁后，罗马人也陷入了长期的围困之中。然而，即使是被围城，罗马人似乎也能靠着坚定的信仰为自己赢得生机。盖乌斯·法比乌斯·多索特（Gaius Fabius Dorsuo）就是一个特别敬畏神灵的人，他的家族负责奎里纳尔山上一年一度的献祭仪式。多索特决心继承衣钵，不辱使命。他从卡比托利欧山上下来，穿过防守严密的高卢军队驻扎地，完成了祭奠仪式后又安然无恙地返回。他对神的那份虔诚一直在护佑着他的安全。这种故事深受罗马人欢迎，他们深信，对于像他们这样对神无比虔诚恭敬的人来说，没有什么是不可能的。

不久，一个信使从维爱来到卡比托利欧山。他一路上坐在一个木桶中顺着台伯河漂流而下，然后沿着崖壁爬上了卡比托利欧山。他此行的任务是说服长老们召回流亡在阿尔代亚的卡米卢斯将军，并任命他为最高指挥官。元老们同意了。可是，卡米卢斯还没来得及赶到，他们的情况就变得更加糟糕了。在一个星光灿烂的夜晚，高卢人悄悄地靠近西南面的岩壁，神不知鬼不觉地爬上山顶，连看门狗都没有听到他们的动静。朱诺神庙里的圣鹅却异常警觉，它们立刻拍打着翅膀，发出刺耳的咯咯声。守军指挥官马尔库斯·曼利乌斯（Marcus Manlius）被一阵阵鹅叫声惊醒。他连忙集结卫兵，冲到悬崖边，赶在高卢人大批涌向卡比托利欧山之前把他们赶走。很多高卢人被推下山崖，跌入幽暗的深谷。危险解除了。没能及时拉响警报的卫兵也被从塔尔皮亚石上扔下山崖。几个世纪以来，罗马人每年都会有一个专门的节日，在这一天，人们会用金色和紫色的小饰品装扮在鹅的身上并带着它们在城市里游行，以示对鹅的感谢。同时参加游行的，还有被钉在十字架上气息奄奄的狗。

然而，随着时间的推移，卡比托利欧山上也到了弹尽粮绝的地步，最后只能投降。布伦努斯提出了条件：要一千磅重的黄金。可罗马人却发现布伦努斯所用的秤砣比标准秤砣要重很多，于是纷纷抗议。布伦努斯见状，又把自己的剑压在了秤砣上面，口中叫嚷着“一群战败的可怜虫”。布伦努斯的喊声被一阵冲锋号打破。卡米卢斯带兵赶到了！卡米卢斯从剑鞘中拔出剑来，对布伦努斯反唇相讥，他的话语简短有力，掷地有声：“收复祖国靠的不是金子，而是刀剑。”高卢人虽奋勇迎战，但很快他们便落于下风，向东逃到了加贝伊并最终被卡米卢斯打败。卡米卢斯凯旋，众人夹道相迎。人们照着至圣至伟朱庇特雕像的样子把卡米卢斯的脸也涂成了红色，游行队伍一路前行，一直走到朱庇特神庙前才结束。

有一个脚注里的内容让我们了解到罗马历史（或神话）的不确定性。（从被普鲁塔克引用过的内容来看）至少有一位诗人赛米卢斯（Simylus）认为将卡比托利欧山出卖给布伦努斯的不是别人，正是被他迷得神魂颠倒的塔尔皮亚。然而：

> 那么多的高卢部族都没能成功地把她带回波河河畔。他们不仅没有将她带回，反而把手臂上的盾牌扔向了那个不知廉耻的女孩，让盾牌成为她死亡的装饰品。

卡比托利欧山的过去和现在

卡比托利欧山并不高。最高峰是北边的阿尔克斯峰（Arx，意为“城堡”），海拔只有46米，但它四周几乎都是陡峭的悬崖峭壁。正是因为这种易守难攻的地势特征，阿尔克斯峰的地理位置尤为重要（至少在最初是这样的）。东边山坡下面，有公元前14世纪时建的萨图恩祭坛，与山南面的青铜时代定居点在时间上大抵吻合。公元前9世纪至公元前8世纪，卡比托利欧山的山脊上出现了一座小村子，就在“两个小树林之间”，后来被称为“避难所”（就在现在的卡比托利欧广场），罗慕路斯就是在这里为众人提供了一处安全的庇护所。

南峰，即卡比托利欧峰，是卡比托利欧山最神圣的一处山峰，至圣至伟朱庇特神庙就建在这里。这座神庙最初是由塔克文·普里斯库斯（Tarquinius Priscus）筹建，傲慢王塔克文建造完成，最终由第一批执政官中的霍拉提乌斯为其完成了祝圣仪式。神庙中有三个内殿，卡比托利欧山三主神各居一室。居中的内殿供奉的是朱庇特的陶土雕像，手中舞动着霹雳，身上穿着贴身长衫，外披一件带金线刺绣的紫色托加长袍。右边和左边的两座内殿分别供奉的是密涅瓦和朱诺。这里是罗马国教的核心，几个世纪以来，西比尔预言书一直保存在这神庙的石柜里，打了胜仗的将军们（脸上涂满红色，就像朱庇特的雕像一样）也会把自己的战利品供奉在神殿之中。

这山上还有其他几座神庙，例如战利品之神朱庇特·弗里特利乌斯神庙（传统上而言是由罗慕路斯建立的），是庆祝战争胜利的重要场所；“避难所”附近的维约维斯（Veiovis，掌管死亡与转世的远古之神）寺庙，以及阿尔克斯峰上的警示之神朱诺神庙（Juno Moneta），建于公元前344年。这座朱诺神庙所在的位置以前是马尔库斯·曼利乌斯的住处，他在公元前390年带兵击退了高卢人。这附近的一家罗马铸币厂就因为与神庙的关系而被人们称为莫奈塔（*moneta*），“moneta”也因此成为money（钱）和mint（铸币厂）这两个词的词源。卡比托利欧山上还有一些非宗教性建筑。公元前78年，苏拉在“避难所”以东建造了规模庞大的古罗马国家档案馆（Tabularium）。

卡比托利欧山见证了罗马历史上很多个关键时刻。除了前面提到的攻城、祝圣仪式和凯旋游行，还包括推行改革的保民官提比略·格拉古（Tiberius Gracchus）于公元前133年在朱庇特神庙附近被杀；公元前83年，一场大火横扫整个山头，摧毁了许多建筑；公元前44年，刺杀恺撒的刺客们躲进了刚刚重建的朱庇特神庙里，而在六个月前，刚打了胜仗的恺撒还无比谦恭地一路跪行到神庙前。公元69年，韦帕芗（Vespasian）在此避难，他的支持者和对手维提里乌斯（Vitellius）的党羽在山上爆发了冲突；公元80年，卡比托利欧山又发生了一场毁灭性的火灾。然而，在帝国时代的大部分时间里，重新翻修后的卡比托利欧山可谓傲视群雄，庙宇在阳光下金光闪闪。公元4世纪时，罗马历史学家阿米亚努斯·马塞林努斯（Ammianus Marcellinus）曾赞美这山上的神庙“高耸入云……超凡脱俗，宛若天上宫阙”，还说“正因有了这些神庙，伟大的罗马将永世长存，如此宏伟景观，全世界再无第二处”。然而，基督教罗马皇帝狄奥多西一世为这些伟大的神庙敲响了丧钟。他命将军斯提里科（Stilicho）把寺庙大门上镀的金子给揭下来。之后不久，哥特人和汪达尔人入侵罗马，将这个罗马世界奇迹般的存在抢劫一空。

在后来的几个世纪里，这里的寺庙相继坍塌了。公元882年，圣玛利亚教堂（后来被称为Santa Maria in Ara Coeli，即“天坛圣母堂”）建成。据说，教堂所在的位置正是女预言家西比尔向奥古斯都预言基督到来的地方，她说：“看吧，上帝长子的祭坛将出现在这里。”到了公元12世纪，卡比托利欧山成了一个天然的大牧场，到处都是吃草的羊群，人们称它为卡普里诺山（Monte Caprino）。1143年，一场反对教皇和贵族暴行的民众起义爆发了，罗马人民汇集到卡比托利欧山顶，要重建元老院（后来，教皇将元老院人数减少到一人）。到了16世纪，米开朗基罗重新设计了卡比托利欧广场及其附近的宫殿——保守宫（Palazzo dei Conservatori，位于朱庇特神庙旧址）和元老宫（Palazzo Senatorio，位于“避难所”旧址，古罗马国家档案馆上方）。阿尔克斯峰上的新宫（Palazzo Nuovo）于1654年竣工，在设计上模仿了保守宫的风格。到了19世纪末20世纪初，这片宏伟的建筑中又增加了一座祖国祭坛（即维克托·伊曼纽尔二世纪念碑）。今天的我们很难想象古代卡比托利欧山的辉煌，但幸运的是，我们却可以从文学和历史作品中了解到它早年的盛况。爱德华·吉本在回忆录中写道：

1764年10月15日，罗马。我坐在卡比托利欧山的废墟中陷入沉思。赤脚的修士们正在朱庇特神庙里唱着晚祷。就在那一刻，我脑海中冒出了一个想法：我要写一写这座城市的衰落历程。

与卡比托利欧山有关的重要日期和遗迹

公元前14世纪	卡比托利欧山以南开始有人居住；人们开始在萨图恩祭坛附近献祭。
公元前9—前8世纪	“避难所”区域出现了铁器时代的村庄。
?公元前8世纪	战利品之神朱庇特·弗里特利乌斯神庙建成。
公元前6世纪早期	塔克文·普里斯库斯开始建造至圣至伟朱庇特神庙。
公元前509年	傲慢王塔克文完成了朱庇特神庙；随后霍拉提乌斯为神庙举行了祝圣仪式。
公元前390年	高卢人进攻卡比托利欧山。
公元前344年	警示之神朱诺神庙建成。
公元前133年	提比略·格拉古在朱庇特神庙附近被暗杀。
公元前83年	一场大火让卡比托利欧山的大部分地方被毁。
公元前45年	得胜归来的恺撒跪行至朱庇特神庙前。

公元前44年	刺杀恺撒的刺客藏身于朱庇特神庙。
公元69年	韦帕芗的支持者们与维提里乌斯发生冲突。
公元80年	一场大火让卡比托利欧山的大部分地方被毁。
公元393年	狄奥多西一世禁止异教；斯提里科揭掉了寺庙大门上镀的金子。
公元410年	阿拉里克（Alaric）洗劫了罗马。
公元455	汪达尔人洗劫了罗马。
公元882	圣玛利亚教堂（即"天坛圣母堂"）在卡比托利欧山建成。
1143	元老院在卡比托利欧山宣布成立。
1536	米开朗基罗受委托重新设计卡比托利欧广场。
1764	爱德华·吉本受到启发写了《罗马帝国衰亡史》(*The Decline and Fall of the Roman Empire*)。
1911	祖国祭坛落成。

到卡比托利欧山最好走的路是米开朗基罗设计的那条台阶坡道。坡道的右边有几个石窟，在古罗马时期，人们会把狼和鹰养在里面，二者是罗马的象征。坡道顶端两侧是双生子**狄俄斯库里的大理石雕像**，公元16世纪时从犹太人聚居区移到这里。栏杆上面是两尊大理石雕塑，被称为马里乌斯的战利品，完成于公元1世纪。另外两尊雕像分别是君士坦丁一世和二世。卡比托利欧广场上矗立着马尔库斯·奥勒里乌斯的青铜镀金骑马雕像，这座雕像是复制品。更远处，圣玛利亚教堂往北有一个花园，据说警示之神朱诺神庙的旧址就在此处。

卡比托利欧山上最亮丽的风景要数**卡比托利欧博物馆**了。博物馆在保守宫和新宫里面，通过一条地下通道彼此相连。馆内有**维约维斯神庙**的遗迹和**古罗马国家档案馆**的一部分。从这里可以看到**古罗马广场**的美景。从博物馆咖啡厅外的露台上，可以欣赏到更多罗马风光。在保守宫内，**朱庇特神庙**遗迹占据了最显眼的位置。

博物馆内展出的诸多物品中，最亮眼的有：博物馆庭院中的一尊巨大的**君士坦丁雕像**遗迹；**《拔刺的男孩》青铜像**(*Spinario*，男孩在拔脚上的刺)；(公元前4世纪？)**卢修斯·尤尼乌斯·布鲁图斯的青铜头像**；**一尊母狼铜像**（日期颇具争议，大概在公元前5世纪到公元14世纪之间），正在给幼小的罗慕路斯和雷慕斯(1471年添加上)喂奶；**马尔库斯·奥勒里乌斯骑马雕像**原件，其复制品矗立在卡比托利欧广场上；**卡比托利欧的维纳斯**（Capitoline Venus）雕像；帝沃利哈德良庄园里的**人马怪雕像**。此外，**《垂死的高卢人》**(*Dying Gaul*)**雕像**也令人过目难忘，是公元前3世纪时帕加马王国青铜雕像的复制品，曾激发了诗人拜伦的创作灵感。

第十一章

战神广场：马尔斯之地，英雄的圣地

夜晚睡梦中，每每与你紧紧相拥。我冷酷的爱人，我紧随你的脚步，去你所去的每一个地方——穿过战神广场，来到奔涌的台伯河畔。

贺拉斯，《颂歌集》（*Odes*），4.1，37–40

银塔广场可不是普通的罗马广场。它的与众不同之处在于，两侧有多座精美建筑，正面都用淡奶油色和赤陶色精心粉刷过。这里还有一个剧院，叫作银塔剧院（Teatro Argentina），罗西尼（Rossini）在这里首演了他的《塞维利亚的理发师》(*Barber of Seville*)。这里跟罗马的其他地方一样，路口处的汽车等不及红灯变绿就不耐烦地挂上了挡准备起步；救护车和警车发出阵阵刺耳的警笛，疯狂地从街头驶过。但不知何故，在银塔广场，一切却是那么安静平缓。就在距离现代街道6米深的地下，考古学家们发掘出了一处宝藏之地：这里有公元前4世纪到公元前2世纪的四座神庙遗迹，还有浴场、柱廊和庞培剧院的部分遗址。

这里也是猫咪的避难所。流浪猫常年生活在这里，或懒洋洋地在古老的人行道上踱步，或躺在破旧的寺庙台阶上伸着懒腰，有时也会在高高的草丛中尽情地洗脸，或者半眯着眼睛斜睨着飞舞的蝴蝶。它们并不在意那伞松（当然，能在树下乘凉还是不错的），也不关心神殿废墟周围那几根高大的圆柱（棕色的，表面粗糙，跟树干一样）。对它们来说，这里是一个避难所，受了伤可以得到救治，饿了也有吃的可以果腹。此外，这里还有一个温暖、隐蔽的房间，流浪猫们可以在这里安心地睡上一觉。可它们不知道的是，罗马纪年710年3月15日，在仅仅一跃之遥的地方（那是另外一个温暖、隐蔽的房间，现在仍能看到房间的断垣残壁），恺撒，这位世界上最强大的人，被一群敌对的元老院元老们刺伤，失血过多而死，死后封神。

马尔斯和维纳斯

恺撒的死亡时间和地点并没有什么争议：毕竟他是罗马最伟大的将军，战神广场和三月（March）也都是因罗马战神马尔斯（Mars）而得名。当然，马尔斯也并不是在一开始就是战神。马尔斯（萨宾语中的全名是Mamers或Mavers）在最初很有可能是一个自然神，或国家守护神（Lar），有时也被看作是森林田野之神（Silvanus），保护庄稼、羊群和边界，因而也是城邦的守护者。他还是一位预言之神，在雷亚特[Reate，现在的列蒂（Rieti）]的神喻所通过一只啄木鸟预言未来。在罗马，马尔斯是三位古老神祇[朱庇特、马尔斯、奎里努斯（Quirinus）]之一，他和奎里努斯仅次于朱庇特；三位主神分别由三位大祭司侍奉（有些人认为马尔斯和奎里努斯实际上是同一个神）。

罗马人把马尔斯作为自己的祖先，罗慕路斯和雷慕斯则是马尔斯和阿尔巴女祭司雷亚·西尔维亚所生，而罗慕路斯也是维纳斯的儿子埃涅阿斯的后代，这意味着罗马人有两位神祖。自古以来，罗马神话中就有关于这两

在庞贝古城的一幅壁画上，维纳斯斜倚在马尔斯的怀中，一旁的丘比特正拿着战神的武器玩耍。

位神的传说。荷马在《奥德赛》中最先讲述了二者的故事，后来在奥维德等罗马诗人的作品中也都有精彩描述。

维纳斯嫁给了瘸腿铁匠伏尔甘，可后来她又爱上了更有魅力的马尔斯。两人常在夜里秘密幽会，但没过多久，他们逐渐变得大胆起来，会彼此相拥缠绵一整个下午。太阳神驾着战车穿过天空时恰好撞见这一幕，立刻告诉了伏尔甘。伏尔甘决定当场捉奸。他在婚床上布下了一张铜丝网，此网精细无比，（用奥维德的话来说）“即便是梁上的蜘蛛也无法织出比这更精细的网”。不仅如此，这张网的神奇之处在于“只要有任何触碰或晃动，它就会立即收网”。布置完一切后，伏尔甘对维纳斯说他要去他最喜欢的利姆诺斯岛（Lemnos）住几天。

果然像预料的那样，维纳斯立即唤来了马尔斯。二人爱得火热，无暇顾及其他，而那张网突然降下，罩在二人身上，越缠越紧，直到他们动弹不得。此时，伏尔甘回来了。他打开象牙门，召唤其他诸神来见证妻子的不忠。然而，事情的结果却并不如他所愿。在场的众神也被维纳斯的美深深迷住，纷纷表示，若能有马尔斯这样的艳福，这点羞辱又算什么。对此，奥维德是这样说的："众神大笑，此后很长一段时间，这件事在天廷可谓众所周知。"

安娜·佩雷纳

女神安娜·佩雷纳也曾在每年3月15日的庆祝活动中捉弄过马尔斯。庆祝活动就在台伯河畔的银塔广场附近举行，靠近弗拉米尼亚大道（via Flaminia）的第一块里程碑处。那一天，无论男女，大家都会搭起简陋的帐篷或用长杆支起长袍，然后坐在里面尽情畅饮，喝下多少杯酒就意味着自己会活多少年。奥维德在他的《岁时记》（*Fasti*）中描写了这场狂欢：

> 他们尽情歌唱，把当下流行的曲调统统唱了个遍，手臂合着歌词和节拍轻摇。人们还会暂时放下酒杯，随机组队一起合唱。漂亮的女孩子们则散开头发，边唱边跳。

就连罗马人自己也说不清安娜·佩雷纳到底是何来历。有人说她是一位老妇人，来自拉丁小镇伯维拉耶（Bovillae），位于罗马东南约18千米的阿皮亚古道旁。公元前494年，劳苦大众放下工具前往阿文廷山向元老院抗议时，安娜给他们提供了诸多帮助。每天早上，"她用发带扎起白发，然后会用颤抖的双手为乡亲们烤薄煎饼"，然后趁热分给罢工的人们。抗议结束后，人们为安娜竖了一座雕像，来表达对她的感激之情。后来，她也被众神赐予不朽之身。

后来，马尔斯出现了。他爱上了少女密涅瓦，想让安娜帮忙引诱密涅瓦上钩。安娜最后答应了马尔斯，向他保证说会让密涅瓦点头同意。马尔斯闻言喜上眉梢，亲自布置好了爱巢。戴着面纱的新娘被带了进来，马尔斯一把把她抱在怀里，热情地吻了她。可很快，他便意识到自己上当了——不是密涅瓦，而是老安娜。此事很快传遍了，马尔斯羞恼不已，维纳斯却满心欢喜，安娜也开怀大笑——罗马人说，这就是为什么他们在纪念安娜·佩雷纳的节日里会讲一些下流的笑话，唱一些低俗放荡的歌曲。

关于安娜的出身，还有另外一个更有趣的说法。人们认为安娜不是别人，正是狄多女王的妹妹。奥维德记录了这位迦太基女王自杀后的故事。

狄多自杀后，曾被狄多唾弃的努米底亚国王伊阿耳巴斯抓住时机，占领了这座尚在悲伤中的城市。趁众人慌乱逃跑之机，安娜征用了一艘船，一路航行到了马耳他（Malta）。马耳他的国王巴图斯（Battus）向来爱好和平，他收留了安娜。两年后，安娜诡计多端的弟弟——泰尔的皮格马利翁，仍在为当年中了狄多的诡计耿耿于怀，派出一支舰队打算将安娜掳走，送回腓尼基。巴图斯忌惮皮格马利翁，不敢为安娜出头应战。安娜只得再次起航，悄悄避开皮格马利翁的哨兵，向北面的西西里驶去。行至中途，海上突然刮起了一场巨大的风暴，安娜的船偏离了航线。最后，风暴巨浪把她的船打散，安娜和船员被海水冲到了拉丁姆的海岸。

这一天，埃涅阿斯正光脚走在拉维尼乌姆附近的海滩上，突然发现了岸边的安娜，奄奄一息地躺在沙滩上。他几乎不敢相信自己的眼睛，反复向安娜保证自己没有恶意，他还会报答安娜和狄多曾经对他的款待。于是，埃涅阿斯把安娜带回家，并把她介绍给自己的妻子。拉维尼娅表面上对安娜的到来表示欢迎，但实际上却嫉妒心起，谋划着要把安娜杀死。当安娜睡着后，狄多的鬼魂来到她的床边，警告她会有性命之忧。可怜的安娜公主"如同听到狼嚎的小鹿一般"惊恐地逃跑了。第二天早上，除了泥地里的脚印，到处都寻不见安娜的踪迹。搜寻者一路寻找，最终来到了努米库斯河边，听到河水中传来了安娜的声音："我是宁静的努米库斯河神，终年隐身于此，我现在的名字叫作安娜·佩雷纳。"

奥维德从来不会错过任何一个故事版本，关于安娜身份的其他说法他也一一记录下来：她是受人膜拜的月亮女神，"让一年里有了不同的月份"；她是与希腊女神忒弥斯（Themis）相当的罗马女神，二者都是司掌法律和秩序的神；她还是阿尔戈斯的伊俄（Io）公主，朱诺（因气恼朱庇特对她的喜爱）将她变成了一头牛，在大地上游荡，最后在埃及恢复了人形，被当地人称为伊西斯，受世人膜拜。还有人说她是远古时期的神，曾经哺育过朱庇特。

先不说安娜与马尔斯的关系，单看她在民间的这些经历，就足以使她成为战神广场狂欢节日的最佳人选。附近的投票笔让人民在选举时可以行使自己的权力（理论上来说是这样），马尔斯之地（Field of Mars）也见证了三位强大统治者在决定罗马命运的不同时代所做出的伟大政绩。

罗慕路斯被封神

曾经的战神广场是一片广阔的平地，发洪水的时候很容易被淹。东临卡比托利欧山，北临奎里纳尔山和宾西亚山（Pincian Hill），开阔的台伯河从它的南面和西面蜿蜒流过。在罗慕路斯时代，这里曾有一片浅湖，名叫

“山羊泽”（Palus Caprae），就在现在的万神殿（Pantheon）所在的位置。当年，就是在这里，罗慕路斯打败了维爱人，踏平了维爱城，平息了战争。随后，罗慕路斯在得胜的军队前致辞，盛赞了将士们的英勇无畏，也展望了罗马辉煌的未来。致辞刚一结束，天空便突然黑了下来，黑暗吞没了太阳，顷刻间雷声隆隆，大雨倾盆，浓雾笼罩着整个平原——当雷停雨歇、天空放晴之时，人们发现罗慕路斯消失不见了。

起初，众将士们迷惑不解，心急如焚，但渐渐的，大家恍然大悟：这座城市的创建者在五十八岁这一年，在位三十四年之后，升天成神了。李维在书中说道，几天后，普罗库卢斯·尤利乌斯（来自阿尔巴隆加强大的尤利乌斯家族）带来的消息证明了此事：

今早黎明时分，这座城市的创建者罗慕路斯突然从天而降，出现在我的面前。我满腹疑虑，浑身颤抖，虔诚地站在他面前。我忍不住看向他的脸，却又生怕这样做会亵渎了他。他跟我说："去吧，去告诉罗马人，我所创建的罗马将成为整个世界的主导，这是神的旨意。因此，他们要继续厉兵秣马，并且要告诉后辈们，世界上没有任何力量能够阻挡罗马的强大。

尤利乌斯确实应该把罗慕路斯的善意传递给大家。此前曾有传言说，罗慕路斯其实早已在附近的伏尔甘神庙被心怀不满的元老院议员杀死了。他们随后肢解了罗慕路斯的尸体，悄悄藏在长袍里带了出去，回到家后便把碎尸埋在了自己家里。然而现在，罗慕路斯升天成神，并向众人宣布，从今以后，他便是奎里努斯神［古罗马人也因此被叫作奎里特斯（Quirites）］。

事实上，奎里努斯最初是萨宾神，在罗马的奎里纳尔山上还有一座奎里努斯神殿。只是到了后来，人们才将对奎里努斯的崇拜与罗慕路斯联系在了一起。跟马尔斯一样，奎里努斯也是司掌战争和农业的神。据说，罗慕路斯被肢解和埋葬的神话故事被解读为一种祈求丰饶的古老仪式。但是，到了公元前1世纪，罗慕路斯被元老院元老们暗杀随后升天为神的故事在尤利乌斯·恺撒身上重演了。

塔克文的最后一次丰收

罗马最后一任国王傲慢王塔克文被驱逐后，战神广场才真正成为纪念战神马尔斯的地方。在这之前，该广场属于王室，而现在作为一个新时代的标志，它成为民众的共有之地。塔克文逃离罗马时，恰逢收获季节。在马尔斯之地，连绵不尽的小麦已被太阳晒干。这些粮食本可以用来养活无数城市贫民，但当时却颁布了新法令——既然该地区是战神马尔斯的圣地，那么任何凡人食用这片土地上的粮食都是对神的亵渎。于是，一大批劳动力被派到田里，他们手持镰刀和篮子，奉命毁掉这里的庄稼。

收割完小麦后，他们便用驮篮把小麦运到河边，扔进河里。台伯河水面变浅，水流缓慢，那些篮子都卡在河中央的泥堤上。随着时间的推移，河水冲刷的泥土和杂物在此处越积越多，一座台伯岛就这样从塔克文的最后一次丰收中诞生了。“我认为到了后来，”李维写道，“人们肯定又对这座小岛进行了升高和加固，这样它才会有足够的高度和强度承托起神庙和廊柱的重量。”

恺撒被封神

公元前1世纪，人们建造了一座桥梁将台伯岛与陆地连接起来。但就在第二座桥［西边的切斯提奥桥（Pons Cestius）］也即将建成完工时，战神广场上发生了暴力事件，罗马的未来也因此改变。这次事件意义重大，虽然事实确凿，但也很快被赋予了神话色彩。事件发生在安娜·佩雷纳节当天，也就是3月15日，跟当年罗慕路斯被暗杀时一样，敌对的元老院元老再次牵扯其中，是事件主谋（这一次毫无疑问）。公元前44年，战神广场就已基本建成，周围有寺庙、竞技场以及其他公共建筑。除此以外，在这座古老城邦的西面还有大片的私人墓地。事实上，正是在其对手庞培剧院的会议厅内，大约六十名元老因担心恺撒结束共和制，一拥而上将其团团围住，连刺数刀致其毙命。

这一丑陋肮脏的刺杀事件用了两代人的时间才得以重塑，成为罗马发展历程中的一部分。奥维德在《变形记》中讲道，众神都希望恺撒可以成神，这样他的继承人（同时也是他的养子）奥古斯都才能顺理成章地成为“天神之子”。当维纳斯得知元老们密谋要杀死恺撒的时候，作为“埃涅阿斯的天神母亲”，她恳求每一位天神看在她的面子上出手阻止，她还跟众神重提当年自己看着儿子埃涅阿斯受尽磨难却无法相助的种种，“我的儿子埃涅阿斯被迫漂泊在外，饱受海上风暴摧残，下到死寂恐怖的冥界，后来又与图努斯一番苦战，”她接着补充道，“你们看见那些无法无天的人已经在磨刀霍霍了吗？别让他们得逞，我求求你们了！”与此同时，就像罗慕路斯升天封神之前的情形一样，人间出现了各种不祥之兆：

> 他们说天空中的乌云里传来了兵器拼杀时的铿锵声，阵阵号角惊心动魄，仿佛是来自天堂的诅咒。太阳也突然黯淡下来，阴暗可怖的光笼罩着忧虑的大地。

血雨倾盆，神像泣泪，尸横遍野，哀犬狂吠，灾难即将来临。维纳斯

尤利乌斯·恺撒，铁血将军兼精明的政治家，维纳斯的后代，于公元前44年在战神广场被暗杀。

曾试图布下薄雾，想趁机救出恺撒(就像当年在特洛伊拯救埃涅阿斯一样)，但朱庇特阻止了她。朱庇特告诉她说，暗杀势在必行，因为只有这样，奥古斯都才能顺利成为新的统治者，罗马在他的统治之下将征服所有土地和海洋，和平才能降临整个世界。随后，朱庇特指示维纳斯去战神广场释放恺撒的灵魂。奥维德借鉴了之前文学作品中的相关描写（例如，维吉尔就曾描写过特洛伊战争时出现彗星的情景），对这一场景进行了精彩绝伦的描写：

朱庇特话音刚落，维纳斯就已经站在了元老们聚集的地方，但大家都看不见她。她把恺撒刚刚出窍的灵魂收起，以免它消散在空中。然后，她将那灵魂带到了群星中间。手中的那颗灵魂炙热如火，闪闪发光。维纳斯松开手，那灵魂得了自由，便从她胸前飞起，飞得比月亮还高，后面还拖着一条火焰一般的长尾巴，看上去就像一颗夜空中的星星，熠熠发光。

在马尔斯之地成神

恺撒的尸体在古罗马广场上被烧掉了，但他的继任者们在死后大多都举行了隆重的火葬仪式和神化仪式，地点就在战神广场，也是奥古斯都陵墓（Mausoleum of Augustus）所在地。公元3世纪早期的赫罗狄安（Herodian）就曾详细描述过这样一次盛大的仪式。皇帝以最高荣誉下葬后，人们会制作一个一模一样的蜡像放在乳白色的灵床上，然后用金丝织成锦布将其盖住，安置在帕拉蒂尼山宫殿的廊厅里。在这之后的七天里，元老们会身着黑袍，成排地坐在灵床左侧，而身着白裙的贵妇们则坐在右侧。医生每天都要来给这尊蜡像"看病"，并告诉众人病情逐日恶化。直到最后，医生会正式宣告"蜡像"死亡。这时，贵族出身的年轻人会抬起灵床，沿着圣道来到古罗马广场，将灵床安置于广场的高台上，同时一起咏唱哀歌。

最后，灵床会被带到战神广场上。人们早已在广场的开阔处搭建起了一个金字塔形的火葬台，大概有四层楼那么高，里面装满了干柴、香烛、香料、芳香的果子，外面挂着用金线织成的华幔，装饰有黄金和象牙浮雕。待相关人员到齐后，骑兵团的骑士们全副武装地骑马环绕着灵台行进——战车也在其中，驾驶战车的人身穿皇袍（或官袍），头戴罗马皇帝和将军的面具。随后，人们从四面八方将熊熊燃烧的火把扔向柴堆。当火焰穿过熊熊燃烧的火葬台时，最高处的活动门便被打开，冲天而起的滚滚浓烟中一只雄鹰从中飞出，在马尔斯之地上空自由翱翔，然后飞向台伯河，飞过整个罗马上空。赫罗狄安写道："人们相信，雄鹰带着皇帝的灵魂从人间飞去了天堂，从那一刻起，他便飞升成神了。"

战神广场的过去和现在

早期的战神广场是一处漫滩，广场两边与蜿蜒的台伯河相邻，另外两边则是山丘环绕，中央是沼泽湿地"山羊泽"。在罗马国王统治时期，这里一直都是王室的农业用地。但到了公元前509年，傲慢王塔克文被流放后，这里便成了公用场所，被用作牧场和阅兵场以纪念马尔斯（司掌战争和丰饶的神）。后来，这里建起了越来越多的公共建筑（起初只有临时性建筑，后来允许建造永久性建筑）和权贵墓地（以奥古斯都陵墓最为著名）。在共和国的最后几年，这附近甚至还盖了廉租房。由于经历过几次大火，战神广场的建筑也进行了多次修复。后来，基督教摧毁了神庙，洪水和外族的野蛮入侵摧毁了浴场和竞技场。到了中世纪晚期和文艺复兴时期，人们又开始来此居住，当时的街道和广场都与早期的建筑布局相同。

战神广场的最西端是台伯河的转弯处，狄斯帕忒耳（Dis Pater）和普洛塞庇娜（Proserpina）圣殿也在此处。这两位是冥府的神（祭拜时会举行专门的仪式将地下祭坛挖出来）。战神广场也是罗马百年祭（*Ludi Saeculares*）的举办地，因此具有了更加重要的意义。罗马百年祭的历史据说可以追溯到塔克文被流放的时候。传说当时有一个名叫瓦莱修斯（Valesius）的萨宾人得到神谕，若想治愈他孩子的病，必须给他们喝下在塔伦图姆（Tarentum）烧热的水。他很自然地认为神谕里所指的地方是意大利南部的塔伦图姆市，于是便顺流而下，往塔伦图姆赶去。途中，他在战神广场短暂停留，为他生病的孩子烧水喝。没想到，喝完水后，孩子们的病很快就痊愈了。瓦莱修斯还在梦中梦到了两位冥府神祇和他们的祭坛所在地。在罗马共和国时期，罗马百年祭（其主题是净化和革新）大约每个世纪举行一次，但奥古斯都（按照西比尔预言书的指示）规定每一百一十年庆祝一次。公元前17年，奥古斯都举行了隆重的百年祭庆典。庆典盛况空前，同时也是政治宣传的手段。主要庆祝活动有夜间祭祀、戏剧表演、野外狩猎以及战车比赛，宫廷诗人贺拉斯还为此专门创作了赞美诗。

罗马人每年都会为挑选“十月马”举行赛马会，而这一习俗也是从塔伦图姆这个地方开始的。10月是农事和战事的最后一个月。每年的10月15日这天，为了纪念马尔斯，人们会选两驾战车进行比赛，获胜的战车中居右的那匹马会被献祭。这匹被选中的马会被割掉马尾，然后人们会将马尾带到古罗马广场，将新鲜的马血洒在雷吉亚圣殿（Regia）。与此同时，百姓们会分成两组，分别从圣道（Sacra Via）和苏布拉（Subura）争先恐后地涌来去争抢那个马头。除此之外，当天还有许多其他形式的游戏和比赛，都在弗拉米尼乌斯竞技场（Circus Flaminius）举行。这个竞技场建于公元前220年。

在罗马共和国时期，战神广场在公众生活中扮演着越来越重要的角色：军队在出征前会在这里集结；得胜归来的将军们庆祝胜利前会在这里扎营。从公元前435年起，公共庄园（Villa Publica，但实际上是一个广场，其上建有一座市政大楼）就一直是审查机构所在地，负责管理和统计整个罗马和皇室的人口。附近还有另外一处与公共生活息息相关的地方：Ovile（字面意思为“羊圈”），是选民选举年度官员的地方，后来被朱里亚神庙（Saepta Julia）这座大理石建筑取代。这座神庙是尤利乌斯·恺撒下令建造的，于公元前26年建成并由阿格里帕完成献祭仪式，后来又分别被用作角斗场和古董市场。

战神广场的其他三种公共建筑——浴场、圆形露天竞技场和石头剧场——都是最早出现在罗马的此类建筑。其中，庞培剧院是公元前1世纪的建筑，始建于公元前61年，用了不到十年的时间建成。这是一片宏伟的建筑群，礼堂旁还建了胜利女神维纳斯神庙（Venus Victrix），舞台后面是一个巨大的柱厅（里面有希腊神像和一个花园，花园里有梧桐树和喷泉），恺撒被暗杀时的那个会议厅也在这里。公元前29年，斯塔里乌斯·塔卢斯在现在臣奇宫（Palazzo Cenci）所在的位置建造了罗马第一座圆形露天竞技场。奥古斯都的得力干将阿格里帕在附近建造了浴场，并配有渡槽和大型人工水池。

战神广场现存神庙中最令人叹为观止的是万神殿，最初也是由阿格里帕建造，后来经哈德良重建后成为现在的样子，但楣梁上的铭文里仍然有关于阿格里帕最早建造万神殿的记载。万神殿是为奥林匹斯山的众神和皇室成员所建，整个建筑中最精彩夺目的设计要数它的穹顶了。穹顶直径接近43米，是有史以来最宽的圆顶结构，呈现了完美的半球形，非常牢固。如果将这个半圆补充完整的话，它的底部正好与寺庙的地板相接，形成一个完整的圆。万神殿之所以得以保存下来，主要原因在于它后来被改成了圣母与诸殉道者教堂（Church of Santa Maria ad Martyres）。但门廊的青铜天花板就没那么幸运了，它们被贝尔尼尼（Bernini）取下来重新熔铸成了圣彼得大教堂上方的青铜华盖。

奥古斯都统治后期，斯特拉波对古代的战神广场做了如下生动描述：

建筑艺术为这里的自然风光增添了更多的美。这里平原开阔，非常适宜举办战车比赛和各种马术活动，而普通人也可以在这里锻炼身体，打球、扔铁饼或摔跤都是不错的选择。精美的建筑如装饰画一般点缀其中，草坪四季常青，河对岸的山丘绵延起伏，河水从山脚下静静流过——这一切都如同一幅巨型风景画，让人沉醉，一刻也不愿将视线移开。旁边的另一处开阔区域内建有环形柱廊，还有圣林、三个剧院、一个圆形露天竞技场以及多座富丽堂皇的寺庙，彼此相邻相伴——如此宏伟壮观的建筑，让罗马的其他地方相形见绌，黯然失色。罗马人将这里看作是神圣之地，因此他们为那些做出杰出贡献的人在这里建立了纪念碑。最值得关注的是这里的陵墓。这是一个坐落在河边的坟丘，以白色大理石为基，上面长满了常青树。顶部立着奥古斯都·恺撒的铜像，陵墓里面埋葬的是奥古斯都及其家人和挚友的遗体。陵墓后面是一片圣林，美丽的人行小道从林中穿过。战神广场的中央区域便是奥古斯都被火化的地方，被两堵墙围住，一堵是大理石墙，另一堵是铁墙，墙内种着许多白杨树。

与战神广场有关的重要日期和遗迹

公元前509年	战神广场成为民众公用场所。
公元前435年	公共庄园建成。
公元前431年	卡比托利欧山西面建了阿波罗神庙。
公元前220年	战神广场东南建了弗拉米尼乌斯竞技场。
公元前3世纪	银塔广场建了神庙C和神庙A。
公元前2世纪	更多神庙相继建成（包括银塔广场上的神庙D和神庙B，还有为赫拉克勒斯、缪斯女神、朱诺和狄安娜所建的神庙）。
公元前55年	庞培剧院落成。
公元前44年	恺撒被暗杀并火化。
公元前29年	罗马第一个石头圆形露天竞技场建成。开始建造奥古斯都陵墓。
公元前27年	阿格里帕开始建造万神殿（公元前25年落成）。
公元前25—前19年	阿格里帕浴场和维尔戈水道（Aqua Virgo）建成。
公元前23年	奥古斯都的继承人马塞勒斯葬在了奥古斯都陵墓。
公元前17年	马塞勒斯剧院落成。奥古斯都庆祝罗马百年祭。
公元前13年	巴尔布斯剧院（Theatre of Balbus）落成。
公元前9年	奥古斯都和平祭坛建成。
公元80年	图密善修复了许多被大火烧毁的建筑；建造体育场、露天剧场和几座新神庙。
公元126年	哈德良建成万神殿。
公元145年	哈德良神庙建成。
? 公元180年	开始建造马尔库斯·奥勒里乌斯圆柱（Column of Marcus Aurelius）。
公元276年	战神广场周围建起奥勒良城墙（Aurelian Walls）。
公元410年	阿拉里克亵渎奥古斯都陵墓。
公元609年	万神殿变成了圣母与诸殉道者教堂。
1581年	蒙田（Montaigne）感叹广场建筑的杂乱无章。
1938年	奥古斯都和平祭坛迁移并重新组建。

自中世纪以来，战神广场约243公顷的土地上一直都在进行新的开发建造，但这里的许多古建筑布局仍然被保留了下来：例如，纳沃纳广场（piazza Navona）就是公元86年图密善体育场所在的位置，大小形状与当时一致。这里的历史瑰宝丰富无比，实在难以一一详述。若想一探究竟，至少也要花上一整天的时间在这些历史宝藏中悠闲漫步，细细品味。

在卡比托利欧山的西南方，马尔斯之地的东部边界处，公元前1世纪时由尤利乌斯·恺撒规划并由奥古斯都建造完成的**马塞勒斯剧院**遗址就在那里。如今，这片遗址上是一座16世纪的宫殿。旁边矗立着**阿波罗·梅迪库斯神庙**（Temple of Apollo Medicus）的三根柱子。这座神庙建于公元前431年，四个世纪后得以重建。往西北方不远处是**银塔广场**以及四座罗马共和国时期的神庙（2021年后对公众开放）："神庙A"据说是**朱图尔那神庙**（Temple of Juturna）；"神庙B"是**福尔图娜神庙**（Temple of Fortuna），是一座圆形建筑；"神庙C"是**费罗尼亚神庙**（Temple of Feronia），费罗尼亚是一位自然女神，掌管着下层阶级的权利，深受罗马平民的喜爱。与神庙的石灰岩人行道相毗邻的是**庞培剧院**遗址，恺撒就是在庞培剧院被暗杀的。往西是格罗塔平塔广场（piazza di Grotta Pinta），保留了原剧院礼堂的曲线形状。自1994年以来，银塔广场这里就有了一处猫咪避难所。

正北方便是令人叹为观止的**万神殿**，由哈德良建造，公元126年建成，后来被改成了圣母与诸殉道者教堂。万神殿的穹顶是世界上最大的无钢筋混凝土穹顶（穹顶中央开了洞口，与天空相通，雨雪可以从洞口落下）。东北方向是改建后的哈德良神庙（神庙的柱子尤其宏伟），现在是商会所在地。旁边是圆柱广场（piazza Colonna），广场的马尔库斯·奥勒里乌斯圆柱上刻有这位皇帝在战场上征战的场景。

再往北靠近台伯河的地方是巨大的**奥古斯都陵墓**，奥古斯都及其家族成员都葬在这个圆形的墓地里。然而，这座如此重要的建筑这么多年来却一直没有得到应有的重视（墓地上面曾经长满了树，在不同的历史时期还曾被用作堡垒、猎兽场、剧院及音乐厅等）。现在陵墓正在修复，修复完毕将向公众开放。**奥古斯都和平祭坛**就在那个用玻璃和大理石建成的方形建筑中，可以俯瞰整个奥古斯都陵墓。这是罗马现存的奥古斯都时代尤为重要的建筑之一。这座和平祭坛最初的位置比现在还要往南（在科尔索大道的卢奇娜圣老楞佐教堂附近），经过四个世纪的漫长时光逐渐被发现，并于1938年得以重建。这里有精美的雕塑，既有神话人物雕塑（如埃涅阿斯、罗慕路斯和雷慕斯），也有杰出的罗马人雕塑（奥古斯都的雕塑已被损毁）。据说**蒙地奇托里奥方尖碑**[Montecitorio Obelisk，现在位于**蒙地奇托里奥广场**（piazza di Montecitorio）]的影子就像是日晷的晷针，经过专门设计，恰好落在和平祭坛上，而且正好指向奥古斯都的生日（9月23日）。从和平祭坛往西南，穿过台伯河便来到了**哈德良陵墓**（Mausoleum of Hadrian，后来被改建为圣天使堡）。

在战神广场内，有几座精美的博物馆，里面收藏着罗马和伊特鲁里亚的藏品，其中最著名的要数**巴拉科博物馆**（Museo Baracco）和**阿特姆彼斯宫**（Palazzo Altemps），里面收藏着**《路德维希的王座》浮雕**（*Ludovisi Throne*，上面刻的是维纳斯的诞生，两旁是贞女和裸体的吹笛女孩）、**《自杀的高卢人》大理石雕像**（*Gaul committing suicide*，公元前1世纪希腊青铜雕塑的复制品）和一个公元3世纪的**精美石棺**，上面刻有战争场面。

若你对伊特鲁里亚和早期罗马历史和神话感兴趣的话，一定要去伯吉斯花园（Borghese Gardens）以北的**朱丽叶别墅伊特鲁里亚国家博物馆**（Museo Nazionale Etrusco di Villa Giulia）看看。这里最值得一看的藏品有：公元前6世纪来自切尔韦泰里的**夫妻石棺**（Sarcofago degli Sposi），上面是一对夫妻的精致雕像；来自普雷尼斯特（今帕莱斯特里那）的**西斯塔·菲科里尼（Cista Ficorini）青铜雕塑**，展示了阿尔戈斯英雄的精彩神话故事；还有公元前6世纪来自维爱的**赫拉克勒斯和阿波罗的陶土雕像**（可能是伊特鲁里亚雕塑大师武尔卡的作品）。

第十二章

阿文廷山：人民的力量

阿文廷山上，树梢都在阵阵颤抖，大地在朱庇特的重压下开始下沉。国王的心怦怦直跳，血液从他的身体里流出，蓬乱的头发根根竖起。

奥维德，《岁时记》，329–32

圣萨比纳教堂（Church of Santa Sabina）建于公元5世纪。教堂外的露台上，仍然能看到木门上刻着《旧约》和《新约》中的故事作为装饰。我们站在露台上，欣赏着整个罗马的景色，久久不愿离去。阿文廷山陡峭的山坡一路延伸到台伯河。台伯河水蜿蜒回转，从城中的山谷间穿过。远处的圣彼得大教堂笼罩在雾霭中，教堂的圆顶看上去是那样的虚无缥缈，宛若梦境。温度渐渐升高，树下的阴凉里格外凉快。若是能一直在这里欣赏这美景该有多好！

然而，现在我们却不得不转身离开这里。走在住宅区阴暗的街道上，随处可见随意停靠在人行道上的汽车，汽车与汽车中间竟然还会停上几辆小型摩托车，一切都是那么杂乱无序，拥挤不堪。两边阳台上开满了鲜花，窗户是打开的，音乐从屋里飘出。继续往前走便来到一处其貌不扬的广场，广场上高高的铁栏杆后面有各种秋千和滑梯，此刻却空无一人，备受冷落。曾经，人们站在此处便可以清楚地看到远处地平线上阿尔班山的山峰，可现在只能看到学校，还有广场周围的公寓楼。罗慕路斯的双生弟弟雷慕斯当年就是站在这里观测天空，找寻神迹，这个广场也因他而得名。而且，当时如果不是天命注定，或许雷慕斯就会在这里赢了他的兄弟，成为罗马无可争议的缔造者。这里就是雷莫里亚广场（piazza Remoria）。它所在的山就是阿文廷山，一座属于底层劳动者的山，一座属于城市平民的山，它就是人民心中的帕拉蒂尼山。

雷慕斯和罗马

当年，雷慕斯就是在阿文廷山的南部山巅等待着神迹出现，决定罗马城选址何处。阿文廷山是他的首选之地。附近有河流，易守难攻，这在他看来是最理想的选择。他的双生兄弟罗慕路斯却并不认同。他认为帕拉蒂尼山更好，并决定从帕拉蒂尼山寻找神迹。然而，也有人认为，罗慕路斯也是在阿文廷寻找神迹的，只不过他是在北部山巅，也就是后来的密涅瓦和狄安娜神庙所在地。

然而，无论他们最终从哪里观看神迹，人们对于他们看到的神迹是什么的看法却是出奇一致：雷慕斯看到了六只秃鹫，而罗慕路斯看到了十二只。可是新的问题来了：是以时间先后为准还是比数字大小呢？最终，罗慕路斯赢了，他选择了帕拉蒂尼山，而阿文廷山作为帕拉蒂尼山的邻居，只能屈居第二。然而，阿文廷山与雷慕斯的联系如此紧密，他被谋杀后不久便被埋葬在了阿文廷山上一个名为雷莫里亚（Remoria）的地方。

努马和仙女的故事

在阿文廷山和西莲山之间的山谷里，有一片小树林，是卡墨奈女神（Camenae）所居之地。卡墨奈女神都是水神，能给人类带来灵感，相当于希腊神话中的缪斯女神。埃格里亚就是卡墨奈女神中的一位，她与罗马的第二任国王努马·庞皮留斯（Numa Pompilius）关系密切。

在罗马建立的那天，附近城镇有一个萨宾人出生了。三十八年后，罗马群龙无首。一年前，罗慕路斯飞升成神。从那以后，罗马便由几位主要元老轮流掌权，每人五天，可这种做法根本行不通。但罗慕路斯没有子嗣，所以元老们便请努马（罗慕路斯的同僚提图斯·塔提乌斯的女婿）来接掌王位。努马虽不情愿，但最后还是答应了。

努马是个聪明人。据说，那时毕达哥拉斯在意大利南部的克罗顿（Croton，即科尔托纳）开办了一所学校，努马是毕达哥拉斯的学生，但按照时间来看这种说法并不成立。同样，努马与埃格里亚之间也不太可能有交集，但与此相关的故事却有很多。每天晚上，努马都会溜到埃格里亚的泉水边和她谈心，甚至有传言说他们已经结婚了，而努马也特别急切地想向别人炫耀他和埃格里亚的关系。于是，一天早上他邀请了当时罗马的大人物到他家里参观。众人到了之后发现他的家简朴又清贫。到了晚上，努马又邀请大家来一起共进晚餐。再次来到努马家的人都被眼前的一幕惊呆了。哈利卡纳苏斯的狄奥尼修斯是这样描写的：

> 大家按约定的时间到达后，发现屋里摆着豪华桌椅，餐桌上摆满了精美的杯盘餐具。当大家坐下来准备就餐时，发现努马已经为他们准备了非常丰盛的晚餐。而在当时来说，没有人可以在这么短的时间内就准备好这么丰盛的饭菜。这些罗马人都倍感惊讶，并据此断定努马肯定是娶了一位仙女为妻。

还有人说，这一切都是努马编出来的，目的是提升自己的声望。然而，大多数人都认为，正是在埃格里亚的授意下，努马教会了同胞们膜拜神的最佳方式，也教会了他们如何过上宁静祥和的生活——对于罗马这样一个靠战争建立起来的国家来说，确实需要学习这些。努马去世后，埃格里亚一直郁郁寡欢。后来，她离开了罗马，去了内米湖，躺在湖边的山脚下伤心痛哭。狄安娜见状，心生怜惜，便把她变成了一条流淌不息的溪流。

努马智斗朱庇特

努马与朱庇特的关系也非同寻常——他是少数几个欺骗了朱庇特后还能逃脱惩罚的凡人之一。曾有一段时间，罗马饱受干旱之苦，但天空中却

这是庞贝古城伊阿宋之家（House of Jason）的一幅壁画，画中的森林之神法乌努斯栖息在一块岩石上，正在吹奏排箫。

不断出现可怕的雷霆闪电。很明显，众神在表达不满。于是，努马便问埃格里亚该怎么办。埃格里亚建议他去向皮库斯和法乌努斯（Faunus）两位森林之神学习赎罪仪式。

可是，这两位神都不愿意把这个秘密透露给努马。有一次，他们来到阿文廷山饮用泉水解渴，喝完泉水又继续喝酒。此时，努马正躲在一个黑暗的山洞里关注着他们的一举一动，直到他们睡着才悄悄出来，给他们戴上了镣铐。他们醒来发现自己被铐住，便让努马放了他们。努马却提出，他们得先帮忙阻止朱庇特的闪电暴击才会放了他们。可他们自知自己神力不够强大，只有朱庇特自己才能掌控自己的武器。但他们发誓说，如果努马放了他们，他们可以帮忙召唤朱庇特。

皮库斯和法乌努斯随即念起了可怕的咒语，天空突然被闪电撕裂，森林也在颤抖。朱庇特真的降临到了阿文廷山上，随着他的降临，大地也随之下沉。颤抖的努马祈求道："若我为您献上最纯洁的祭品，同时我也保证自己的心至诚至洁，那么，请您收回这雷霆霹雳！"朱庇特闻言便要求努马为自己献祭。"一个头！"朱庇特高声要求道。"我菜园里有洋葱头！"努马答道。"必须是人身上的！"朱庇特补充道。"那就头发吧！"努马应道。"得是活的！"朱庇特道。努马答应道："可以，那我会给您献祭一条鱼！"

朱庇特对努马的敏锐机智很是欣赏，对他拒绝以人献祭的做法也深感高兴。他告诉努马，只要这位国王能以合适的方式来献祭，"明天我将为你的帝国降下神迹"。第二天早上，地上还结着白霜的时刻，努马便召集起罗马人民。他坐在枫树王座上，头上盖着纯白的披巾，举起双手，呼唤朱庇特履行诺言。天空中随即传来三声雷鸣，天神降下了他的神迹……

神圣之盾

当最后一声雷鸣在七座山丘间回响时，罗马人看到天空中徐徐降下一个盾牌，形状如数字"8"。当盾牌落到地面时，虚空里传来声音，告诉众人说，只要守护好这盾牌，罗马终有一日将统治世界。这盾牌就是护佑罗马的法宝，就像埃涅阿斯从特洛伊城保存下来的雅典娜神像一样，能趋利避害，护佑平安。努马想出了一个绝妙的主意，他让工匠大师马穆里乌斯（Mamurius）制作了十一个一模一样的盾牌，完全可以以假乱真，然后下令严加看管。盾牌关乎罗马的命运，现在没有人知道哪一个是真的，也就没有人会来偷了。在整个罗马历史上，这盾牌一直都是安全的，由萨利祭司（Salii，马尔斯的十二位舞蹈祭司）负责看守。

只有在3月（战神马尔斯月）的第一天，盾牌才能离开马尔斯神庙。随后，萨利祭司开始游行，载歌载舞穿过街道，还会用棍子在盾牌上敲打节奏，唱着颂歌赞美天神（后来还会称颂皇帝）。最后，众人会回到神庙共享盛宴。在祭司的颂歌中唯一没有被唱颂的神是司掌和平与爱的女神维纳斯。

芙罗拉和马尔斯

战神马尔斯与阿文廷山上的另一位女神也有着密切的联系，她就是萨图恩的女儿，花神芙罗拉。芙罗拉的神庙就坐落于阿文廷山的坡底。马尔斯的出生都要归功于她。

当密涅瓦从朱庇特的头颅里蹦出来时，朱诺（在阿文廷山上也有专属于她的神庙）又嫉妒了。她心想：为什么自己的丈夫可以在自己毫不知情的情况下生出来个孩子？既然他可以这样做，那我这个做妻子的，当然也可以。她想去跟包容一切的大海诉苦，一路行来，筋疲力尽，停下脚步时发现自己竟然来到了芙罗拉的家门口。当晚，二人交谈之时，朱诺说出了自己的想法：哪怕用尽一切办法也要怀孕生子。言谈之间，她留意到了芙罗拉的异样。她肯定知道办法！朱诺苦苦求了她三次，可芙罗拉（因害怕朱庇特惩罚）都拒绝了。最后，朱诺向她发誓，绝不会向任何人透露帮助自己的人是谁。芙罗拉放下心来，随手摘下一朵神奇的花（这朵花有强大的魔力，只需“用它轻触一头小母牛，即便是一头无法生育的小母牛，也会怀孕生崽”）放在朱诺的肚子上——就这样，一段时间之后，在遥远的色雷斯（Thrace），朱诺生下了英勇善战的马尔斯。也正因如此，在马尔斯的儿子罗慕路斯创建新城邦之后，朱诺极力要求给芙罗拉在那里建一所神庙。

据说，后来罗慕路斯的共治者提图斯·塔提乌斯为芙罗拉建立了一座祭坛，但她在阿文廷山上的神庙直到公元前238年才建成。当时，由于经历了多年的干旱和饥荒，祭司们查阅西比尔预言书寻找解决之法。预言提到必须尽快建成芙罗拉神庙，并举办节庆活动来纪念她。于是，从4月底到5月初，一系列庆祝活动相继开展，人们也纷纷加入了这场持续数日的狂欢。奥维德在《岁时记》中有这样一段描述：“人们头戴花环，桌上堆满了玫瑰花。一位狂欢者发间缠着椴树皮，欢快起舞，完全陶醉在了鲜花美酒的世界里。醉意渐浓，他便在美丽的女主人家那白色的大理石门前唱起了歌，头发上沾着片片花瓣……”这几日也会有狩猎活动（但不会猎杀狮子之类的猛兽，因为芙罗拉觉得它们太可怕了）和戏剧表演。关于戏剧表演，奥维德也有深入细致的描写：

> 她喜欢轻松的戏剧表演。相信我，她真的不喜欢悲剧。至于为什么会有一群妓女参加演出，原因也显而易见。她温柔和善，待人谦和。她愿意让平民合唱团为她的献祭仪式诵唱；她愿意让鲜花般的青春尽情盛放它的美。

事实上，当时不仅有裸体妓女的演出。公元68年的时候，还有大象走钢丝的表演。

求爱波莫纳

波莫纳（Pomona）也是一位自然女神，在阿文廷山上有一座波莫纳神庙。芙罗拉是春天女神，而波莫纳则掌管着秋天，保佑粮食多产，瓜果丰饶。她总会精心打理各种花草树木，给它们修剪整形，扦插嫁接，养护灌溉，几乎把所有时间和精力都花在了种植和园艺上。对她而言，没有什么比这更快乐的事了。那是维纳斯永远也无法体会到的快乐。世间凡人皆为她神魂颠倒，牧神潘和萨蒂尔（Satyrs）向她大献殷勤，甚至连森林之神西勒若斯（Silenus）和生殖之神普里阿普斯（Priapus）也苦苦追求于她。但波莫纳拒绝了所有人，整日待在高墙围起的果园里，谁也不见。

从罗慕路斯往前推大概两代人的时间，伊特鲁里亚有一位司掌庭园果树的神，名叫威耳廷努斯（Vertumnus），能够随意变换身形容貌。威耳廷努斯不可救药地爱上了波莫纳，下定决心一定要得到她。在普罗佩提乌斯（Propertius）的诗中，威耳廷努斯说道：

我可以变成羊倌，拿起捕羊竿去抓羊；我能从田间地头推着小车运送一篮又一篮的玫瑰。园子里的瓜果蔬菜、花草树木，无一不是我的杰作。这是我最厉害、最拿手的本事。绿莹莹的黄瓜、胖嘟嘟的葫芦、细绳捆扎好的卷心菜，样样都是我的功劳。田野里的每一株小花都生自我的眉间，只

现存于马德里国立考古博物馆（Madrid's Museo Arqueológico Nacional）的一幅画，画中的威耳廷努斯手持盛满水果的丰饶角。

要有我在，它们就永远不会枯萎。我可以幻化出很多分身，所以，在我们那里人们都称我为“幻化者”威耳廷努斯。

后来，威耳廷努斯把自己变成了一个老妇人，拖着蹒跚的脚步来到了波莫纳的花园。老妇人对波莫纳的园艺大加夸赞，（据奥维德所述）还趁机“用完全不像老妇人的方式”亲吻波莫纳，“没有哪个老妇人会这样做”。随后，老妇人便向波莫纳提起了一位名叫威耳廷努斯的年轻人，并对他赞不绝口，说他年轻英俊，忠实可靠，还醉心于园艺。她劝告波莫纳不要太执拗，不可违逆维纳斯，否则必会招致灾祸……为了让波莫纳更加清楚自己的意图，老妇人又给她讲了特洛伊公主安娜克莎瑞忒（Anaxarete）的故事。这位公主美艳绝伦，深深吸引了伊菲斯（Iphis）。可她一向冷酷无情，无论伊菲斯做什么都无法打动她。最后伊菲斯心灰意冷，上吊自杀了。当这位高傲的公主看到那具冰冷的尸体时，她惊愕不已，动弹不得，只觉寒气从心里蔓延到了全身，最终竟变成了石头。故事讲完了。可即便是这样一个充满深意的动人故事也没有让波莫纳有丝毫动容。唉！威耳廷努斯没有办法，只好褪去伪装，露出了自己的真实样貌——年轻英俊、孔武有力、玉树临风。波莫纳在看到他的那一刻便深深爱上了他。

公元前1世纪之前，威耳廷努斯一直都被看作是古罗马的神。他的枫木圣像和罗马城一样古老，他的青铜雕像正是出自努马的雕塑家马穆里乌斯之手。实际上，威耳廷努斯是公元前3世纪时才被引入罗马。公元前264年，伊特鲁里亚小镇沃尔西尼（Volsinii）落入罗马手中，罗马人便将威耳廷努斯带回罗马城，并在阿文廷山上为他建造了一座神庙，供奉他和他心爱的波莫纳。

利柏耳与自由

阿文廷山的穆尔西亚山谷（Murcia Valley）常年潮湿，多沼泽，是马克西姆竞技场的所在地。那里还有一座重要的神庙，具有更加深远的意义。这座神庙是献给阿文廷山的三位主神的。这三位主神与芙罗拉和波莫纳一样，都是司掌植物生长的自然之神：丰收女神克瑞斯，以及陪伴她的利柏耳（Liber）和利柏拉（Libera，他们也是克瑞斯的孩子）。

很早以前的意大利人都知道，利柏耳擅长酿制各种琼浆玉液，酿制蜂蜜更是拿手。奥维德的《岁时记》中就有相关描述。利柏耳捉来了许多蜜蜂，把它们养在一棵中空的树干里。同伴们品尝了酿出来的蜂蜜后，都赞不绝口。大家伙都来了兴致，纷纷跑进森林里寻找蜂蜜，西勒诺斯也是其中之一。他在一棵腐烂的榆树里发现了一个蜂窝。他不动声色地赶着驴子向前走，尽量不引起蜜蜂的注意，然后出其不意地出手了。突然间，一大群蜜蜂飞了出来，叮了这个老人一身包。他狼狈地从驴子上摔下来，落地时还被驴子狠狠地踢了一脚。很快，他的儿子们（萨蒂尔神）都围了过来，看着西勒诺斯又气又恼的样子都忍不住大笑起来。利柏耳赶紧给西勒诺斯肿起的脸上抹上了药膏。

这个故事最早应该是流传于意大利，但奥维德却将发生地设定在了色雷斯山脉，因为早在公元1世纪初（奥维德创作《岁时记》的时候）之前，人们就把利柏耳与希腊酒神狄俄尼索斯（即巴克斯）对等起来。狄俄尼索斯也是自然丰产之神，但他却更加偏爱美酒。甚至这两位神的名字也很相似：拉丁语的Liber（利柏耳）和狄俄尼索斯的一个祭礼名Eleuthereus都是“自由，不受约束”之意。于是，两位神合二为一，利柏耳不再是克瑞斯的儿子，而利柏拉则跟普洛塞庇娜等同起来。那个时候每当罗马的将领凯旋时，老百姓们都会夹道欢迎，而游行队伍中，紧随巴克斯之后的是来自山野的仙女和萨蒂尔神，他们都是罗马穷苦百姓的代表。

阿文廷山三位主神的神庙是在罗马最后一位国王被流放、罗马共和国建立之后大概一代人的时间内建造的。这个并非巧合。公元前493年，经历了常年的饥荒、战争之后，民众怨声载道。于是，战争首领（也可以叫“独裁者”）奥卢斯·波斯图米乌斯（Aulus Postumius）向民众承诺会建一座神庙。后来，在这座属于雷慕斯的山上，百姓们也像卡比托利欧山上的贵族们一样，拥有了属于他们自己的三位主神。卡比托利欧山上有天父朱庇特，阿文廷山上的天神利柏耳也被人们称为“天父”。

与利柏耳有关的节日

阿文廷山上的三主神也同样供奉在古希腊的厄硫息斯，保佑人在死后可以转世投胎，享有来世。罗马人在纪念天神利柏耳的春日节期间会有祈求来世的做法，但他们更在乎的是现世的快乐。每年的酒神节（Liberalia，3月17日）都会有一位缠着常春藤的老妇人来主持，人们会以粗俗下流的方式找乐子。有人抬着一个巨型阴茎模型（象征着生育能力）走街串巷；还有人唱淫秽歌曲，讲下流段子；临时搭建的舞台上，各种戏剧轮番上演；男孩们也纷纷庆祝自己步入成年。

但有些权贵们却对利柏耳和巴克斯持怀疑态度。尤其是到了公元前186年，一个希腊人（李维称其为“业余祭祀者兼先知”）将“夜间举行的神秘宗教仪式”引入罗马，所有人不分男女都可参加，还可享用美酒佳肴。巴克斯酒神节（Bacchanalias）秘仪渐渐在罗马传播开来，很快就有传言说，这种宗教仪式充斥着酒色与谋杀。当权者也疑虑重重，怀疑这个邪教活动意图推翻国家政权，将其认定为秘密的政治活动。于是，政府便出重金悬赏，告发邪教活动的人都会得到奖励；城门也都派守卫严加看守，以防邪教人员逃跑；共有七千多人受到牵连，许多人到最后都面临着自杀或被处决的命运。后来，巴克斯酒神节的举办时间完全由元老院决定，而且每次新入会人数不得超过五个人。

这次事件中是否真的有政治阴谋很难说，但罗马对这种巴克斯崇拜的反应与它对另外一种东方宗教基督教的反应出奇相似。他们声称，基督教的宗教仪式也是酒色堕落的温床，提倡纵酒和食人肉，必须进行压制；对于那些执迷不改的人必须处以死刑。

巴克斯和阿里阿德涅

巴克斯崇拜虽引起了混乱，但（由于利柏耳名气很大）他在整个罗马还是很受欢迎。在很多镶嵌画和绘画作品中都有巴克斯的身影：有时他是一

在伦敦大英博物馆（London's British Museum）的这幅公元1世纪的浅浮雕上，年轻的天神利柏耳正在跳舞，旁边是敲鼓的女祭司、吹笛的萨蒂尔以及一头腾跃的黑豹。

个面色红润的男孩；有时他会驾乘一头黑豹拉的战车，仙女和萨蒂尔紧随其后；有时他会和伴侣阿里阿德涅一同出现。

雅典王子忒修斯航行到克里特岛杀死人身牛头怪物弥诺陶洛斯时，阿里阿德涅爱上了他，帮助他从致命的迷宫中安全脱身，并与他私奔。她满心希望这会是一段幸福的婚姻。然而，忒修斯在纳克索斯岛抛弃了她。她伤心欲绝，哀叹自己命苦。就在这时，巴克斯远远地看到了她，对她一见钟情，把她带到了天廷，并娶她为妻。若事情就这样结束该多好啊。奥维德写道，后来巴克斯也差点抛弃她。巴克斯去印度参加了一次宗教活动后，像那些得胜而归的罗马将军们一样带着一群俘虏回来了，其中就有一位美丽性感的公主。巴克斯一直和她眉来眼去，难分难舍。对于可怜的阿里阿德涅来说，历史似乎正在重演。她来到海边，又一次哭诉自己的不幸。

利柏耳在一旁听到了她的哭诉（他碰巧遇到了阿里阿德涅并一路跟随）。他把她抱在怀里，吻干她的眼泪，说："让我们一起去最高的天廷吧！你我结为夫妻，我将以我之名许你！从今以后，你便叫利柏拉！"

突尼斯苏塞考古博物馆（Archaeological Museum of Sousse）里的一幅精美的镶嵌画，画中利柏耳乘着一架由四只威猛的老虎拉着的战车，威风八面。

话音刚落，他便把她的王冠变成了一个星座，名叫北冕座（Corona Borealis），利柏拉也从此有了另外一种身份。最开始二人是兄妹，后来是夫妻。即使对罗马人来说，利柏拉也是阿文廷山三主神中极具神秘色彩的一个。

平民暴动

阿文廷山是一座代表城市平民的山，历史上曾经见证过一次（或许两次）彰显平民力量的事件，该事件被称为“平民暴动”。所谓“平民暴动”，就是平民针对统治阶层的大规模罢工运动。各行各业的劳动者们纷纷离开工作岗位，直到诉求得到解决才返岗复工。第一次罢工是在君主制结束之后爆发的，当时国王被驱逐，整个国家动荡不安。阿文廷山三主神的神殿落成前不久罢工就开始了。当时很多人都觉得罗马只不过是从一个糟糕透顶的政治制度换成了另外一个——因为老百姓在与萨宾的战争中早已苦不堪言，在政府中又毫无发言权，同时还背负着沉重的债务，要忍受贵族阶层的残酷剥削。

公元前494年，广大民众放下手中的工具，离开城市，到附近的山里扎营——但历史书中的记载却并不详细，没有人能说得清到底是哪一座山。有人认为是圣山（Monte Sacro），位于古罗马以北大约5千米的阿尼奥河[现在的阿涅内河（Aniene）]附近。也有人认为他们驻扎的地方就是阿文廷山，因为阿文廷山一直都与平民大众有着不可分割的联系。罢工还在持续，似乎看不到什么解决的希望，双方关系也变得越来越剑拔弩张。这时，元老院派来了一名谈判代表阿格里帕·梅内尼乌斯·拉纳图斯（Agrippa Menenius Lanatus）。（用李维的话说）他用“当时浅显易懂、喜闻乐见的方式”给罢工的民众们讲了一个寓言故事：

很久以前，人身体的各部分并不像现在这样是一个团结协作的整体，而是各自为政，凡事都凭自己喜好，不管其他。那时，身体各部分最为不忿的就是自己整天这么辛苦赢得的一切最终却都到了胃里。而胃静静地坐在中间，心安理得地享受着他们的劳动成果。于是他们暗自约定：手不要把食物放到嘴里；嘴巴也不可以吃别人给它的任何东西；就算有食物放进嘴里牙齿也不能咀嚼。可是，就在他们因愤怒而决意要把胃饿扁的时候，其他部位乃至整个身体都开始变得极度疲乏，有气无力。最后，他们终于明白了，胃也发挥着重要作用，它通过血液把自己得到的一切回馈给身体各部分，为身体提供养分(保持每个部位的健康和活力)。胃能通过消化食物来吸收更多养分，并通过遍布全身的血管把养分分配到各个部位。

李维认为，“通过这个寓言故事，他让民众明白了身体各部分之间的这场内讧就像平民对元老院的愤怒一样，从而改变了人们的想法”。但事情并没有那么简单。民众要求元老院成立新的政治机构，即权力强大的保民官，许多未偿债务也被取消。然而，即便如此，事情也并没有得到完全解决。因为在平民暴动期间，农民们都中止了春播，罗马面临着严重饥荒（正如梅内尼乌斯故事里所讲的那样）。经历了数月的混乱局面之后，科利奥兰纳斯（Coriolanus）再也无法容忍让穷人掌权的罗马，最终弃罗马而去，不久后还成了罗马的死敌。

到了公元前449年，民众的不满情绪再次高涨。负责制定法律的十人立法委员会（Board of Ten）成员越来越暴虐无度，独断专行。一个曾经当过保民官的人因公开批判他们的行为而遭到了暗杀，但真正引发暴动的事件与一个女人有关（女人在罗马神话和历史中似乎一直都是重要元素之一）。当时，一名委员会成员掳走了一名漂亮的平民女学生维吉尼娅（Verginia），并让她委身为奴。维吉尼娅的父亲是一名将军。他和维吉尼娅的未婚夫（也曾担任过保民官）一起出面向这位委员会成员讨个说法。后来，此事闹上了法庭，双方激烈争辩之时，维吉尼娅的父亲提出想私下见一下女儿。维吉尼娅被传唤过来后，父亲把她拉到“维纳斯·克罗阿西娜神庙（Temple of Venus Cloacina）旁的马厩里”，然后抓起一把杀猪刀，刺穿了女儿的心脏。他哭喊道：“这是我能护你周全、还你自由的唯一方式！”人群愤怒了，骚乱接踵而至，最终各行各业的劳动者们再次罢工。他们先去了阿文廷山，后又去了圣山，最后回到了阿文廷山。后来，元老院不得不做出新的让步，赋予平民更多的权力，危机才得以平息。

在这之后，阿文廷山也见证过其他类似的暴动事件。公元前121年，深得民心的保民官盖乌斯·格拉古（Gaius Gracchus）——杰出的穷人权益捍卫者，因自己的一些改革政策激怒了元老院，引发了城市暴动，不得不到建于公元前6世纪的狄安娜神庙避难。在那里，格拉古心灰意冷，满怀悲愤，痛斥罗马。随后，他便穿过台伯河，想要逃走。最终，走投无路的格拉古在一片圣林里自杀了。他的三千名追随者也都被处死，尸体被扔进了台伯河。

狄安娜和命运之牛

狄安娜神庙曾见证了罗马历史上一个带来祥瑞之兆的事件（也可能是神话故事）。这座神庙位于阿文廷山，由塞尔维乌斯·图利乌斯（Servius Tullius，公元前579—前535年在位）建立，可与传说中以弗所（Ephesus）的狄安娜神庙相媲美，具有极高的地位。当时，有预言师称若有人能为狄安娜献祭一头小母牛，那么他所在的城邦将会统治全世界。巧的是，在一个有钱的萨宾人农场里正好生了一头体格健壮匀称的小母牛。这个萨宾人认为这是命运之神对自己的眷顾，于是便带着这头母牛来到了罗马，来到了阿文廷山和狄安娜神庙。

他刚要准备献祭时，狄安娜的祭司（听说了这个预言）却阻止了他，说他没有净化自己，是不洁的。祭司要求他先去台伯河清洗净化自己。这个萨宾人觉得一切都要按照神的旨意来，于是他便跑进了山谷，跑到了台伯河边——而那位罗马祭司却趁机将小母牛虔诚地献给了狄安娜女神。（李维写道）“这件事真是做到了罗马国王和人民的心坎儿里。”

阿文廷山的过去和现在

阿文廷山顶海拔不到46米，是罗马最南端的一座小山，与帕拉蒂尼山之间隔着穆尔西亚山谷，最初是台伯河漫滩的一部分。阿文廷山之前也有个名字，叫莫库斯山（Mons Murcus）。当地女神穆尔西亚（Murcia）可能被人们当成了女神维纳斯（Venus Verticordia，心灵转化者），还因此成了守护贞洁的女神。

阿文廷山既是雷慕斯观测神迹的地方，也是他的埋葬地。和罗慕路斯一起统治罗马的萨宾王提图斯·塔提乌斯死后也葬在了这里。在罗马早期，阿文廷山是一片牧场，树木繁茂，几座神庙散落其间。根据历史传统推测（大概率是这样），在公元前7世纪时最早有人开始在此定居。当时罗马的第四任国王安库斯·马尔西乌斯击败并摧毁了拉丁小城波利托里乌姆城（Politorium，靠近拉维尼乌姆），然后将那里的居民赶出城，重新安置到了阿文廷山。这位国王对另外三个拉丁人居住地费卡那（Ficana）、特列涅（Tellenae）和美都利亚（Medullia）也实行了同样的政策。有了这些来此定居的拉丁人，加上紧邻台伯河的地理优势，阿文廷山成为罗马繁荣的商业中心之一。泰斯塔修山（Monte Testaccio，意为“陶片山”）就是对此最好的证明。这座山周长近1千米，高35米，是公元前1世纪至公元3世纪之间形成的一座垃圾场。据估计，这里有产自罗马不同地区的五千三百多万只双耳瓦罐遗骸。事实上，在这座陶片山形成之前，阿文廷山上已经有许多平民百姓定居了，还建了许多神殿和寺庙。

在整个罗马共和国时期——尤其是在公元前456年之后，阿文廷山被划为公共用地，穷人可以在这里分得土地。自此，阿文廷山便与城市平民以及他们争取政治权利的斗争联系在了一起。公元前449年，第二次平民暴动在这里开始也在这里结束。这里也有可能是公元前494年第一次平民暴动的发生地。公元前3世纪，行业协会将自己的总部设在了北部山顶的密涅瓦神庙，紧挨着公元前6世纪时建的那座狄安娜神庙。公元前121年，保民官盖乌斯·格拉古自杀前就是在狄安娜神庙临时避难。现在，穆尔西亚山谷是罗马主要娱乐中心之一马克西姆竞技场的所在地。马克西姆竞技场会举办各种活动，包括戏剧、狩猎，还有精彩的阅兵仪式。这里还以举办战车比赛而闻名（共有四支队伍，每支队伍都穿着不同颜色的衣服，在十五万名观众的呐喊声中沿着赛道呼啸疾驰）。这个竞技场是帕拉蒂尼山的贵族们与阿文廷山的老百姓们“共处一室”，近距离接触的地方。

在罗马帝国时期，由于靠近古罗马广场、帕拉蒂尼山和卡比托利欧山，阿文廷山被当时的权贵们占去，穷苦百姓则迁居到了台伯河对岸。公元49年，克劳狄乌斯将它纳入城址（*pomerium*，罗马的宗教边界）之内。公元410年阿拉里克占领罗马。当时繁华的阿文廷山（那里住着很多信奉基督的有钱主妇）成了阿拉里克最主要的掠夺目标。在这之后，贸易遭受重创。很多码头和仓库都废弃了，阿文廷山也逐渐衰败。中世纪时，阿文

与阿文廷山有关的重要日期和遗迹

公元前753年	雷慕斯观测神迹，死后葬于阿文廷山；罗马建立。
公元前7世纪晚期	战败后的拉丁人被安库斯·马尔西乌斯重新安置在阿文廷山。
公元前6世纪	狄安娜神庙建成。
公元前494年	在阿文廷山（地点还不是完全确定）发生了第一次平民暴动。
公元前493年	奥卢斯·波斯图米乌斯为阿文廷山三主神建立神庙。
公元前456年	阿文廷山被划为公用土地并分配给城市贫民。
公元前449年	第二次平民暴动。
公元前392年	朱诺神庙建成。
公元前264年	威耳廷努斯和波莫纳神庙建成。
公元前238年	芙罗拉神庙建成。
公元前2世纪	密涅瓦神庙建成。
公元前186年	巴克斯酒神节秘仪的“阴谋”。
公元前121年	盖乌斯·格拉古在狄安娜神庙和密涅瓦神庙里避难。
公元49年	克劳狄乌斯将阿文廷山划归罗马城址。
公元410年	阿拉里克洗劫了阿文廷山。
公元422年	圣萨比纳教堂建成。

阿文廷山上原有的大多数神庙等古建筑后来都陆续被新的建筑所取代，就算看了地形图也仍然会让人一头雾水。能让我们一窥阿文廷山昔日辉煌的最佳地点就是**圣萨比纳教堂**。这座教堂是罗马最古老的大教堂，古老的木门上还刻有装饰画，向人们展示了摩西和基督的生活场景，其中还有耶稣受难的画面，算得上是同类作品中年代最久远的。教堂内部的装饰简洁而优雅（大部分早期镶嵌画都已不见了）。从邻近的橘园（Giardini degli Aranci）可以俯瞰整个罗马，那景色可谓美不胜收。橘园东边不远处矗立着

廷山迎来了经济复苏，再度繁华起来。漂亮的教堂一座接着一座拔地而起，豪华的宅院也遍布其中。即便在今天，阿文廷山依然是一片超脱尘世的宁静绿洲。

狄安娜神庙和密涅瓦神庙。再往东南，在建于公元5世纪的圣普里斯卡教堂（Church of Santa Prisca）下面，是**密特拉地下洞窟**（Mithraeum）遗迹，公元400年左右被人为毁坏。附近的那座宅院（建于公元95年，公元110年扩建）可能曾是图拉真（Trajan）皇帝的居所。

阿文廷山周围的景点可不止这些，这里还有**马克西姆竞技场**。其东北边大部分地区现在成了一处公园，平时来的人不多，但其南边的部分在翻新，已向公众开放，非常值得一游。许多游客会从这里沿着圣格雷戈里奥大道（via di San Gregorio）一路向北，穿过**阿卡克劳迪亚水道桥**，经过公元4世纪的**君士坦丁凯旋门**（Arch of Constantine），来到**克洛西姆斗兽场**。这座斗兽场是皇帝韦帕芗于公元1世纪时建造，人性的残暴在这里得到了最淋漓尽致的体现。斗兽场的建筑结构令人刮目相看，但其建筑目的却着实令人不齿。这里就是个屠宰场，无数的男男女女为了娱乐看台上的观众殒命于此，被猎杀的动物更是不计其数。有的人认为，克洛西姆斗兽场应该得到妥善维护，就像后来的那些用作大规模杀戮场的圆形剧场一样。可现在它却被改造成了主题公园。为了避开熙攘的人潮，游客们大多会去参观西莲山下的**尼禄金宫**，那里的壁画和实景展示一定会让你大开眼界，不虚此行。

阿文廷山以南，公元3世纪晚期的奥勒良城墙之外，便是塞斯提乌斯金字塔（基高约30米，高度约为38米），建于公元前18年至公元前12年。公元前30年，奥古斯都打败了埃及艳后，随后罗马便出现了埃及热，凡是埃及的东西都备受追捧。这座金字塔就是最好的证明。阿文廷山以西是著名的**泰斯塔修山**。这是一个堆满了破碎瓦罐的古代垃圾场，高约35米。

庞贝古城外（从埃尔克拉诺门出来）的**神秘庄园**（Villa of the Mysteries）里有许多壁画。巴克斯酒神节秘仪的出现和对利柏耳的崇拜都可以在这些壁画中得到印证。

第十三章
苏布里齐桥和特拉斯提弗列：保卫罗马

“神圣的台伯河，请听我祈祷，”科克勒斯（Cocles）说，“我是一名士兵，请允许我带着我的武器投入您仁慈的河水中！”说完，全副武装的科克勒斯便跳进了台伯河。敌人的兵器纷纷向他投掷而来，可他却毫发无损，安全地游回了战友们中间（这种冒险行为多见于通俗文化，严格意义上来说可信度并不高）。

李维，《历史》，2.10.11

周围的嘈杂与繁忙似乎永不止歇：路上的车辆川流不息，急不可耐地从帕拉蒂诺桥（Ponte Palatino）高高的桥洞下呼啸而过，喇叭声和警笛声不绝于耳；台伯河水从台伯岛两侧急速流过，岛上那些红墙褐瓦的建筑物在清晨的阳光下显得格外醒目。

当然，幽静的地方也是有的。沿着台伯河往下游走一段，在马克西玛下水道（Cloaca Maxima）的出口上方，一名垂钓的男子正弓着背等鱼上钩。鸟儿们或栖息在河边的芦苇荡里，或慵懒地拍打着翅膀从水面翩然掠过。就象棱镜折射后的光线一样，时间似乎也在这里融为一体：现代社会狂热躁动的日子与过去几个世纪缓慢恬静的岁月毫不违和，都渗透在这些历史久远的古建筑上——确切地说，是渗透在这台伯岛上。在罗马共和国晚期，台伯岛沿岸铺了一层石灰石板，外形被切割成了一艘船的形状，其中央是一座高耸的方尖碑，代表着船的桅杆。据说，医神阿斯克勒庇俄斯曾经化身为一条巨蛇登上了台伯岛。后来，人们在这位医神所到之处为他建造了一座神殿。

台伯岛附近的其他地方也有很多传奇的故事。台伯河下游矗立着一座古桥——苏布里齐桥，这座桥将阿文廷山和帕拉蒂尼山下的低洼地区与台伯河远处的河岸（即现在的特拉斯提弗列）连接起来。在罗马早期，特拉斯提弗列尚处于罗马边界之外，位于伊特鲁里亚人属地的边界处，在战争时期这里是一个危机四伏、战乱频发的地方。而且，台伯河虽然可以保护罗马的安全，但如果没有重兵守护，苏布里齐桥就可能会对罗马形成巨大威胁。车马穿过帕拉蒂诺桥可以一路畅行无阻地开到苏布里齐桥附近。关于这座连接两种文化的古桥，历史上留下了太多引人入胜的神话故事，让我们对古罗马人民的英勇无畏、勤劳善良有了更深入的了解。

木桥和稻草人

据说，罗马王政时期的最后一任暴君被推翻后，人们将他田地里的庄稼投入了台伯河，台伯岛因此形成。台伯岛下游几百米处，有一座古桥。罗马共和国早期出现了众多名垂千古的英雄人物，他们的神话传说大多与这座桥有关。这座桥便是苏布里齐桥，罗马现存最古老的桥。苏布里齐桥完全用木头建造，屹立一千多年不倒，将罗马西部和北部与伊特鲁里亚连通起来。

附近的埃米利乌斯桥（Pons Aemilius）建造时间相对晚些，目前只剩下残缺的桥洞，因此也叫断桥（Ponte Rotto）。台伯河水流经此处时，水流最浅最缓。附近的居民自古以来都会从此处蹚水过河，还有人会赶着牛到对岸市场去卖（这个市场就是后来的屠牛广场）。因此，把台伯河上的第一座桥建在此处也算是明智之举。据历史学家称，这座桥由努马（公元前715—前673年在位）始建，在罗马第四任国王安库斯·马尔西乌斯（公元前642—前617年在位）时建成。修建这座桥不仅仅是出于经济目的（台伯河两岸交通从此更加便捷），同时也有重要的军事意义（可以将贾尼科洛山并入罗马，并筑起城墙抵御敌军入侵）。

有人说，这座桥年代如此久远却依然屹立不倒，因此它不可能是一座普通的人造桥，而是伟大英雄留下的杰作。这位英雄就是大力神赫拉克勒斯。赫拉克勒斯赶着从三身巨人革律翁那里偷来的牛从西班牙回来后，便在台伯河上建了苏布里齐桥。这样，他就可以站在桥中央，把二十七个稻草人扔进河里。他用这些稻草人来纪念征途中死去的同伴。他们去世时，赫拉克勒斯没能妥善地安葬他们。现在，台伯河水会把他们带到大海，洋流会带他们回到自己的家园——希腊。

对这一说法，奥维德并不完全赞同。他认为，稻草人确实代表着赫拉克勒斯的同伴，他的目的也确实是希望台伯河能带他们重返家园。然而，当赫拉克勒斯一行经过罗马时，从希腊一路追随他的同伴们都深深地爱上了这个地方，最后决定在罗马定居下来。定居罗马的他们依然深爱着自己的祖国。他们生前都留下遗嘱，叮嘱孩子们在自己死后把尸体从桥上扔进台伯河，这样河水就可以把他们带回老家安葬。可是，等他们真的离世后，儿子们却觉得将尸体扔进河里并非明智之举，最后把他们埋在了拉丁姆。但出于对长辈遗愿的尊重，后辈们还是准备了稻草人并将它们扔进了台伯河中。

每年的5月15日，祭司们和维斯塔贞女都会在罗马城内游行，沿途会经过二十七个神龛（Argei），在每个神龛处都会收到一个稻草人。他们最后会来到苏布里齐桥，把所有的稻草人都扔进河里。没有人记得Argei是什么意思，但这个词听起来很像Argivi（指希腊阿尔戈斯人，赫拉克勒斯就是从阿尔戈斯出发去完成他的十二项功绩的），因此人们便将它与赫拉克勒斯及其追随者联系在了一起，返回家园的神话故事也应运而生。也有人给出了更可怕的解释：这些稻草人是古代罗马用活人献祭的证明，被献祭的人要么是六十岁以上的老人（直接被杀害或安乐死），要么是朱庇特指定的祭品（该祭祀仪式被赫拉克勒斯终结了，其做法与努马在阿文廷山上欺骗朱庇特的做法异曲同工）。

虽然苏布里齐桥的起源说法不一，但它是桥梁建筑史上的一大奇迹这一点毋庸置疑。整座桥没有用到任何金属材质，完全用木结构固定，这种设计通常被认为是神谕的体现。这座桥在人们心中无比神圣，祭司们都要定期对它进行保养和维护。桥身有任何损坏都被认为是不祥之兆，若完全被毁，则必遭天谴。

勇敢的科克勒斯

然而事实上，苏布里齐桥曾经面临着不得不被损坏的命运。傲慢王塔克文被放逐后的几个月里，罗马社会已经形成了新的正气之风。当时，执政官克拉提努斯羞愧于自己名字里有“塔克文”三个字而自愿选择流亡，以免自己的名字玷污了国家。另一位执政官布鲁图斯发现自己的儿子们通敌叛国，于是大义灭亲，当众处死了自己的儿子们。随后他自己也战死沙场。死前，还杀死了流亡国王塔克文的儿子。紧接着，不知从哪里传来一个声音[也许是森林之神西尔瓦诺斯（Silvanus）]宣布了罗马的胜利。布鲁图斯的同僚瓦莱里乌斯·普布利科拉（Valerius Poplicola）运气可就好多了。他带领军队凯旋，驾着四匹马拉的战车穿过整个罗马城，庆祝罗马得胜。后来，罗马历史上所有得胜的将军们都会效仿他的做法，庆祝胜利。

与此同时，塔克文则一直忙于招募盟友，企图夺回王位。他先是找来了维爱和塔尔奎尼亚（Tarquinia）的伊特鲁里亚人帮忙。然后，又向克卢西乌姆的伊特鲁里亚国王拉尔斯·波希纳（Lars Porsenna）求助。当塔克文集结的队伍逼近罗马时，郊区居民纷纷逃离了自己的农场，涌入城市。罗马

一枚公元2世纪的纪念章上刻着霍拉提乌斯·科克勒斯（Horatius Cocles）在战友摧毁木桥后游过台伯河的画面。

市民被召集起来，拿起武器，冲过苏布里齐桥。但他们根本不是伊特鲁里亚人的对手。很快，波希纳军队占领了贾尼科洛山，罗马军队不得不往台伯河边撤退。众人争先恐后地穿过苏布里齐桥回到安全的地方，只有一个人坚定地站在原地，没有丝毫撤退之意。这个人就是霍拉提乌斯·科克勒斯。他深知，罗马人能过桥，伊特鲁里亚人当然也能。若不想罗马被敌人占领，这座桥必须拆除。因此，当战友们从他身边匆忙撤退时，他毫不畏惧地站在原地，以一人之力，抗万人之击。李维是这样讲述这个故事的：

他大声命令道：放火烧也好，工具拆也好，总之要想尽一切办法毁掉这座桥！我会拼尽全力阻挡住敌人的进攻。说完，他便朝着桥对面走去。所有人都在撤退，只有他向着敌人，逆行而去，那背影格外引人注目。他站在桥对面，举起盾牌，拔出剑，做好了近身搏杀的准备。以一人之躯对抗一整支敌军，这非凡的勇气让敌人胆寒。

很快，又有两个战友加入进来，一起对抗伊特鲁里亚人的大军。而在他们身后，罗马人正在拼尽全力拆除这座木桥。眼看桥就要断了，科克勒斯命令他的两位战友尽快撤离，再一次孤身一人与敌人搏杀。就这样，他竭尽全力地砍杀着，格挡着。终于，木桥塌了，桥梁坠入河水的轰鸣声和战友们的欢呼声一起传来。伊特鲁里亚人还在步步紧逼，决意要杀死科克勒斯。科克勒斯便向台伯河神祈祷，然后全副武装地跳入河中。敌人的兵器纷纷向他投掷而来。虽然他臀部受了伤，但还是成功地游到了对岸。心存感激的罗马人重重奖赏了科克勒斯，还在古罗马广场为他立了雕像。虽然李维把这个当作神话故事来写，但科克勒斯冒着生命危险拯救人民的英雄主义壮举，成了舍己为人、无私奉献的光辉典范，而罗马的伟大之处也正在于此（至少道德家们是这样认为的）。

大义凛然的“左撇子”

木桥被毁后，横在眼前的台伯河成了最大的屏障。伊特鲁里亚人便开始在贾尼科洛山扎营，并收集船只为渡河做准备。与此同时，居住在乡下的罗马人纷纷把自家的牲畜和财物撤回城里，以应对即将到来的围城之困。就在这个时候，一个名叫盖乌斯·穆修斯（Gaius Mucius）的人悄悄地泅过台伯河，衣服里还藏着一把匕首。

穆修斯来到贾尼科洛山后，竟然没有人怀疑他是罗马人。那天恰好是发饷日，所有的伊特鲁里亚军队都聚集在一个高台周围，拉尔斯·波希纳就坐在那里，他的秘书也在，正在忙着发放军饷。穆修斯一时间很难分辨哪个才是波希纳。但那个人手握重金的人看上去似乎更重要一些。穆修斯从未见过波希纳，所以最终还是选错了：他手握匕首，跃上高台，刺伤了秘书。当他奋力穿过人群逃跑时，被卫兵抓住，拖到了国王面前——根据李维的记载，穆修斯面对敌人毫不畏惧，大义凛然：

> 我是盖乌斯·穆修斯，罗马公民。你我是仇敌。我来的目的就是要杀了你。我既然敢来，就不怕死。罗马人个个英勇无畏，不屈不挠。

他说，无数的罗马人必将前赴后继，直到他们杀死波希纳——罗马最不缺的就是勇士。这不是战场上的对阵厮杀，这是秘密刺杀。从此刻起，波希纳每时每刻都要小心警惕，哪怕有保镖也无济于事。

狂怒之下，波希纳下令将穆修斯活活烧死。这位罗马人大义凛然地说道："我现在就让你看看，对于心怀家国大义之人来说，这副皮囊又算得了什么！"说完，他便把右手伸入祭坛里熊熊燃烧的火中，面不改色，目光如炬。波希纳被眼前这一幕深深折服，下令放走穆修斯。但临走前，穆修斯撂下狠话：罗马还有三百多个像他一样的人，在任务完成之前是不会善罢甘休的。

不出所料，伊特鲁里亚使臣很快来到罗马要求和谈。元老院虽然拒绝了让塔克文复位的要求，但答应归还战争中抢占的维爱人领土，并以人质的形式来确保双方休战。穆修斯从此被奉为英雄，还得到了台伯河西岸的一块土地作为封赏。不仅如此，他还赢得了一个无比荣耀的绰号：Scaevola，意为"左撇子"，因为他的右手已经废掉了。

勇敢的克洛丽亚

罗马人民英勇无畏的神话故事是一部三部曲。这第三个故事与一位名叫克洛丽亚的女孩有关。克洛丽亚出身高贵，根据和平协议，她作为人质之一被送到了波希纳的军营里。伊特鲁里亚人正不慌不忙地为从贾尼科洛山撤军做准备。克洛丽亚便和同伴们相约到被毁掉的苏布里齐桥附近洗澡。因为正值双方休战期，看守较松懈，守卫士兵并没有随行监视。她们久久地凝视着河对岸，眺望着罗马的方向，心中涌起对家的渴望。她们不顾湍急的水流，奋力游到了河对岸。克洛丽亚则是唯一一个骑在马上的女孩，她一直为同伴们保驾护航，并给她们加油鼓劲。

回到家后，女孩们的父母却很不高兴。罗马第一公民普布利科拉对这种公然违反和平协议的行为倍感愤怒。虽然自己的女儿瓦莱里娅（Valeria）也是人质之一，他还是决定让所有人质全部返回。女孩和她们的仆人就这样被送了回去。然而，当他们快到伊特鲁里亚营地时，塔克文（想趁机挑起事端）伏击了他们，只有瓦莱里娅逃脱了。就在塔克文派人围捕俘虏时，波希纳的儿子阿伦斯（Arruns）赶到了，他将一行人带到了父亲面前。国王不仅没有惩罚这些女孩，反而表现得非常宽厚仁慈。他觉得姑娘们勇气可嘉，询问这场大逃亡的策划者是谁。克洛丽亚迈步上前。波希纳微笑着赏给了她一匹骏马，还配有华丽的鞍辔，（普鲁塔克写道）帕拉蒂尼山下的圣道上耸立着一尊克洛丽亚的骑马雕像，大概就是跟这个故事有关，但（他也提到）有人认为雕像里面的姑娘是瓦莱里娅。

李维也曾用这个故事来赞美罗马人的高风亮节。他写道，克洛丽亚和同伴们为了自由拼尽全力，她们不顾一切地跳入汹涌澎湃的台伯河，在敌人的箭雨中奋力游向罗马。波希纳立刻派了使团要将克洛丽亚带回——至于其他女孩他并不关心。“但是后来，”李维写道，“他对克洛丽亚的感情发生了改变，他对她产生了深深的钦佩之情。他说克洛丽亚的行为甚至比科克勒斯和穆修斯还了不起。他还说，如果克洛丽亚拒不返回，就意味着和平协议遭到了破坏；可如果她回来了，他反而会把她平平安安、毫发无损地送还给她的家人。”

就这样，英勇的克洛丽亚回到了伊特鲁里亚军营。波希纳对她赞不绝口，还许给她一个承诺——凡是她选中的人质，波希纳会直接释放，并把人质和她一起送回罗马。克洛丽亚选了几个尚未成年的男孩子，这样做一方面是因为提太过分的要求不合适，另一方面是因为这些男孩“年纪尚轻，最容易受到虐待”。这位英勇无畏的女英雄将罗马的下一代看得重于一切，就连敌人都对她大加赞赏，佩服有加。她与科克勒斯以及左撇子穆修斯一起，成为罗马人心中忠勇爱国的典范。他们的故事激励着每个罗马人，无论男女老幼，人人都以他们为榜样。

阿斯克勒庇俄斯的到来

在台伯河中央靠近苏布里齐桥的地方，有一座台伯岛上最著名的神庙，里面供奉的是医神阿斯克勒庇俄斯。公元前293年，罗马暴发瘟疫。按照传统，遇到这种可怕的灾祸时祭司们都会去查阅西比尔预言书寻求解决之法。书中透露，罗马需要派出使团去希腊的埃皮达鲁斯（Epidaurus），将医神阿斯克勒庇俄斯从他的圣殿请到罗马来。可是，罗马使团第二年到达埃皮达鲁斯时，却遭到了冷遇。埃皮达鲁斯的祭司们怎么可能心甘情愿地让医神离开呢？当天晚上，使团领队睡着后，阿斯克勒庇俄斯托梦给他，告诉他不必担心，他愿意随他们一同前往罗马。

第二天一早，众人都在医神神庙外祝祷时，一条头戴王冠的巨蛇从圣殿内爬了出来。这巨蛇是阿斯克勒庇俄斯的化身。在场众人都吓呆了。可那条蛇却向他们低下了头，口吐蛇信，朝着长久以来居住的圣殿看了最后一眼，便沿着神庙的台阶爬了下来。巨蛇一路穿过城市街道，向港口爬去。市民们则紧随其后，在它经过的地方沿路撒着花瓣。随后，巨蛇登上了罗马使团的船，一路向西驶向了意大利。备受瘟疫折磨的罗马人得知医神即将到来，蜂拥而出，纷纷挤到台伯河边准备迎接。奥维德在《变形记》中有这样的描述：

台伯河两岸摆满了祭坛，香火很旺，噼啪作响，烟雾弥漫。刚刚宰杀过祭品的刀子上还沾着带有余温的鲜血。终于，医神到达了罗马，来到了这座世界之都。那巨蛇高高地仰起头，将脖子靠在桅杆顶上，环顾四周，寻找着自己中意的落脚处。它看到了一座岛屿，台伯河水在那里分流，仿佛是在张开双臂拥抱着它。

这是罗马人根据希腊雕像复制而成的作品，现存于埃皮达鲁斯的博物馆里。一条圣蛇攀附在医神阿斯克勒庇俄斯身上。

船即将靠近小岛时，巨蛇扑通一声跳进翻腾的河水，逆着水流游到了岛上。上岸后，巨蛇褪去了蛇皮，现出了神的原貌。没过几天，瘟疫就消失了。公元前291年1月1日，阿斯克勒庇俄斯的神庙在岛上落成。事实上，整个岛屿都是献给阿斯克勒庇俄斯的。公元前1世纪，岛上的围墙可能进行过改造，外形如一艘巨船，以此来纪念医神的到来。岛中央还竖起了一座方尖碑，代表着桅杆。后来，人们又在河上建造了石桥，将岛屿与东边的战神广场和西边的贾尼科洛山连接了起来。

被雄鹰加冕

罗马七丘中并不包括贾尼科洛山，但它却比罗马七丘都高（海拔85米）。贾尼科洛山是观测天象的好地方，因此具有重要的宗教意义。就是在这里，一个在罗马历史上有着极大影响力的人收到了来自天廷的信号，从此确定了自己的命运。

鲁卡莫是科林斯贵族德马拉图斯（Demaratus）的儿子。鲁卡莫当年被迫逃离家园，作为难民来到了意大利，定居在塔尔奎尼亚。鲁卡莫虽然很富有，但作为外籍人，他不可能从政为官。于是，他便和贵族出身且能预言未来的妻子塔纳奎尔（Tanaquil）搬去罗马。登上贾尼科洛山山顶时，他们勒住了马车，极目远眺，看到了台伯河、横跨河面的大桥以及远处的罗马城。就在这时，一只雄鹰从天而降，叼走了鲁卡莫的帽子，飞向了高空。随后，雄鹰又俯冲下来，把帽子重新戴到了鲁卡莫的头上。塔纳奎尔高兴地拥抱了丈夫，并向丈夫解释说这是个预兆：老鹰是朱庇特的信使，叼走鲁卡莫的帽子后又重新为他戴上，是在为他加冕，这意味着鲁卡莫将成为罗马的国王。

一切果然如塔纳奎尔所言。在罗马，鲁卡莫将名字改为卢修斯·塔克文·普里斯库斯（Lucius Tarquinius Priscus）。老国王安库斯·马尔西乌斯去世后，罗马人民（都不希望安库斯的儿子继承王位）选举塔克文（公元前616—前579年在位）继承王位。这真是一个明智的选择。在塔克文统治期间，罗马取得了军事上的诸多胜利，统治力进一步加强。塔克文·普里斯库斯（老塔克文）将伊特鲁里亚文化引入了罗马及周边各地，例如男孩子和地方官员穿的镶紫红边的白长袍以及将军们穿的斗篷[又叫帕鲁达门托姆（*paludamentum*）]。此外，塔克文还加固了城市，排干了低洼地的沼泽，在穆尔西亚山谷建造了马克西姆竞技场，并为卡比托利欧山上的朱庇特神庙奠定了基础。在他的领导下，元老院也得到了扩充，新增了一百名小家族成员，其中就包括屋大维家族（其成员盖乌斯·屋大维·图里努斯成为了后来的奥古斯都皇帝)。然而，塔克文的继承人却有许多不尽如人意的地方：他的孙子，傲慢王塔克文，败坏了王权，被驱逐出罗马。随后，罗马开始了新共和国时代。

贾尼科洛山

贾尼科洛山就是雄鹰为鲁卡莫加冕的那座山，该山得名于双面神雅努斯。双面神雅努斯能同时看到前后两个方向；他也是门神，宣告新一年的开始，每年的1月(January)就是以他的名字命名的。罗马帝国后期的哲学家和神学家都把雅努斯(能看到过去并预见未来)看作是通晓一切的宇宙守护神，掌管整个宇宙的时间，也是天堂的守门人。但在平民大众心目中，雅努斯的形象却更加质朴亲民。

这尊精美的双面神雅努斯半身像创作于公元前2世纪，发现于伊特鲁里亚城市武尔奇(Vulci)，现存于罗马的朱利亚别墅伊特鲁里亚国家博物馆。

在《岁时记》中，奥维德讲述了雅努斯与仙女克兰娜（Cranae）的爱情故事。克兰娜是一位贞洁的女猎手，但也特别喜欢戏耍追求者。每当有仰慕者苦苦追求于她，她总会故作娇羞地告诉对方，自己不能和他睡在草地上，但如果他能找到一处僻静的山洞，她会心甘情愿地跟他走。然后，当追求者匆忙离开去寻找山洞时，克兰娜便会找一处灌木丛藏起来。追求她的人再回来时就说什么也找不到她了。

雅努斯见到克兰娜的那一刻，便立刻被她迷得神魂颠倒，对这位冷酷的仙女说尽了甜言蜜语。克兰娜像往常一样，要求他去找一个偏僻的山洞。待雅努斯启程去寻找山洞时，克兰娜悄悄尾随了一段，随后便又故技重施，开始寻找藏身之处。傻姑娘！雅努斯能清楚地看到背后发生的一切！这次你的小把戏可要落空了——他看到了你的藏身之处！你看！我就说嘛。雅努斯知道克兰娜躲在石头下面，便过去一把将她抱在了怀里。雅努斯得偿所愿后，他对克兰娜说："作为酬谢，你将成为铰链女神。这也是对你失去贞洁的回报。"说完，他给了克兰娜一根白色的棘刺，用来将一切霉运从门前赶走。

克兰娜也被称为女神卡纳（Carna），负责照顾孩童，看护凡人的身体和脏腑器官。雅努斯总是喜欢拈花惹草，是出了名的风流浪子，隔三岔五地和仙女们调情，其中就包括朱图尔那和卡马瑟尼（Camasene）。他还和卡马瑟尼生下了台伯里努斯（Tiberinus），台伯河就是以台伯里努斯的名字命名的。虽然风流成性，雅努斯却做出了很多了不起的丰功伟绩，并因此受到人们的崇拜。他是拉丁姆的第一个统治者；萨图恩被朱庇特赶出希腊后，他收留了萨图恩；古罗马广场的雅努斯神庙能让人们了解到战争与和平的讯息：只有在世界上没有任何战争冲突的时候，神庙的大门才会关闭。在奥古斯都统治罗马之前，神庙的大门只关闭过两次。但在奥古斯都统治期间，神庙大门却关闭了三次。后来的皇帝们都会举行盛况空前的关门仪式，借此提醒人们罗马和平年代的可贵。

苏布里齐桥和特拉斯提弗列的过去和现在

古罗马时期的一些作家认为，横跨台伯河的贾尼科洛山是罗马最早有人类居住的地区，是双面神雅努斯的王国所在地。双面神在这里热情欢迎了萨图恩的到来，并让他成为自己的继任者。萨图恩到来后，在卡比托利欧山上为自己建了一座城堡。也有人说，埃涅阿斯的儿子罗慕斯在贾尼科洛山上建造了定居点，并以父亲的名字将其命名为"埃涅阿"（Aineia）。

后来，罗慕路斯打败了维爱人后，特拉斯提弗列这里的漫滩区都被小农场主和农民占去。到了罗马共和国后期，这里也一直都是一片开阔地（有很多庄园）。贾尼科洛山则以其圣林著称，尤其是山顶上女神朱诺的那片圣林，那是她放养圣牛的地方。

苏布里齐桥是罗马第二任国王努马开始建造的，努马去世后葬在了贾尼科洛山上。公元前181年，一场大雨把努马坟墓里的两个石棺冲走，棺盖也脱落了。人们发现，其中一个石棺（里面原本安放着努马遗骸）是空的；而另一个石棺内有十四册书（也可能是二十四册），一半是罗马法，一半是希腊哲学。传言说，努马是毕达哥拉斯的学生。但二人并不属于同一时代，师生关系似乎很难说得通。这些书被发现后，立即被官方收走。在了解了书中内容后，官方认为这些书具有潜在的煽动性，很可能会成为引发动荡的因素，因此便在古罗马广场将所有的书集中烧毁了。

公元前508年，伊特鲁里亚人在拉尔斯·波希纳的带领下入侵罗马，并夺取了贾尼科洛山，意图帮助傲慢王塔克文复位，而霍拉提乌斯·科克勒斯、盖乌斯·穆修斯和克洛丽亚的故事可能只是人们为了掩盖罗马的失败而故意编造出来的。罗马自此也有了一个传统做法，一旦有敌人来袭，贾尼科洛山顶都会升起一面红旗以警告众人。公元前477年，贾尼科洛山顶再次升起了红旗。在屠杀了三百名罗马法比家族成员后，维爱人突袭了罗马，占领了特拉斯提弗列地区，但一年后又被罗马人赶出了罗马。

特拉斯提弗列地区是穆修斯的封地，罗马贵族辛辛纳图斯（Cincinnatus）的农场也在附近。公元前458年，辛辛纳图斯因儿子卷入丑闻而退出政坛。一天，他正穿着短袍在自己的农场耕作，元老院派人找到了他。来者请他换上长袍，并说明了来意：罗马军队在阿尔班山被切断，罗马迫切需要一个“独裁者”（一个完全掌控罗马权力的人，为期一年），而辛辛纳图斯便是元老院的最佳人选。辛辛纳图斯只用了两周时间便击败了敌人。受降时，他让每个战俘从三把长矛组成的“枷锁”下躬身而过，以此来证明他们战败服输。随后，他便卸任而去。十九年后，辛辛纳图斯再次被任命为独裁者，这次是为了平息一场民众起义（花了三个星期）。任务完成后他又辞职了。后来，躬耕不辍、无心权势的辛辛纳图斯成为古罗马优良美德的典范，被后世传为佳话。

公元前287年，最后一次“平民暴动”期间，罗马的穷苦百姓在贾尼科洛山上安营扎寨，并最终争取到了立法权。但几个世纪以来，特拉斯提弗列地区（在古罗马时代，包括台伯岛、贾尼科洛山和梵蒂冈山）基本上都是多和平，少战乱。台伯岛自公元前292年以来一直是希腊医神阿斯克勒庇俄斯的居住地。岛上除了神殿和神庙之外没有其他建筑，这也是台伯岛与众不同的地方。台伯河对岸有许多漂亮的花园和精致的别墅。公元前44年，恺撒遇刺身亡后，埃及女王克利奥帕特拉就搬到了这里，住进了原属于恺撒的庄园。恺撒还留下遗嘱，将自己的花园留给罗马人民。公元前2年，奥古斯都为准备海战角斗表演（*naumachia*）引台伯河水入角斗场时导致一部分花园被淹。海战角斗表演呈现的是海战场面，参加表演的有三十多艘船，数千名划手和三千名士兵。

在罗马帝国时期，特拉斯提弗列地区建起了工厂、码头和廉租屋。来自拉文纳（Ravenna）的消防员和水手们也扎营在此处，他们负责给克洛西姆斗兽场安装遮阳篷。后来，卡利古拉皇帝在特拉斯提弗列地区北部开始建造竞技场。公元64年，罗马大火之后，许多基督教徒作为替罪羊被尼禄处死在这里。公元68年，圣彼得在这里被头下脚上钉死在了十字架上。后来，君士坦丁皇帝在此处建了一座教堂，并以圣彼得之名为教堂命名，这也是第一座以圣彼得命名的教堂。历史上，在特拉斯提弗列地区死去的殉道者也大有人在：公元222年，圣卡利克斯图斯（St Calixtus）在受了鞭刑之后，又被从窗户扔进了井里（扔得算是相当精准了）；公元303年，圣塞西莉亚（St Cecilia，后来成为音乐守护神）和她的丈夫圣瓦列里乌斯（St Valerius，应该是出身于古老的瓦列里家族）先是在附近的公共浴室被人纵火炙烤，接着被杀死在自己家中。

公元410年，阿拉里克洗劫了罗马，特拉斯提弗列也未能幸免。到了下一个世纪中叶，特拉斯提弗列也跟罗马的其他地方一样，基本上处于废弃状态。中世纪时，特拉斯提弗列地区又出现了很多豪华庄园，还有葡萄园。只不过，除了宫殿和别墅，这里还修建了一座座修道院和教堂——尤其是梵蒂冈，发展迅猛，实力不断增强。1849年，加里波第（Garibaldi）为了夺取罗马城，在贾尼科洛山与法国教皇盟军展开激战。1870年，所谓的复兴运动终于取得了胜利，第二年，随着意大利的统一，教皇退回到了梵蒂冈。对特拉斯提弗列来说，政治上的胜利却意味着灾难的降临：一座座花园被掘开，大片考古遗址被砸毁，大批新房屋陆续建起，历史文化古迹被大肆毁坏。人们称为“罗马的毁灭”，也算言之有据。

与苏布里齐桥和特拉斯提弗列有关的重要日期和遗迹

公元前7世纪	鲁卡莫在贾尼科洛山上收到预兆。
公元前642年	安库斯·马尔西乌斯建成苏布里齐桥。
公元前509年	传说台伯岛是用傲慢王塔克文的庄稼堆起来的。
公元前508年	拉尔斯·波希纳占领了贾尼科洛山。科克勒斯、穆修斯和克洛丽亚的故事发生了。
公元前477年	维爱人占领了贾尼科洛山。
公元前458年	辛辛纳图斯从特拉斯提弗列的庄园被召回做独裁者。
公元前292年	医神阿斯克勒庇俄斯抵达罗马。
公元前287年	第三次平民暴动。
公元前181年	贾尼科洛山发现了努马的坟墓。
公元前142年	台伯河上的第一座石桥埃米利乌斯桥（断桥）建成。
公元前62年	法布里奇奥桥（Pons Fabricius）建成，连接起台伯岛和战神广场。
公元前44年	切斯提奥桥建成，连接台伯岛和特拉斯提弗列区；恺撒在自己的别墅里款待埃及女王克利奥帕特拉。
公元前2年	复仇者马尔斯神庙的落成仪式上，奥古斯都在恺撒的花园里举办海战角斗表演。
公元1世纪	特拉斯提弗列开始建廉租房。
大约公元40年	卡利古拉开始在母亲大阿格里皮娜（Agrippina the Elder）的花园建竞技场。
？公元68年	圣彼得在卡利古拉竞技场殉难。
公元69年	苏布里齐桥被洪水冲毁，随后被修复。
公元222年	圣卡利克斯图斯殉教。
公元303年	圣塞西莉亚和丈夫圣瓦列里乌斯在戴克里先遭受迫害期间殉难。
公元319年	君士坦丁开始建第一个圣彼得大教堂。
公元410年	特拉斯提弗列被阿拉里克摧毁，然后遭废弃。
公元537年	哥特人占领了特拉斯提弗列。
552年	纳尔塞斯收复了当时几乎无人居住的罗马。
1849年	加里波第在贾尼科洛山与法军作战。
1871年	意大利统一；“罗马的毁灭”。

19世纪晚期，特拉斯提弗列地区大兴土木，那些古老建筑几乎无一幸存，但许多新建街道还是遵循着旧时老街的布局。加里波第大道上还有一个**古罗马厕所**，而**叙利亚人避难所**旧址就在夏拉庄园（Villa Sciarra）的空地上。这座别墅现在已经改成了对公众开放的公园。这里的**消防军营房**（奥古斯都七世时的消防军相当于警察）也是非常值得一看的地方，经预约可参观。特拉斯提弗列地区风景迷人，游人可以沿着街道悠闲漫步，沿途参

观**圣玛利亚教堂**（据说是罗马最古老的教堂）和**圣塞西莉亚教堂**。圣卡利斯图斯就是从圣玛利亚教堂附近的一扇窗户被扔出去殉教了，而圣塞西莉亚教堂附近就是圣塞西莉亚和她的丈夫遭受折磨的地方。那间浴室的输水管道还在。瓦列里家庄园的花园里还有一个大花瓶（现在改成了喷泉），应该也给曾经的别墅增色不少。还有一个值得参观的地方就是**布拉曼特礼拜堂**（Tempietto del Bramante），就在**蒙托里欧圣彼得教堂**（Church of San Pietro in Montorio）旁边的回廊里。圣彼得大教堂所在的地方就是当年圣彼得被钉死在十字架上的地方。

圣彼得大教堂后面的**梵蒂冈博物馆**（Vatican Museums）是一座古典艺术品宝库，吸引了众多游客前来参观。有时参观的人实在是太多，排着长长的队，也着实让人苦不堪言。赶在博物馆正式开放之前预订“早餐游”则不失为一个好选择（就是有点太贵了）。馆内展品有**帝沃利哈德良塞拉普姆神殿里的雕塑**（sculptures from Hadrian's Serapeum at Tivoli）、哈德良陵墓的**鎏金青铜孔雀**（gilt-bronze peacocks）、**《观景楼的阿波罗》雕塑**（Apollo Belvedere）、公元1世纪**《拉奥孔和儿子们》的大理石雕塑**（Laocoön and his Sons）、尼禄金宫的超大**斑岩水盆**（porphyry basin）、伊特鲁里亚的青铜**特迪战神像**（Mars of Todi）和**奥古斯都《第一门的雕像》**（Primaporta Augustus，右手臂伸展出去，胸甲上雕刻着罗马和平时期繁荣稳定的画面）。博物馆的门票还包含了**西斯廷教堂**（Sistine Chapel）的门票，游客们可以去欣赏一下米开朗基罗的画作，其中就有刻画西比尔预言家的精美作品。

苏布里齐桥和**台伯岛**上的医神阿斯克勒庇俄斯神庙都淹没在了历史长河里，什么都没有留下。据说，曾经的阿斯克勒庇俄斯神庙很有可能就在现在的广场下面[圣巴托勒梅奥教堂（Church of San Bartolemeo）可能就建在神庙的圣井上方，而现在的菲特贝内弗拉特里医院（Hospital of the Fatebenefratelli）也说明了台伯岛自古以来致力于医疗救治的传统延续至今]。残缺的**断桥**清晰地映入眼帘，这座桥就是建于公元前2世纪的埃米利乌斯桥。沿着岛上的石灰石人行道漫步前行，可以从建于公元1世纪的**法布里西奥桥**（现在是一座步行桥）下面穿过。继续前行，还能看到一个船头雕塑，上面雕刻着化成巨蛇的阿斯克勒庇俄斯，以此来纪念医神来到罗马，解除瘟疫，拯救万民的丰功伟绩。

第十四章

古罗马广场：元老院和罗马人民

他来到了罗马，这里有至高无上的权力，有最杰出优秀的罗马人。他参观了古罗马广场和演讲台（在过去是权力的象征），眼前的一切让他有些应接不暇，他深深地被这奇迹般的景象震惊了。

阿米亚努斯 · 马塞林努斯，《大事编年史》（*Res Gestae*），16.10

街头演奏者的音乐清晰地传来。那是一支爵士三重奏小乐队，吉他手正弹奏着喜闻乐见的曲子：《我的太阳》(*O Sole Mio*)、《电话诉衷情》(*I Just Called to Say I Love You*)、《教父》(*The Godfather*) 主题曲等。周围的嘈杂声与这优美动听的音乐形成了鲜明的对比。旁边熙熙攘攘的帝国广场大道（via dei Fori Imperiali）上，兜售廉价商品的小贩们正卖力地招徕顾客。古罗马广场上，导游们也操着不同国家的语言很大声地解说着。他们举着雨伞，肩上的围巾就像系在细金属杆上的横幅，带领着腿脚酸疼的参观队伍穿过现代风格的人行道，脚踩着古老的石板路，从蜜色圆柱和代表着昔日无上权力的废墟旁走过。

游客们从圣道上的提图斯凯旋门下来，绕过灶神维斯塔神庙（Temple of Vesta）和恺撒神庙（Temple of the Divine Julius Caesar），来到古罗马广场。这似乎是现代社会所特有的一种现象：来自世界各地的人们汇聚到这里，人潮不停地涌向卡比托利欧广场。有的人是怀着猎奇的心态为了一偿所愿而来，有的则是在一种“使命感”的驱动下来到这里。对他们而言，这世间有一些事物必须身临其境、亲眼所见才行。旅途结束回到家乡后，他们必将对这一路的所见所闻津津乐道，让那些对罗马的辉煌历史心怀向往的亲朋好友们也可以一饱耳福。

川流不息的旅行团就像吉他手弹奏的音乐一样，循环往复。第二天，又会有新一波游客跟随着导游手中的旗子，走在这石板路上，一如昨日、上周、去年，一如两千年前。两千年前，震天的号角吹响，军靴踩在鹅卵石路上咔咔作响，马蹄踏过石板擦出点点火花，战马喷着鼻息，士兵们放声高歌。来自各地的观众们说着各不相同的语言，都挤在大理石台阶上，恨不能把眼前看到的一切都封存在自己的记忆里（那记忆时间久了或许便会如鲜花一般凋敝，或许又会在将来某个时刻再次浮现于脑海，绚烂绽放）。将士们大获全胜，凯旋，罗马帝国也正在不懈努力，将世界各国人民团结在一起，坚持着同样的信仰，怀揣着同一个信念，拥护着他们心中永恒的真理：在这里，在这一英里见方的土地上，在这个商业、政治和法律的中心地带，人类有史以来最伟大的文明正如同一颗心脏在跳动着，永不停歇。

生死之间

古罗马广场在历史上并非一直是罗马城市生活的中心。早期的古罗马广场所在地是一片青翠的山谷，这里有多处泉眼，清泉从此处流向维拉布鲁姆。维拉布鲁姆是台伯河附近的一处低洼地带，位于卡比托利欧山和帕拉蒂尼山之间。赶上汛期，河水决堤，便会将这一片地区淹没成沼泽。这

这是一幅公元前1世纪的浮雕，画的是马尔库斯·科提乌斯骑着马跃入深渊。

里位于交叉地带，又经常变成泽地，故而在与帕拉蒂尼山相接处建了许多冥界者神的神殿。

后来，古罗马广场甚至被人们看作是冥界的入口。有人说，这个冥界入口就是科提乌斯湖。当年萨宾人与罗慕路斯率领的罗马人激战时，萨宾骑兵梅提乌斯·科提乌斯就是在这里被迫将自己的马弃在了冰冷的沼泽中。也有人说，这个冥界入口有着更可怕但也更辉煌的传说。公元前362年，一次地震让古罗马广场裂开了一道如深渊般的鸿沟。这么深的一条鸿沟用土是根本无法填上的，人们只能求助于占卜师。所有的占卜师都给出了同样的回答：罗马必须将其最宝贵的财富献祭给深渊。但罗马最宝贵的财富是什么呢？众人挖空心思也想不出个所以然，但是（根据李维的生动描述）：

马尔库斯·科提乌斯，一位曾立下赫赫战功的年轻人，站了出来，告诉众人说，罗马最宝贵的财富莫过于兵器和勇气。众人闻言皆陷入沉默。科提乌斯随即转身，面向矗立在罗马广场上的一座座神庙，也面向卡比托利欧山。他先把双手伸向天空，又伸向那巨大的裂缝和那里的诸神，要以一己之身献祭诸神。随后，科提乌斯全副武装，骑上一匹装配华丽的骏马，纵身一跃跌入了深渊。众人也随即将准备好的祭品和水果投了进去。

深渊自此消失，一切恢复了原貌。到了罗马共和国晚期，人们对科提乌斯湖进行了铺垫，水也被抽干。市民们会在这里投掷硬币，为奥古斯都皇帝祈求健康长寿。投币的习俗甚至可以追溯到更久远的时代：当时，这个神秘地带是冥界亡灵出没之地，硬币只不过是给这些亡灵的祭品。

黑石

距离科提乌斯湖不远处的一座神殿也被认为是生者进入冥界的入口。“黑石”（Lapis Niger）是因公元前4世纪时埋在神龛下的黑色石块而得名，石块上还刻有古代铭文。也有人说“黑石”是因公元前1世纪时铺在神殿里的黑色大理石而得名。据说，黑石拥有巨大的魔力，但在奥古斯都时代之前，从来没有人说得清其中缘由。有人称它为“不祥之地”，认为这里原本是为罗慕路斯准备的坟墓（当然，他的尸身并不在这里，而是升入了天堂），后来他的养父福斯图卢斯被葬在了此处。根据公元2世纪时文法学家费斯图斯（Festus）的记载，也有人认为这里是罗马国王图卢斯·霍斯提利乌斯的坟墓，或者也有可能是他祖父霍斯图斯（Hostus）的坟墓。

也有传言说，罗慕路斯就是在这里（不是在战神广场）被心怀不满的元老们杀死了。之所以这样认为，也许是因为这里距离元老院议事堂（Curia）很近，也许是因为这里距离恺撒尸体火化的地方很近。而恺撒火化前，马克·安东尼还在旁边的演讲台上发表了著名的葬礼演讲，在人群中引起了强烈反响。

两场大火

古罗马广场两侧各有一座火神殿。卡比托利欧广场下面的黑石附近也矗立着火神伏尔甘的火神殿。伏尔甘是罗马祖先女神维纳斯的丈夫。当年罗慕路斯和塔提乌斯代表拉丁人和萨宾人在这里达成了和平协议，而火神伏尔甘也成为百姓膜拜的灶神（伏尔甘是男灶神，女灶神是维斯塔）。在伏尔甘的火神殿里，永恒火焰在祭司们的看护下日夜燃烧，永不熄灭。每年的8月23日，人们会庆祝火节，以此来纪念火神伏尔甘。据说，卡库斯（被赫拉克勒斯杀死在洞穴里的那个可怕的食人魔）和心系百姓的国王塞尔维乌斯·图利乌斯都是火神伏尔甘的儿子。普雷尼斯特城（现在的帕莱斯特里那）的创立者卡库鲁斯（Caeculus）是伏尔甘的另外一个儿子。也有人认为，罗马的创立者罗慕路斯也是伏尔甘所生。

古罗马广场对面与伏尔甘火神殿相对而立的是一座优雅的圆形神庙——女灶神维斯塔神庙。埃涅阿斯从特洛伊将维斯塔女神带到了拉维尼乌姆。后来，她又从拉维尼乌姆到了阿尔巴隆加，然后（在罗慕路斯或努马统治时期）来到了罗马。维斯塔因坚守贞洁而备受尊敬。负责服侍她的是六位出身高贵的女祭司，被称为维斯塔贞女（她们都是发誓保持贞洁三十年的少女，若违背誓言，将会被活埋）。但是，（根据奥维德在《岁时记》中的记载）维斯塔也曾差点失去自己苦苦守护的贞洁之身。

有一天，众神之母西布莉邀请所有神仙去艾达山上参加野餐会。大家载歌载舞，饮酒作乐，好不快活。维斯塔却独自一人来到一处小山头，在一片青草地上躺了下来。“花园守护者”普里阿普斯正尾随在仙女和女神们身后，心旌荡漾想入非非之时，看到了躺在草地上的维斯塔：

可能他把眼前这位当成了普通仙女，但也有可能他一眼就认出了她，却假装不知道——色心既起，顾不上那么许多了。他蹑手蹑脚地悄悄爬上山头，心怦怦地跳得厉害。巧的是，森林之神老西勒诺斯牵着驴子到附近的河边喝水。当这位赫勒斯滂海峡之神普里阿普斯正要准备出手时，那头驴子突然嘶叫起来！驴子的叫声吓了维斯塔一跳。她连忙站起身来。大家也都好奇发生了什么，纷纷跑了过来。普里阿普斯只好趁乱溜走了。

6月9日维斯塔节那天，人们会给磨坊和面包房里拉磨的驴子戴上花环，花环上挂着特制的面包。然而，在赫勒斯滂海峡地区，驴子们就没这么幸运了。因为驴子让普里阿普斯的如意算盘落了空，兰普萨库斯（Lampsacus）当地的居民会把它们献祭给普里阿普斯，以平息其怒火。

虽然维斯塔恪守贞洁，但她对阴茎并不陌生，她的壁炉旁常常会出现阴茎幻影。普鲁塔克就曾记载过阴茎幻影出现在阿尔巴隆加的故事：神谕降临阿尔巴隆加，要国王的女儿与它发生关系。可这位公主极不情愿，便移花接木，找来一个侍女替代自己。国王发现后，便要将已经怀有身孕的侍女杀死。这时，维斯塔托梦给国王，阻止了他。后来，侍女生下的双胞胎被丢进台伯河自生自灭，却机缘巧合地被一头母狼哺育长大。这一神话传说与罗慕路斯和雷慕斯两兄弟的故事异曲同工，只不过当事人的名字不同罢了（这位国王的名字叫作塔尔切修斯）。

塔克文·普里斯库斯国王的宫殿就位于古罗马广场旁边。据说，也曾有一个神奇的阴茎幻影出现在宫殿的壁炉旁（这座宫殿也在维斯塔神庙附近）。一个年轻漂亮的俘虏奥克里西亚（Ocrisia）发现了它，立刻报告了自己的女主人。这位女主人就是塔纳奎尔王后，也是一位先知。她意识到可能会有重要的事情要发生。于是，她便命奥克里西亚穿上新娘的衣服，把自己的贞洁献了出去。后来，她生养了罗马的第六任国王塞尔维乌斯·图利乌斯，但奥克里西亚的情人是谁却一直是个谜（或许是家神拉雷斯兄弟中的一个，也或许是火神伏尔甘）。

塞尔维乌斯·图利乌斯之前的罗马国王

塞尔维乌斯·图利乌斯国王的一生与古罗马广场密不可分。但值得注意的是，他之前的数任国王也都在这里留下了印记。睿智而又虔诚的努马（公元前715—前673年在位）最先在帕拉蒂尼山下的平原地带建了自己的宫殿，并将维斯塔贞女从阿尔巴隆加引入罗马（也可能是罗慕路斯引入的）。后来，他又在广场东北的阿尔吉勒图姆（Argiletum）建了雅努斯神庙。好战的图卢斯·霍斯提利乌斯（公元前673—前642年在位）接替努马成为罗马国王。他在古罗马广场上建立了元老院（Curia Hostilia），最终却又传奇般地死去。打败阿尔巴隆加后，他并没有摧毁那里的神庙，但却废止了所有的祭祀仪式。这一做法激怒了朱庇特。朱庇特一怒之下便向阿尔巴努斯山投下巨石。阿尔巴努斯山曾经是朱庇特在整个拉丁地区的神龛所在地，是意大利最早也是最受尊敬的神龛。不久，山顶的圣林中传来仿如天籁般的声音，怒斥这种抛弃信仰、亵渎神灵的做法，要求人们立即恢复从前的祭祀仪式。接下来该怎么做是再清楚不过了。但是，虽然霍斯提利乌斯举行了长达九天的节庆活动，恢复了所有的祭祀仪式，最终还是没能逃得了厄运。瘟疫爆发了。霍斯提利乌斯束手无策，想要亲自举行祭祀仪式来求得朱庇特的宽恕。没成想，他把祭祀仪式搞砸了。朱庇特气愤难当，二话不说便掷出霹雳，把霍斯提利乌斯和他的宫殿都烧成了灰烬。

霍斯提利乌斯的继任者是安库斯·马尔西乌斯（约公元前642—前617年在位）。他在对外扩张的同时，也一直保持着对诸神的虔诚崇拜，但马尔西乌斯最终未能将王位传给雄心勃勃的儿子。当时，公民大会在古罗马广场宣布，由来自塔尔奎尼亚的伊特鲁里亚人塔克文·普里斯库斯（公元前616—前579年在位）担任罗马国王。普里斯库斯是一名优秀的将军，在他的带领下，罗马人击退了萨宾人和伊特鲁里亚人的进攻，扩大了罗马的统治范围，国力得到进一步加强。尤其值得一提的是，他修建了马克西玛大下水道，将古罗马广场的排水管道与一个主管道相连，最后排入台伯河。后来，罗马城为满足更大的排污需求，又新建了一条桶状拱形排污管道。

与阿图斯·纳维乌斯有关的神奇故事

虽然塔克文·普里斯库斯对罗马的统治有神谕在先，但他与大占卜师阿图斯·纳维乌斯（Attus Navius）之间却并没有因此相安无事，反而冲突不断。

普里斯库斯曾提议要增加骑士数量，并以自己的名字为骑士学校命名。纳维乌斯对此极力反对。他认为，必须按老规矩来，不能乱了规矩。若没有占卜到祥瑞之兆，就不可轻举妄动。

普里斯库斯大怒，对占卜师的话不屑一顾，不无讥讽地说道："那好吧，神圣的预言家！我倒要看看你有没有本事占卜出我现在脑中所想的能否成真。"阿图斯随即占了一卦，并给出肯定的回答。"既然如此，"国王说，"那我告诉你，我所想的是，你可以用这把剃刀切断这块磨刀石。来，拿着。卦象上说能做成，那就做给我看。"阿图斯没有丝毫犹豫拿起了剃刀，果真将磨刀石切断了。

这段话的作者是李维。他还在书中提到了纳维乌斯的雕像。这座雕像位于古罗马广场，距离科提乌斯湖和黑石不远，在元老院（故事发生地）左侧。雕像的头是蒙住的。狄奥尼修斯的书中也有关于这座雕像的记载。书中说这座雕像是由塔克文·普里斯库斯命人雕刻的，还将其安置在了那棵"神圣的无花果树附近"。

这棵无花果树的位置也与纳维乌斯有关，其中缘由极具神奇色彩。据说这棵无花果树正是母狼曾经哺育罗慕路斯和雷慕斯的地方。这棵树原本生长在帕拉蒂尼山对面的台伯河畔，但纳维乌斯认为它神圣无比，应该种在古罗马广场的元老院旁。于是，纳维乌斯便把它移到了一处曾经被闪电击中过的地方——因为被闪电击中后这里就被赋予了神的气息。他让祭司们小心翼翼地照料呵护这棵无花果树，以免它枯萎凋敝。一旦枯萎，便预示着罗马的衰落。

塞尔维乌斯·图利乌斯加冕为王

塔克文·普里斯库斯生前的许多事迹都有史可考，但关于他的死以及塞尔维乌斯·图利乌斯（公元前579—前535年在位）继任的传说则大多源于传奇故事。当时，皇宫里住着塔克文、王后塔纳奎尔、他们的女儿吉盖妮娅（Gegania）以及女婿塞尔维乌斯。所有人都很清楚，塔克文正在努力将塞尔维乌斯培养成自己的继承人。之所以选择塞尔维乌斯，一方面是因为他有着过人的天赋，另一方面是因为有神迹表明他就是天选之子。年轻的塞尔维乌斯总有一些超凡脱俗的想法，而且他的头上还总会现出一个明亮的光环——王后塔纳奎尔认为这便是得神护佑的证据。

塔克文在位三十七年后，其前任国王安库斯·马尔西乌斯的两个儿子依然对其怀恨在心，声称塔克文是篡位者。他们还极力阻止塞尔维乌斯继位，以免历史重演。于是，他们派了两个杀手以牧羊人的身份来到皇宫。获准觐见后，他们二人来到王座前，将事先编排好的争吵戏码上演，双方争论不休，都想让国王为此事（纯属子虚乌有）做出判决。正当塔克文专心听取其中一个人的申辩时，另外一人拿起一把斧子向国王的头砸去。

守卫士兵当即抓住了意欲逃跑的刺客。众人关心国王的伤势，纷纷围上前来，但王后塔纳奎尔却遣散了众人。她关紧宫门，招来了塞尔维乌斯，要求他继承王位，并为岳父的死报仇。剩下要做的就是让一切都顺理成章。王后塔纳奎尔从楼上的窗户对等候在外的众人喊话：国王只是受了惊吓（她撒了谎），已经恢复了意识，会慢慢康复，一切都会好起来，但在此期间，塞尔维乌斯·图利乌斯将暂代国王处理朝政。一连数日，他们都靠这套说辞蒙混过关。塞尔维乌斯主持朝政时，有时当堂做出裁决，有时则暂不表态，“待与国王塔克文商定后再予以答复”。与此同时，他也加强了对权力的掌控。后来，塔克文的死讯对外宣布，塞尔维乌斯也顺利地登上了王位，无人对此提出异议。安库斯·马尔西乌斯的两个儿子早就偷偷出逃，流亡到了拉维尼乌姆附近的沿海一带。

塞尔维乌斯·图利乌斯，伊特鲁里亚的麦克斯塔纳？

克劳狄乌斯皇帝曾在其著作中将塞尔维乌斯·图利乌斯与伊特鲁里亚英雄麦克斯塔纳（Macstarna）相提并论，但可惜的是，他的有关作品已经佚失。这位麦克斯塔纳是维本纳（Vibenna）家的两兄弟奥卢斯（Aulus）和卡埃利乌斯（Caelius）的盟友。有人说，这两兄弟曾帮罗慕路斯对抗过萨宾人（公元前8世纪），也有人说他们支持的是傲慢王塔克文（公元前6世纪）。根据克劳狄乌斯的说法，在经历了多次战斗后，麦克斯塔纳带着卡埃利乌斯·维本纳手下的残余部队来到了罗马，并将他们安置在一座小山上。这座小山后来便被称为西莲山。

事实上，麦克斯塔纳的故事应该是出自于极具传奇色彩的民间故事。在武尔奇的弗朗索瓦墓（François Tomb）里有一幅创作于公元前4世纪的壁画，上面画的就是与麦克斯塔纳有关的故事。画面中，包括卡纳卫·塔丘尼斯·卢马奇（Cneve Tarchunies Rumach，可能是罗马的格涅乌斯·塔奎尼乌斯）在内的一群敌军士兵，抓住了麦克斯塔纳、维本纳兄弟俩以及他们的朋友。伊特鲁里亚国王拉尔特·乌尔特斯（Larth Ulthes）悄悄潜进去，将其中几人释放，并给了他们武器。逃出后，他们对擒住自己的人痛下杀手。与此同时，麦克斯塔纳小心地为卡埃利乌斯·维本纳松了绑。遗憾的是，我们并没有发现关于罗马格涅乌斯·塔奎尼乌斯的相关记载，“麦克斯塔纳”可能只是伊特鲁里亚的地方官，相当于拉丁地区的一个地方执法官。我们永远也无从知晓麦克斯塔纳及其同伴对建造弗朗索瓦墓来说到底有什么重大意义，但对克劳狄乌斯时期历史的了解却让那些早已被遗忘的罗马神话和伊特鲁里亚神话再次丰富鲜活起来。

塞尔维乌斯·图利乌斯和福尔图娜

罗马人都信奉幸运女神福尔图娜。也正因如此，一直都顺风顺水的塞尔维乌斯将自己的成功都归功于福尔图娜的保佑：是福尔图娜在他年轻时以火焰环绕其头顶；也是因为福尔图娜的缘故，王后塔纳奎尔让他发誓永不退位。因此，普鲁塔克曾无比虔诚地说道："塞尔维乌斯对罗马的统治完全得益于福尔图娜，事实上他本人是在毫无准备的情况下登上王位的，成为一国之王也并非他本意。"塞尔维乌斯还将福尔图娜奉为自己的守护神，并在卡比托利欧山上为她建了一座福尔图娜神庙。据塞尔维乌斯所言，（就像女神埃格里亚跑去幽会国王努马一样）福尔图娜也会经常到他的宫殿来与他相会，每次都是趁夜色从窗户溜进来。普鲁塔克时代，人们把这扇窗户称为"小窗门"（Porta Fenestella）。

大约公元前120年，一座宏伟的福尔图娜圣殿在普雷尼斯特（现在的帕莱斯特里那）落成。直至今日，圣殿遗迹依然是这座小城最引人注目的景观。然而，在圣殿建成后的一个世纪里，罗马内战不断，国运时好时坏，罗马人深感女神的反复无常。有两位作家就曾对这位女神的善变慨叹不已。

这座大理石雕像是善变的幸运女神福尔图娜，左手持丰饶角。该雕像现存于梵蒂冈博物馆。

公元8年，奥维德不明缘由地失宠于当权者，随后被流放到黑海，心情忧郁，生活凄苦。心灰意冷的奥维德在诗中这样描写女神福尔图娜：她脚踩命运之轮，那飞轮一刻不停，浮沉不定，仿佛空中飘零的一片叶，又恍如轻柔的一缕风，时刻在提醒着人们，“祸福相依，成败难料。……凡人的悲欢离合、祸福成败都悬于那细丝之上；眼看他起朱楼、宴宾客，又眼看他楼塌了，真真是人生无常”。在奥维德之后不久，塞涅卡（后被自己曾经的学生尼禄所杀）也曾这样描写福尔图娜：她“以嘲弄之手扶你坐上王位。……捧之弥高，跌之弥重”。对此，六个世纪前的塞尔维乌斯也许再同意不过了——这位罗马国王最终就是死于自己的亲人之手。

塞尔维乌斯·图利乌斯被谋杀

李维写道，希腊式的悲剧再次在罗马上演。虽是血脉相连的一家人，却也在强烈的嫉妒心和野心的驱使下对至亲之人痛下杀手。塞尔维乌斯早先已为自己的两个女儿（都叫图利娅，是家族女眷的族姓）安排好了亲事，将她们许配给了前任国王塔克文·普里斯库斯的两个儿子（也可能是孙子）。性格强悍的傲慢王塔克文娶了脾气温柔的姐姐，而性格温和的弟弟阿伦斯则娶了性子泼辣的妹妹。但最终，两对夫妻中性格较为强势的那两个却暗生情愫。对此，李维曾这样评论：“邪恶之人仿佛能互相吸引。塔克文和图利娅（妹妹）就是如此，两人当真是臭味相投。”二人私下密谋，图利娅就像那狠毒的麦克白夫人一样，怂恿塔克文作恶。不久，二人的原配被他们害死，先后离世，图谋不轨的两个人最终走到了一起。

图利娅很快就开始觊觎那终极“大奖”：她想让塔克文坐上王位，这样，作为王后，她就可以拥有无上的权力。然而，当时的塞尔维乌斯虽年事已高，但他身体硬朗，毫无体弱多病的迹象。若要取而代之，只能将其推翻，而且必须速战速决，绝不能拖泥带水。塔克文对她言听计从，坚决响应。在做好充分准备后，塔克文瞅准时机，采取了行动。

他在卫兵的守护下，阔步来到古罗马广场，在元老院前的国王专属席位上就座。这一举动让众人目瞪口呆，大惊失色。他命令城里的传令员把元老们召集到国王塔克文面前。随后，他在广场上做了一场演讲，众人听后震惊不已。他说：塞尔维乌斯本就没有资格当这个国王；他对罗马的统治完全违背礼法；他还总是“偷挪”富人的财富来接济那些妄图不劳而获的穷人。没过多久，消息就传到了皇宫。塞尔维乌斯连忙动身前往元老院，想要弄清楚到底发生了什么。“我，名副其实的国王之子，”塔克文回答，“比你这个奴隶更有资格坐在这个王位之上！以你为王，对所有罗马人而言简直就是奇耻大辱！”

元老院顿时陷入一片混乱。民众蜂拥而至，有的支持塔克文，有的拥护塞尔维乌斯。塔克文趁乱将塞尔维乌斯推了出去，致使其摔下台阶，跌落到人行道上。年迈的塞尔维乌斯跌跌撞撞地朝维斯塔神庙和宫殿走去，却在途中被塔克文的护卫追上，惨遭杀害。更残暴的还在后头。图利娅（妹妹）此时也乘车来到了古罗马广场，得意扬扬地称塔克文为国王。当她准备离开时，车夫却突然勒住了马车。只见塞尔维乌斯那残缺不全的身体横在路中央，挡住了他们的去路。李维这样讲述道：

> 亡姐和前夫的冤魂想要伺机报复图利娅，在一旁煽风点火，极力怂恿教唆于她。疯狂的图利娅竟然驾着马车从父亲的尸体上碾轧而过。淋淋血迹黏在了马车上，被她一路带回了住处。图利娅和丈夫的家宅守护神看到这血腥残暴的一幕震怒了。众神的愤怒让塔克文始于暴虐的统治，在不久之后也以同样暴虐的方式被终结了。

刚刚登上王位的塔克文下达的第一条法令就是禁止为塞尔维乌斯举办葬礼。他冷笑道，当年罗慕路斯都是死无葬身之地，何况是这个奴隶出身的国王？由此可见，后来的一切似乎早有预兆。傲慢专横的塔克文以越发残暴的铁腕手段统治罗马，最后终因其子在科拉提亚强奸了卢克丽霞，激起民愤，一群元老煽动起义，将塔克文赶下了王位，从而开启了罗马共和国时代。

狄俄斯库里

惨遭流放的塔克文并没有就此作罢。他纠集了奥克塔维乌斯·马米利乌斯（Octavius Mamilius）的军队从群山连绵的图斯库鲁姆（Tusculum）出发，向罗马进军。罗马军队则在雷吉鲁斯湖（Lake Regillus）列阵迎战。战事初起阶段，胜负难断。马米利乌斯阵亡，但罗马这边也折损了几员大将。罗马主帅担心战败，便命令手下的贵族骑兵全部下马，徒步作战。他坚信，贵族们和平民步兵一样共同抗敌，生死与共，一定会士气大振。这个策略果然奏效。塔克文的军队被击退，罗马共和国得救了。战场上回来的人说，在战斗的最后阶段，他们看到了两个年轻人，身形矫健，英姿飒爽。他们从喷着鼻息的战马上纵身跃下，与敌军厮杀在一起。二人如有神助，大杀四方。狄奥尼修斯是这样讲述的：

> 傍晚时分，战事结束。与此同时，古罗马广场上来了两个年轻人。他们身着盔甲，身姿挺拔，英气勃发。二人年纪相仿，看起来就像是刚刚从战场上回来一般，胯下战马也是大汗淋漓。他们牵着马来到维斯塔神庙附

近的喷泉（朱图耳那泉）给战马洗澡。许多人见到后，都聚拢来向他们询问战场上的消息。二人便向众人讲述了罗马人取胜的过程。然而，(据说)他们离开广场后，就再也没有出现过。后来，人们找遍了整个罗马城也没有发现二人的踪迹。第二天，战报传来，其中竟然也提到了那两位如天兵天将般的年轻人。大家听闻此事，都认为(我们也会这样认为)，上阵杀敌的两位年轻人就是出现在古罗马广场上的两位年轻人，他们都是天神狄俄斯库里的化身。

据说，罗马人为纪念这段传奇故事，在他们出现的地方建了一座狄俄斯库里神庙，而李维对这兄弟俩的故事却有不同的讲述。据他所言，罗马主帅在雷吉鲁斯湖曾立下誓言，若骑士卡斯特能助罗马军队打败敌人，就为他建一座庙，而帕勒克（更擅长拳脚功夫）只是沾了卡斯特的光而已。李维这次的论断显然是失了准头。事实上，狄俄斯库里兄弟俩共同出现并赢得战争胜利的例子可不止这一次。公元前168年，普布利乌斯·瓦提尼乌斯（Publius Vatinius）在从雷亚特（现代列蒂）去罗马的路上，遇到了两个年轻骑士。从这两人口中得知，罗马人刚刚打败了马其顿的珀尔修斯（Perseus of Macedon）。瓦提尼乌斯立即赶到元老院将这一消息告知了元老们。可众元老并不相信，以散布谣言为由将他投入监狱。后来，前线有消息传来，证实了瓦提尼乌斯所言属实。被释放后，瓦提尼乌斯得知，还有其他人也看到了那两个年轻人，他们曾到朱图耳那泉边饮马。更神奇的是，狄俄斯库里神庙的大门不知何时竟神秘地打开了。

在希腊神话中，狄俄斯库里（卡斯特和帕勒克）与海伦（被掳走后引发了特洛伊战争）和克吕泰涅斯特拉（Clytemnestra，在特洛伊战争结束时杀死了自己的丈夫阿伽门农）是同胎降生的兄弟姐妹。他们的母亲是斯巴达王后勒达（Leda）。起先是朱庇特化身天鹅使其受孕，随后她的凡人丈夫廷达瑞俄斯（Tyndareus）又让她受孕。就这样，勒达生下了同卵四胞胎。其中两个孩子（海伦和卡斯特）是不死之身，而另外两个却是肉体凡胎。后来，帕勒克在一次抢牛事件中被杀死，留下卡斯特孤身一人，终日郁郁寡欢。他恨不能陪着帕勒克一起去死，于是便跑去请求朱庇特赐自己一死。朱庇特并没有答应，却给了他另外的选择：兄弟二人既不同生，也不同死，而是轮流在阴阳两界生活，定时切换。

兄弟二人之间的深厚情谊让罗马人深受感动。罗马人的先祖就曾在拉维尼乌姆对他们二人顶礼膜拜（或许是把他们看作了家宅守护神）。因此，在罗马人的神话传说中，狄俄斯库里就是双子星，也是水手们的守护神。他们有时还会伴随着“圣艾尔摩之火”（St Elmo’s Fire）现身。兄弟二人有

这幅牵着战马的卡斯特镶嵌画是公元2世纪的一幅镶嵌画的一部分，现存于埃希哈城市历史博物馆（Museo Histórico Municipal de Écija）。

着悲悯心肠。对此，西塞罗就曾这样评论："自古以来，人类总会怀着感恩之心，将救苦救难的大恩人们当作神一样崇拜。"例如，赫拉克勒斯、阿斯克勒庇俄斯和狄俄斯库里，"他们都被看作是神，因为他们个个高风亮节，德行配位，犹如神祇，即便身死，其灵魂也将永生"。还有一点他没说，那就是他们都是贵族出身——当狄俄斯库里神庙（罗马共和国早期的神庙之一）在古罗马广场落成时，一定有不少平民百姓对他们曾经高高在上的王子身份颇有微词，或许还有人会对他们希腊人的身份难以接受。

古罗马广场上的希腊人

古罗马广场上的其他希腊人也为广场增色不少。大约在公元前300年，罗马使者得到德尔斐神谕，要在元老院前的户外集会场（Comitium）两侧为那些最英勇睿智的希腊人建青铜雕像。考虑到毕达哥拉斯与努马国王的师生关系，他毫无争议地成为最睿智的人选之一。但一个世纪前就去世了的雅典叛徒亚西比德（Alcibiades）也被选中就让人有些意外了。而附近的另一尊雕像是希腊人马西亚斯（Marsyas），他入选为最睿智的人也同样令人感到诧异。

马西亚斯个半人半羊的萨蒂尔神，生活在芦苇丛生的曲流河（River Meander，位于现在的土耳其）河畔。当年，密涅瓦嫌弃自己的乐器阿夫洛斯管（*aulos*，一种类似双簧管的乐器）会让脸颊鼓起，影响容貌，于是狠心将其丢弃。没曾想，乐器竟恰巧被马西亚斯捡到。马西亚斯在这方面极具天赋，技艺之精湛，堪比大师。他也对自己的琴技无比自负，甚至跑去向音乐之神阿波罗发起挑战，还请来缪斯担任评委。一开始，二人不分伯仲，令缪斯很难抉择。后来，阿波罗提议一边唱歌一边用自己的乐器来伴奏。这一招让马西亚斯立刻偃旗息鼓，败下阵来。为了惩罚这个狂妄自大、自命不凡的马西亚斯，阿波罗把他吊在树上，活剥了他的皮。

罗马人都认为这座雕像就是马西亚斯，但现存资料表明，它最初可能是另外一位萨蒂尔神西勒诺斯。这是一座裸体雕像，雕像的左手抓着一个鼓鼓的酒囊，右手向上举起，宣示着国家的自由，旁边是酒神巴克斯扮作了自由之神利柏耳的样子。这座雕像是在罗马政权向城市平民倾斜（虽然微乎其微）的时候建成的，因此后来也成为普通老百姓赢得胜利的象征。

古罗马广场的过去和现在

大约从公元前10世纪开始，遍布沼泽的河谷上缘地区（即后来古罗马广场所在地）成为墓葬区。到了公元前7世纪，人们开始在该地区修建茅屋。现在人们都认为这些茅屋就是努马·庞皮留斯（Numa Pompilius）的宫殿“雷吉亚圣殿”。护佑罗马的圣物——盾牌和长矛就藏在这宫殿里。也有传说称，这座宫殿后来被献给了罗马大祭司，而这位大祭司的职责之一就是对附近神庙里的维斯塔贞女进行监督。公元前7世纪后期，也就是在塔克文·普里斯库斯和塞尔维乌斯·图利乌斯统治时期，人们将沼泽里的水排干，填上土石，修整出了一个较为平整的区域。后来，这片区域被一分为二，一块出于政治目的建成了户外集会场，另一块出于商业目的建成了古罗马广场。

大约在公元前509年傲慢王塔克文流放期间，雷吉亚圣殿毁于一场大火（是否与塔克文的流放有关尚不清楚）。与此同时，紧邻户外集会场的元老院和演讲台成为罗马最重要的政治中心。元老院是由图卢斯·霍斯提利乌斯在一座神庙旧址上建造而成的。这座寺庙是为了纪念罗慕路斯与萨宾人握手言和而建，以高台为基，可免受洪水侵袭；演讲台是面向户外集会场的民众发表演说的地方。大约在公元前498年，古罗马广场两侧各建了一座神庙：一座供奉着萨图恩（农神），另一座供奉着双子神狄俄斯库里（也可能只供奉了卡斯特）。

公元前5世纪几乎没有留下与古罗马广场相关的史料。到了公元前390年，布伦努斯带领高卢人洗劫了古罗马广场。当时，许多年长的罗马人拒绝离开。他们坐在广场上，一动不动，一言不发，静静等待敌人的到来，那场面让人不寒而栗。他们就这样与敌人对峙着，处变不惊，一副泰山崩于前亦岿然不动的姿态。后来，一个高卢人被一位元老的白胡子吸引，忍不住上手摸了一把。这可不得了，那位老人拿起拐杖将他打了一顿。仿佛打破了咒语一般，高卢人借机屠杀了在场的所有人。公元前338年，户外集会场得到重建，年久失修的演讲台也呈现出新的面貌。人们用阿克提姆海战中被罗马舰队击沉的战舰的船头来装饰演讲台。船头又被称为*rostrum*，因而演讲台也被称为Rostra。人们还在附近建了两座神庙，一座建于公元前367年，另一座建于公元前305年，里面供奉的是和谐女神孔科耳狄亚（Concordia）。公元前3世纪中期，广场北侧又新建了一处食品市场（*macellum*）。

公元前2世纪时，古罗马广场上又建起了四座巴西利卡大教堂（basilica），里面还设有法庭以及商业和办公场所。这足以证明，自公元前146年洗劫了迦太基和科林斯之后，罗马的经济达到了鼎盛时期。公元前1世纪时，贵族统治阶层傲慢自大，不可一世（内战的爆发也与此有关），古罗马广场俨然成了象征无上权力的地方。尤利乌斯·恺撒先是在户外集会场旁建了一座巨大的朱里亚大教堂（Basilica Julia）。但他还不满足，随后又在其北边增建了一处广场，其中最主要的建筑要数维纳斯神庙，以此向世人宣示他本人乃至整个罗马都是维纳斯女神的直系后裔。恺撒的继承人奥古斯都也建了一处广场，其核心建筑是复仇者马尔斯神庙。当年恺撒遇刺后，奥古斯都曾立誓，若能成功为恺撒复仇，就会为战神建造一座神庙。奥古斯都所建的这处广场有两个柱廊：其中一侧的凹廊里供奉着埃涅阿斯、阿斯卡尼乌斯、安喀塞斯以及尤利乌斯家族的其他英雄人物（包括阿尔巴隆加的历任国王），而另一侧则是罗慕路斯和罗马共和国伟人们的雕像。广场中央矗立着一尊奥古斯都雕像，乘坐战车，戎装凯旋，雄姿英发。

奥古斯都曾夸耀说，曾经的罗马以砖瓦筑就，而他却用大理石让罗马城焕然一新。他在原来的广场上为尤利乌斯·恺撒新建了一座神庙（这位原本有望成为罗马国王的伟大人物最终惨遭刺杀，其遗体也是在此处火化）。同时，奥古斯都为庆祝阿克提姆海战的胜利，还新建了一座凯旋门。奥古斯都的继任者在此基础上进一步将古罗马广场打造成了一个令人叹为观止的盛大场地，罗马的重要仪式和庆典活动都在此处举行。得胜归来的将士们都会沿着圣道穿过广场，来到卡比托利欧山和奎里纳尔山。罗马皇帝们为寻找更多的扩建空间也是煞费苦心。图拉真皇帝就曾在原有广场（于公元112年落成）的基础上，将卡比托利欧山和奎里纳尔山之间的大部分山脊移除，并于次年在此处建起了一座纪念柱，以纪念与达契亚人之战的胜利。这座纪念柱（是一座图书馆建筑群的一部分）装饰有螺旋形的雕带，高达38米，最高处与原先的地面高度齐平。纪念柱的顶部还曾经矗立着一座5米高的图拉真皇帝雕像。

狄奥多西一世统治时期，古罗马广场遭到了严重破坏。公元393年，狄奥多西一世颁布法令，禁止了基督教以外的所有宗教形式，这也意味着基督教堂之外的所有神庙都难逃被毁掉的命运。后来，哥特人和汪达尔人洗劫了罗马，古罗马广场的命运更是雪上加霜。尽管如此，罗马依然在风雨飘摇中艰苦抗争着。公元470年，演讲台甚至还被扩建了。但是，昔日的辉煌还是一去不复返了。广场上原有的建筑有的被保留了下来改成了基督教堂。元老院议事堂成了圣阿德里亚诺教堂（Church of San Adriano），而安东尼努斯和福斯蒂娜神庙（Temple of Antoninus and Faustina）被改建成了米兰达圣劳伦佐教堂（Church of San Lorenzo in Miranda）。另外有些建筑则成了罗马贵族的宅邸。还有一些神庙被直接拆除，拆下来的石材继续用作建筑材料。到了文艺复兴时期，古罗马广场已是一片废墟，但是充满浪漫气息的废墟。爱德华·吉本1764年来到此处时这样写道：

在这座广场上，罗马人民曾经聚集在一起制定法律，选举执政官。而现在，这里已经成了养花种菜的地方，时不时地还会有猪和水牛在周围闲逛。

此后不久，第一次系统发掘便开始了。经过巧妙修复，今天的古罗马广场成了欧洲极受欢迎的旅游目的地之一，仅2016年一年就吸引了六百四十万游客（比这座古城人口鼎盛时期的六倍还要多）。

与古罗马广场有关的重要日期和遗迹

公元前10世纪	古代墓葬区。
大约公元前600年	古罗马广场所在地进行了初步填平铺就工作。
公元前509年	傲慢王塔克文被驱逐；雷吉亚圣殿被烧毁。
大约公元前498年	萨图恩（农神）神庙和双子神狄俄斯库里神庙落成。
公元前390年	高卢人洗劫古罗马广场。
公元前367年	和谐女神孔科耳狄亚神庙建成。
公元前338年	用船首装饰演讲台。
公元前305年	第二座和谐女神孔科耳狄亚神庙建成。
大约公元前250年	食品市场建成。
公元前184年	波奇亚大教堂（Basilica Porcia）建成。
公元前179年	艾米利大教堂（Basilica Aemilia）建成。
公元前169年	森普罗尼亚大教堂（Basilica Sempronia）建成。
公元前121年	奥皮米亚大教堂（Basilica Opimia）建成。
公元前54年	恺撒大帝开始建造新广场。
公元前46年	朱里亚大教堂（由奥古斯都于公元14年）建成。
公元前44年	尤利乌斯·恺撒重建元老院，更名为元老院议事堂。
公元前2年	奥古斯都建成复仇者马尔斯神庙。
公元82年	提图斯凯旋门建成。
公元112年	图拉真皇帝修建的广场落成。
公元113年	图拉真皇帝修建纪念柱。
公元141年	由安东尼·庇护（Antoninus Pius）建成福斯蒂娜神庙（公元161年安东尼去世后对外开放）。
公元203年	塞普蒂米乌斯·塞维鲁凯旋门（Arch of Septimius Severus）建成。
公元283年	戴克里先在大火后重建了元老院议事堂并保留至今。
公元312年	马克森提乌斯大教堂建成。
公元393年	狄奥多西一世下令关闭非基督教神庙。
公元410年	哥特人洗劫了罗马。
公元630年	元老院议事堂被改建成圣阿德里亚诺教堂。

可以说，意大利历史上所有重要的考古遗迹都汇集在古罗马广场，按照时代不同，层层堆叠在一起，这对于考古挖掘来说并非易事。来此旅行的人需要注意的是，由于很多地方都在修复之中，有些区域可能无法进入参观。

帝国广场大道入口处有一条小路，沿路可以看到初建于公元前2世纪的**艾米利大教堂**（右侧）和建于公元2世纪的**安东尼努斯和福斯蒂娜神庙**（12

世纪改建为米兰达的圣劳伦佐教堂）。一路前行，便来到了**恺撒神庙**遗址所在地。该神庙建于公元前44年，其所在位置可能就是恺撒被火化的地方。西面就是古罗马广场。这里有很多神圣建筑，其中就包括（目前用栅栏围起来的）**科提乌斯湖**（净化之泉），有人还在这里种了一棵“纳维乌斯无花果树”，树旁边是马西亚斯的雕像。再往前就是户外集会场了。那里最主要的建筑要数公元3世纪时的**塞维鲁凯旋门**和**佛卡斯圆柱**，还有**黑石**、**火神殿**以及无比壮观的**演讲台**和**元老院**。穿过凯旋门，沿着小路继续前行便会经过公元前2世纪的**罗马中心原点**（Umbilicus Urbis，被看作是罗马和世界的中心）。转向近180度继续往前走，经过和谐女神**孔科耳狄亚神庙**（初建于公元前2世纪，后由提比略重建）、公元1世纪的**韦帕芗神庙**和公元4世纪的**和谐神柱廊**（这是古罗马广场最后的一座异教神社），最终会到达**卡比托利欧山**。耸立在左边的是公元前5世纪落成的**萨图恩神庙**圆柱。回到塞维鲁凯旋门处，可以看到**尤加利乌斯大街**（Vicus Jugarius）从萨图恩神庙下方穿过，左边就是建于公元前1世纪的**朱里亚大教堂**（从这里可以将整个广场景观尽收眼底）。

从恺撒神庙沿着**圣道**返回，顺着右侧的一条小路穿过**马克西玛下水道**的入口便来到了**狄俄斯库里神庙**（初建于公元前5世纪，但现存的这座是公元6世纪落成的）和**朱图耳那泉**。沿着另外一条小路可以去往**维斯塔神庙**（里面供奉着罗马圣火、雅典娜神像和家邦守护神），旁边是**维斯塔贞女之家**（House of the Vestal Virgins），里面有池塘和玫瑰园。维斯塔神庙与安东尼努斯和福斯蒂娜神庙之间就是**雷吉亚圣殿**的所在地。沿着圣道继续前行，左手边会经过**古墓区**（archaic necropolis）、**罗慕路斯神庙**（这个罗慕路斯并非指创立罗马的那个罗慕路斯，而是马克森提乌斯的儿子，公元306–312年在位）以及宏伟的**马克森提乌斯大教堂**（Basilica of Maxentius）。建于公元1世纪的**提图斯凯旋门**矗立于维利亚（the Velia）山顶，其上的雕刻展现了皇帝攻占耶路撒冷之后凯旋的场面。附近的那处遗址被认为是塔克文宫殿所在地。从这里出发，有多条小路都可以通向帕拉蒂尼山和斗兽场。

罗马的其他广场也不容错过。虽然墨索里尼修建帝国广场大道时对它们造成了一定的破坏，但这些广场现在也越来越受关注。与古罗马广场位于帝国广场大道同侧的是**恺撒广场**和维纳斯神庙。而另一侧有（从西南到东北）：**韦帕芗和平广场**（Vespasian's Forum of Peace，公元75年建成）；**奥古斯都广场**，上面有建于公元前2世纪的**复仇者马尔斯神庙**；图拉真广场（现在可进入参观），高耸的图拉真纪念柱就在那里。此外，**图拉真市场**的半圆形建筑和博物馆（**帝国广场博物馆**）也很值得一去。

第十五章

塔尔奎尼亚：坟墓、国王和难民

经抽签选出来的这群吕底亚人（Lydians）离开了自己的国家，到了士麦那（Smyrna）。在那里，他们建立了一支舰队，将所有能带的东西都装上了船。然后，他们便扬帆出海，去寻找新土地和新生活。最后——在航经众多不同地域后——他们到达了翁布里西（Ombrici）。他们在那里建起了城邦，从此定居下来。他们不再称自己为吕底亚人，而是以带领他们找到新生活的王子之名来称呼自己，他们称自己为第勒尼安人（Tyrrhenian，也就是伊特鲁里亚人）。

希罗多德，《历史》，I.94

大团大团的白云在蔚蓝的天空中飘过。云朵的影子投射在下方的黄土地上，增添了些许灵动与活力。云朵掠过连绵起伏的山丘，飘向山谷。那里有肥沃的土地，土地四周长满了郁郁葱葱的灌木。一排排高大的伞松仿佛站岗的哨兵，在沙土路两旁笔直地挺立着。蓝色地平线处，群山的轮廓在秋日阳光的照射下若隐若现。空气中，海盐的味道混着温暖干燥的泥土气息，向四周弥漫开来。微风送来了阵阵鸟鸣声。空气中处处洋溢着勃勃生机。

平缓的山脊上，绿树葱茏。一只灰猫懒洋洋地躺在阳光下，各种昆虫在草丛里嗡鸣。那些古老久远的生命似乎也在与之应和，久久地在地下回荡，回荡在冰冷的石室深处。沿着潮湿的铁质台阶逐级而下，便来到了一扇扇玻璃门前，玻璃上的指痕依稀可辨。透过玻璃门，那些古老而久远的画面便映入眼帘：海面上漂着一艘赭黄色渔船，渔夫正在蓝色的船头撒网，一群海豚逐船相伴；一位猎人正试图猎捕一群飞翔的鸟儿——它们身覆漂亮的羽毛，或蓝、或红、或白；一群男男女女正随着竖琴和长笛演奏出的悠扬乐曲翩然起舞，他们身侧摆放着一个巨大的花瓶，花瓶里青绿色的花正肆意绽放；在格子顶棚的帐篷里摆放着一张张矮榻，矮榻上铺着黄格、红格和蓝格图案的毯子。宴饮的宾客们手持宽大的酒杯斜倚在矮榻上，几位长发裸体的小伙子正在为他们斟酒。此外，我们还能看到结满黑色果实的橄榄树、羽毛鲜亮的小公鸡，还有豹子。几头长着紫红色皮毛、蓝色鬃毛的雄狮，双眼紧盯着下方，一副蓄势待发的架势。它们所盯之处，几位舞者正围着一棵装饰着丝带的大树扭动着腰肢。另一处，几头狮子正在撕咬一只梅花鹿；一条狗咬住了一个被蒙住头的男人，鲜血从他的胳膊、小腿和大腿处喷涌而出；一个蓝色皮肤的恶魔正在跳舞，手中还抓着一条长着长须、浑身斑点的大蛇。这些年代久远的画面充满了生机和活力，向人们展示着带有神秘和恐怖色彩的生活场景，讲述着那些遥远而古老的信仰。透过它们，我们得以窥见那个充满异域风情的社会——伊特鲁里亚人的世界。

伊特鲁里亚人抵达意大利

传说伊特鲁里亚人和罗马人一样，最初都是从小亚细亚迁来的难民。希罗多德认为，吕底亚人在第二任国王阿提斯（Atys）统治期间遭受了长达十八年的饥荒。当时为应对饥荒，人们发明了骰子、关节骨游戏（一种与骰子类似的游戏）、球类运动以及除跳棋之外的所有竞技项目，以此来减轻挨饿之苦。他们会连续数天沉迷于游戏之中（这样就会忘记饥饿，不用吃饭），然后接下来的几天再吃点东西，如此交替进行。然而，饥荒似乎如影随形看不到尽头。最后，阿提斯不得不以抽签的方式把民众分成两组，一组留下，一组外出逃难。阿提斯留了下来，而他的儿子，第勒纳（Tyrrhenus）则作为难民首领，带领众人一路向西航行。最终（就像埃涅阿斯带领下的特洛伊人一样）他们到达了意大利，在翁布里西这片土地上建造了新的家园[几乎可以肯定的是，翁布里亚(Umbria)这个名字也是由此而来，但据希罗多德所言，翁布里西的领土一直延伸到了阿尔卑斯山]。为了纪念自己的领袖，他们把自己的名字从吕底亚人改成了第勒尼安人。“第勒尼安人”是希腊语，意思就是“伊特鲁里亚人”。

当然，关于伊特鲁里亚人的源起，这并非唯一传说。奥古斯都时代的斯特拉波就认为伊特鲁里亚人就是佩拉斯吉人（Pelasgians，即好战的阿卡迪亚人，从克里特岛到塞萨利，征战整个希腊，期间还将阿尔戈斯和雅典变成了其殖民地），他们最初定居在利姆诺斯岛和伊姆布罗斯岛（Imbros），后来“一些人随阿提斯的儿子第勒纳迁移到了意大利”。公元15世纪时，诗人洛伦佐·维泰利（Lorenzo Vitelli）的说法似乎更偏离事实，他错误地将当时被称为科尔内图姆（Cornetum）的塔尔奎尼亚与特洛伊创始人、达耳达诺斯的父亲科里图斯（Coritus）联系起来。虽然现代历史学家仍然不相信吕底亚人就是伊特鲁里亚人，但科学家们对伊特鲁里亚人基因的研究却有力地证明了这一点。据此，我们甚至可以说：神话故事中也不乏事实真相。

塔吉斯

达尔康是第勒纳的儿子（也可能是兄弟）。他建立了塔尔奎尼亚，伊特鲁里亚人称为塔尔楚纳（Tarchuna）。有一次，达尔康正在肥沃的土地上耕作。突然间，他眼前的一块土块变成了一个小男孩，而且立刻便能口吐人言。他说自己名叫塔吉斯（Tages）。西塞罗援引《伊特鲁里亚编年史》给出以下描述（他本人对此持怀疑态度），虽然看上去是个孩童模样，但是：

> 他具有先知的智慧。看到眼前这一幕，达尔康又惊又怕，大叫了起来。人群围了上来，很快所有的伊特鲁里亚人都来了。塔吉斯便开始滔滔不绝地向人们讲述他知道的一切。大家一边听一边忙着记录。他所说的都是对未来的预言。

就在那孩子侃侃而谈的时候，周围的人也眼见着他迅速变老。待他一番话说完，他已变成了一个虚弱的老人，没多久便死去了，尸体化为尘土，重归大地，但他所讲述的一切却被人们记录了下来。“在此后的岁月里，人们一旦有了新发现，都会依照塔吉斯的预言进行检验，再将通过验证的内容添加到已有的记录当中去”。

实际上，这就是传说中的（内脏）占卜术。经验丰富的占卜师会用宰杀祭品后得到的新鲜内脏来预测未来，这在伊特鲁里亚和罗马历史上都是至关重要的一门学问。他们还撰写了很多关于这种占卜术的书籍。此外，人们还发现了一个绵羊肝脏模型（皮亚琴察肝脏）。该肝脏模型被分成了不同的区域，占卜师可以根据这些区域的健康状况来做出预言。每一个区域都用一位伊特鲁里亚神名字的缩写来命名，共划分出了十六个区域。这些区域可能与伊特鲁里亚的黄道带相对应。

小达尔康和埃涅阿斯

维吉尔也认为伊特鲁里亚人就是吕底亚移民。他写道，达尔康的儿子——小达尔康（Tarchon the Younger）是伊特鲁里亚联邦（Etruscan Confederation）的领袖，也是埃涅阿斯的重要盟友。当时，达尔康正与阿尔代亚的图努斯和卡西里（即现在的切尔韦泰里）那位声名狼藉的伊特鲁里亚国王墨曾提乌斯对战。为了尽快取得胜利，达尔康决定把自己军队的指挥权以及王位让给罗马的伊万德，但伊万德并没有答应。他说，预言早有指示：只有具有外国身份的人才能最终取得胜利。于是，埃涅阿斯便策马奔赴卡西里，在那里，维纳斯送给了他一套由火神伏尔甘亲自锻造的盔甲，还有一面盾牌，盾牌上锻刻着罗马的辉煌未来。在卡西里，埃涅阿斯遇到了达尔康，并与之结成同盟。

《埃涅阿斯纪》里关于达尔康的描述并不多，直到战斗后期才对他有了一些具体描写。当时，在朱庇特的激励下，达尔康在拉维尼乌姆郊外的平原上纵马疾驰，奋勇杀敌。他一把将敌方骑手从马背上扯了下来。虽然敌人奋力反抗，但是还是摆脱不了达尔康的钳制，最后达尔康将一根折断了的矛头狠狠刺入了敌人身体。达尔康的骁勇善战一定会让罗马人感到震惊，因为这与他们一直以来对伊特鲁里亚人的认知并不相符。罗马人对伊特鲁里亚人的看法如何，我们大概可以从达尔康对士兵们的训话中有所了解。这帮士兵得知要与勇士女王卡米拉（Camilla）对阵时，纷纷退缩。达尔康便对众士兵说道：

你们这些伊特鲁里亚人，从来都是贪生怕死，懒惰懈怠！你们在恐惧什么？害怕什么？一个女人就把你们吓成这样，夹着尾巴做缩头乌龟？如果不敢拿起武器战斗，那要武器何用？若论投入温柔乡，没人比你们动作快。若论饮酒作乐，你们也从不甘落后。那好吧，赶紧收拾停当准备好晚上继续欢宴吧，珍馐美酒尽情享用去吧，如果那就是你们的快乐源泉，是你们唯一在乎的东西，那就去吧！不用打仗，什么都不用做，说不定有朝一日天降吉兆，邀请你们去那圣林中赴宴呢。

这幅公元前5世纪塔尔奎尼亚豹子墓（Tomb of the Leopards）的壁画向人们展示了一场正在进行中的宴会。

伊特鲁里亚人的奢靡之风

伊特鲁里亚人向来恪守宗教仪式，对宗教教义烂熟于心，可谓虔诚无比。但同时，伊特鲁里亚人也有一个不好的名声——他们奢靡堕落至极。伊特鲁里亚人大多肥头大耳，大腹便便。公元前4世纪时，至少有两位历史学家对他们这种奢靡堕落的行为给出了相关描述。陶洛米尼乌姆（Tauromenium，今天的陶尔米纳）的蒂迈欧（Timaeus）曾描写过由裸体女奴侍奉的宴会，而希俄斯岛（Chios）的塞奥彭普斯（Theopompus）的描写则更详尽：

> 伊特鲁里亚人共享女人是司空见惯的事。女人们不仅要照料男人的日常起居，还要侍寝，甚至有时女性之间也会彼此赤裸相对(女性对裸体不会感到羞耻)。此外，她们还经常参加宴饮。她们不必陪伴在自己丈夫左右，而是可以跟身边任何一个男人饮酒作乐。她们可以纵情畅饮，尽展风姿。伊特鲁里亚人会共同抚养所有新生婴儿，却从来不知道孩子的父亲是谁。……在各种社交或家庭聚会上……仆人们会先领进来妓女和英俊帅气的小伙，甚至还有已婚女性，供宴会宾客们享用；酒足饭饱后，仆人们又会带来一帮身材健硕魁梧的男人。这些男人会与宾客们交颈而卧，有时就在众目睽睽之下，但大多数时候榻前也会有纱屏遮挡。虽然对女人热情似火，但不得不说，他们更喜欢男孩或年轻小伙。

来自希腊的难民

伊特鲁里亚人声名狼藉，但令人意外的是，依然有人愿意来到塔尔奎尼亚，其中之一就是从希腊最穷困落后的城市科林斯而来的德马拉图斯。据狄奥尼修斯记载，富商德马拉图斯放弃了其他所有贸易伙伴，一直专注于发展伊特鲁里亚市场。后来，其对手库普塞罗(Cypselus)成为科林斯君王，实施残暴统治（公元前657年）。德马拉图斯担心遭到陷害，便将财富悉数装船，驶向了意大利。

德马拉图斯长期与伊特鲁里亚人有贸易往来，结交了许多可靠的朋友，尤其是在繁华的大城市塔尔奎尼亚。于是他就在那里盖了房子，娶了一位出身高贵的女子为妻，并生了两个儿子。他给两个儿子起了伊特鲁里亚人的名字，一个叫阿伦斯，另一个叫鲁卡莫。他用希腊语和伊特鲁里亚语教导两个儿子，并在他们成年后，让他们与贵族家庭的女儿联姻。

虽说德马拉图斯可能是一个真实的历史人物，但与他有关的许多传奇故事的真实性却颇受质疑。传说，他从科林斯带来了三名工匠，Eucheir、Diopus和Eugrammus。三人的名字意为“手艺高超”“目测精准”“制图高手”，因此，许多人认为他们并非真人，只是古代艺术与工艺的化身（当然，也有可能是三位匠人的绰号）。人们还把德马拉图斯看作是将写作引入伊特鲁里亚的大功臣。当时塔尔奎尼亚在艺术和文化领域都出现了兴盛繁荣的景象，但德马拉图斯的到来并不是唯一的原因。像其他伊特鲁里亚城市一样，塔尔奎尼亚此前已与希腊、近东和埃及开始了密切的交流，所有这些都为其蓬勃发展的文化生活做出了贡献。相对而言，德马拉图斯的儿子阿伦斯和鲁卡莫的贡献或许更大，因为他们二人的家族命运对罗马的神话和历史产生了深远的影响。

德马拉图斯的儿子们

德马拉图斯年迈时，长子阿伦斯突然去世。德马拉图斯没有了继承人。于是，德马拉图斯把自己的全部财富留给了二儿子鲁卡莫。富有又心怀抱负的鲁卡莫便想从政。但由于他是移民的后代，并不享有公民权利，进入政坛遭拒。沮丧之余，他了解到，在附近的另外一座城市，移民不仅可以获得公民身份，还可以凭个人功绩获得加官晋爵的机会。于是，鲁卡莫便和妻子塔纳奎尔带着全家人踏上了旅途，去往80千米外的罗马。到了罗马，他改名为卢修斯·塔克文·普里斯库斯（来自塔尔奎尼亚的卢修斯），成为罗马第五任国王。但是，卢修斯并没有忘记塔尔奎尼亚。斯特拉波这样写道：

> 卢修斯跟自己的父亲一样，都为塔尔奎尼亚带来了兴盛繁荣：其父德马拉图斯是借助自己从科林斯带来的工匠，帮助塔尔奎尼亚走向繁荣；而卢修斯则是借助罗马的丰富资源推动了塔尔奎尼亚的发展。据说，人们在庆祝胜利时所穿的华服以及执政官和其他统治者所穿的礼服都是从塔尔奎尼亚传到罗马的。此外，束棒、斧头、小号、祭祀仪式、占卜术以及罗马流行的各种乐曲也都是从塔尔奎尼亚传入的。

然而，阿伦斯去世时，他的妻子刚刚怀上了一个儿子，所有人都对此一无所知。这个孩子（因德马拉图斯修改了遗嘱）并没有继承权。于是，这个孩子便得名埃格里乌斯（Egerius，意为“穷困之人”）。没有人知道他的童年是怎样度过的，但他后来也去了罗马。在罗马，他在自己叔叔（即当时的国王塔克文·普里斯库斯）的军队中当差。后来，塔克文为迫使萨宾的科拉提亚投降，还任命埃格里乌斯为驻军指挥官。然而，似乎是上天注定，埃格里乌斯家族最终毁掉了他叔叔的家族，终结了他们的统治。埃格里乌斯的儿子卢修斯·塔克文·克拉提努斯娶了卢克丽霞，而卢克丽霞被当时的罗马王子塞克斯图斯·塔克文强奸了。此事带来了连锁反应，最终导致罗马国王被推翻，罗马共和国自此诞生。因此，可以说德马拉图斯家族的一个分支因专横傲慢而备受唾弃，但另一个分支却被称赞为解放罗马的功臣。

即便如此，这两个家族分支的命运却是相似的。虽然罗马人民选举塔克文·克拉提努斯为罗马首任执政官，但是他的名字还是会让人产生不好的联想——因为，据李维所言，他们认为“这是不祥之兆，是对自由的诅咒”。克拉提努斯眼看自己地位不保，甚至连自己的同事布鲁图斯和岳父卢克莱修（Lucretius）也都敦促他离开罗马。就这样，德马拉图斯王朝的最后一员辞去了执政官的职务，举家迁到了拉维尼乌姆，作为流亡者在那里生活。

彩绘墓

伊特鲁里亚的文学作品都消失在了历史长河中，无一留存至今。虽然皇帝克劳狄乌斯写了长达二十卷的《伊特鲁里亚史》（*History of the Etruscans*，希腊语），但伊特鲁里亚人的文化痕迹却被罗马人抹去了（显然是故意为之）。因此，我们对于伊特鲁里亚人的了解大多是基于对其现存艺术品和手工艺品的研究，而这些艺术品和手工艺品中绝大多数是在塔尔奎尼亚发现的。那里共有六千一百座古墓，时间跨度达四百年（大约从公元前600年开始）。许多古墓上方原本都有圆形的坟丘，其中大约有两百座是彩绘墓。

这些古墓中的彩绘壁画都充满了勃勃生机，焕发着生命的光彩：画里有舞者、欢宴之人，还有运动员、渔民和猎人等。他们所处的环境，要么繁花似锦、树木繁茂，要么碧海汪洋、浩瀚无边，还有跃出水面的海豚、翱翔于天空的飞鸟，以及潜行觅食的动物。但这些画面所代表的是现世（逝者生前的生活）还是来生尚无定论。有人认为这些画面展示出来的是草木之神弗福伦斯（Fufluns）让万物重生的力量。对于伊特鲁里亚人而言，弗福伦斯就相当于酒神狄俄尼索斯（巴克斯），甚至还流传着许多与此相关的传说，其中就有塞姆拉［Semla，希腊神话里的塞墨勒（Semele）］的儿子与被抛弃的阿里阿塔公主（Areatha，即阿里阿德涅）结为夫妻的传说。

壁画中还有一些场景却着实令人感到费解。例如，公牛墓（Tomb of the Bulls）里，[阿喀琉斯在特洛伊伏击特洛伊罗斯（Troilus）的那幅画上方]画着一头凶猛的公牛正冲向一对交颈而卧的夫妇；占卜者之墓（Augurs' Tomb）里则画着一个手持棍棒、头被蒙住的人正被一只黑狗撕咬。黑狗的项圈上有一颗长钉，被长钉刺痛后会变得更加疯狂。而旁边的那个人（标注

塔尔奎尼亚公元前6世纪的占卜者之墓中，一个被蒙着头部的人正遭到一条狗疯狂撕咬，牵狗绳的人是长着长胡子的“费尔苏”（Phersu）。

为Phersu）正试图用绳子刺激（也可能是要捆住）那只狗和受害者。Phersu一词是否与拉丁词*persona*（面具）有关？是否意味着这个人是一位表演者呢？但那位受害者身上的鲜血和痛苦的表情却又那么真实。那么，画中场景是否是后来在罗马露天竞技场流行起来的血腥角斗表演呢？也可能Phersu是一个神话人物——会不会是卡戎呢？可以肯定的是，在露天竞技场扮作卡戎的侍从们都会用沉重的木槌将人活活打死，然后把他们的尸体拖下舞台。在其他坟墓的壁画里，卡戎身边还会有手握大蛇的图丘查（Tuchulcha）或者引渡亡魂去往冥界的女神万特。与希腊神话中的阴间使者卡隆不同，伊特鲁里亚神话中的卡戎并不是摆渡人，而是冥界入口的守护者。有时在坟墓里会见到一道彩绘门，它代表的就是冥界入口，活着的人是无法通过的。

几个世纪以来，这些壁画的风格也在发生着变化。起初，画面里充满近东或希腊的民俗风情。到了公元3世纪时，便开始出现很多阴沉冰冷、穿着托加袍的新罗马执法官，画面内容也大多一成不变，壁画的完成情况大不如前。到了公元前200年，彩绘墓时代终结了，但那个动荡不安的年代却远没有结束。到了中世纪，古墓里的许多陪葬品都被抢劫一空——1489年，教皇英诺森八世（Pope Innocent Ⅷ）曾下令搜寻古墓里的黄金宝藏。1546年，当地人被迫上交了2000千克的伊特鲁里亚金属制品。这些金属制品重新熔炼后被用来建造罗马的圣约翰拉特朗大教堂（Basilica of St John Lateran）。在接下来的几个世纪里，彩绘墓被人们发现，并陆续绘制了更多壁画，但一位18世纪的游客曾感叹道：

石窟刚被打开时，这些壁画看上去美轮美奂，宛如新作。但随着空气的进入，几年时间内，一切都消失了，墙面也变得潮湿易碎。

1822年，当地官员卡洛·阿伏塔（Carlo Avvolta）打开一座坟墓时看到：

一位武士躺在沙发上。可仅仅几分钟的时间，他便以肉眼可见的速度腐坏了。随着越来越多的空气进入坟墓，他的盔甲氧化得越来越厉害，慢慢分解成微小的颗粒，最终我眼前所看到的一切都几乎化为乌有。

这个古墓尸体迅速腐坏的故事着实耐人寻味。首先，它让人联想到了塔吉斯，那个在田垄间出现的神童，在一天之内迅速衰老，夜晚降临时生命也到了尽头，重归于尘土之中。此外，随着消息的不断传播，那些喜欢给考古赋予浪漫色彩的考古学家们也便有了先例可循。1876年，海因里希·施里曼在迈锡尼（Mycenae）发掘出一个黄金面具。他声称，面具下面那张脸历经三千年依然完好无损，可很快就腐烂成了粉末。他还说："我曾凝视过阿伽门农的脸。"

随着古墓名声大噪，各路寻宝者在博物馆和古董收藏家的赞助下，洗劫了坟墓，带走了大量画作，还炸掉了剩下的部分以销毁证据。到了19世纪40年代，十九座彩绘墓有了专门的监管人。1875年，当地还建了博物馆并对外开放（1916年转移到现在的位置）。1949年至1960年，人们把七座古墓中的画作（包括博物馆中的四幅）转移到能控制温度和湿度的环境中。然而，非法挖掘仍在继续。1986年，一个名叫路易吉·珀蒂卡拉里（Luigi Perticarari）的强盗甚至专门写文章，吹嘘自己曾用电锯盗取过壁画。

塔尔奎尼亚的过去和现在

蒙特罗契（Monterozzi）墓葬群最早出现于公元前3000年，但直到公元前1200年左右，塔尔奎尼亚周围的山顶上才出现了村落（那时，达尔康已经从吕底亚来到了塔尔奎尼亚）。铁器时代[维拉诺瓦时代（Villanovan Period）]，棚屋开始大量出现。但到了公元前8世纪，主要居住地迁到了奇维塔（Civita），而蒙特罗契则成了埋葬死者的地方。当时，距离大海6千米的塔尔奎尼亚，与大陆伊特鲁里亚联盟城市以及近东地区[通过格拉维斯卡港口（Gravisca）]都保持着密切的文化和贸易联系。人们当时还建了神庙，里面供奉着尤尼（Uni，朱诺）和图兰（Turan，维纳斯），其建筑结构越来越复杂。到了公元前650年（此时，德马拉图斯从科林斯来到了塔尔奎尼亚），当地公共建筑的屋顶开始使用陶土瓦（此前三十年希腊才刚刚出现陶土瓦）。

公元前6世纪，塔尔奎尼亚达到鼎盛时期。人们筑起了高高的城墙，在达尔康见到预言神童塔吉斯的地方修建了女王祭坛（Ara della Regina）。蒙特罗契墓葬群的第一座彩绘墓出现在公元前600年左右。墓中的财宝、画作和陪葬品都表明，当时的塔尔奎尼亚与希腊有着密切联系。当时，塔尔奎尼亚的人口在14500到25000。根据李维书中的记载，当时的塔尔奎尼亚人都"认为由具有伊特鲁里亚血统的人统治罗马无疑是件好事"。公元前509年，傲慢王塔克文被驱逐，这让塔尔奎尼亚人无比恼火。于是，他们与维爱人结成联盟，在阿尔西安森林之战（Battle of the Arsian）中共同对抗罗马。最终，从西尔瓦诺斯的森林中传出一个神秘的声音，宣告他们战败。公元前474年，一支伊特鲁里亚舰队（可能也包括塔尔奎尼亚的战舰）在库迈被

公元前4世纪的精致陶塑《塔尔奎尼亚翼马》，该陶塑曾是女王祭坛山墙上的装饰。

叙拉古人击败，贸易航线因此中断。

罗马于公元前396年攻占了维爱。公元前390年高卢人入侵罗马。在这之后，虽然伊特鲁里亚沿海城市屡遭叙拉古人滋扰，但塔尔奎尼亚与罗马的关系却再次恶化。公元前358年，塔尔奎尼亚人打败了一支罗马军队，在祭祀仪式中屠杀了三百零七名俘虏。第二年他们又再一次大败罗马人。李维描述道：罗马军团的士兵看到“伊特鲁里亚祭司像复仇女神一般，手中舞动着长蛇和熊熊燃烧的火把”，顿觉心惊胆寒。公元前353年，战争形势发生逆转，罗马人俘获了三百五十八名塔尔奎尼亚囚犯并把他们带回到古罗马广场。所有囚犯被执行鞭刑并斩首。

后来，伊特鲁里亚的卡西里（切尔韦泰里）与罗马结盟，塔尔奎尼亚成为该地区最主要的独立城邦。也就是在那时，女王祭坛出现了许多陶塑装饰，其中就有华丽精美的翼马陶塑。然而，塔尔奎尼亚无力与仅80千米之遥的罗马持续对抗。公元前205年，在第二次布匿战争期间逃过一劫的塔尔奎尼亚人，正召集妇女们为罗马统帅西庇阿（Scipio）制作风帆。西庇阿随后在扎马战胜了汉尼拔（公元前202年）。此时，最后一座彩绘墓也关闭了。

罗马统治下的塔尔奎尼亚是一个毫不起眼的偏远小镇，但也有杰出的塔尔奎尼亚人曾担任过元老院的元老。同时，（内脏）占卜师们也依然具有较大的影响力，曾警告恺撒“3月15日那天要格外小心”的斯普林纳（Spurinna）可能就来自塔尔奎尼亚。一直到公元408年，（内脏）占卜师依然发挥着重要作用。当时，面临阿拉里克威胁的罗马曾最后一次向占卜师求助。在这之后，塔尔奎尼亚的历史便无从查考。到了公元549年，格拉维斯卡港被完全弃用。1307年，奇维塔落入其邻邦科尔内托（Corneto）手中。科尔内托是建在蒙特罗契山脊东部边缘的一座小城。这之后不久，阿雷佐（Arezzo）的多梅尼科·班迪尼（Domenico Bandini，1335—1418年）来到科尔内托，他这样描写道：

> 这个小城格外与众不同。城内有多处塔楼，四周有双层外墙环绕。一座小山与远处的大海遥遥相望。这里是塔尔奎尼亚的所在地，统治罗马的塔克文家族就诞生于此。但曾经的城邦，现在只剩下名字和一片废墟。

古墓的发现吸引了大量的游客和盗墓者前来。科尔内托在1922年更名为塔尔奎尼亚，并建了一座漂亮的博物馆。尽管现存文物受到相关法律保护，但盗墓者们的非法交易却还在进行。

与塔尔奎尼亚有关的重要日期和遗迹

大约公元前3000年	蒙特罗契出现第一座石墓。
大约公元前1200年	伊特鲁里亚人从吕底亚迁移而来？塔尔奎尼亚周围的山顶出现定居点。
公元前8世纪	奇维塔成为主要的居住中心。与近东和大希腊（Magna Graecia）地区有文化交流。
大约公元前700年	出现第一座墓室。出现了产自雅典或科林斯的陶器。
公元前657年	德马拉图斯来到塔尔奎尼亚。
公元前600年	出现第一座彩绘墓。
公元前6世纪	城墙、神庙和港口建成。蒙特罗契成为主要的墓葬区。
公元前359—前353年	与罗马征战。
公元前308年	与罗马休战。
公元前281年（也可能是公元前268年）	成为罗马联邦的一部分。
公元前205年	妇女们为西庇阿制造风帆。
大约公元前200年	最后一座彩绘墓。
公元前181年	格拉维斯卡港成为罗马殖民地。
公元前90年	塔尔奎尼亚成为一个完全罗马化的城镇，由罗马人管理。
公元161年	建造了浴室。
1006年	科尔内托成为一座有防御工事的城镇。
1307年	科尔内托击败了奇维塔。
1489年	蒙特罗契葬墓群遭到第一次现代“挖掘”。

女王祭坛就在奇维塔山脊之上，一段带城门的**城墙**还依然耸立在此处。更令人叫绝的是蒙特罗契山脊上的彩绘墓，就位于现代的塔尔奎尼亚附近。这里的古墓都是轮流对外开放，以保护其不受太多光线、空气和游客的影响。古墓就在一座座小棚屋的下面。顺着金属楼梯（有时会比较滑）逐级而下，一直走到楼梯尽头，便来到了透明玻璃门前。玻璃门将墓室封闭起来，游人禁止入内。这里的电灯有定时开关，若要专人操控还是很麻烦的。找个人同去不失为明智之举。如若无人相伴，也不必强求，彩绘墓一定会让你不虚此行。

主要的墓室有：**杂耍者之墓**（Tomb of the Jugglers，一个女人头上顶着一个花瓶）——在距离售票处和咖啡馆（味道不错）最近的地方；**渔猎者之墓**（Tomb of Hunting and Fishing）；**猎人之墓**（Tomb of the Hunter，画面中像是一个帐篷，画里有各种动物和骑士）；**母狮之墓**（Tomb of the Lionesses，有乐师奏乐，舞者起舞）；**普尔塞拉之墓**（Tomba della Pulcella，唯一一座沿着原有墓道可直达的古墓）；**豹子墓**（有宴饮和演奏音乐的场景）；**恶魔阿苏里之墓**（Tomb of the Demon Azurri，冥界场景）；**卡戎之墓**（Tomb of the Charons，守卫冥界之门）。地面上还有几座铁器时代的坟墓以及相关标志物。

塔尔奎尼亚还有一座特别棒的博物馆——**塔尔奎尼亚国家博物馆**（Museo Nazionale Tarquiniense）。该馆坐落在建于公元15世纪的维特莱斯基宫（Palazzo Vitelleschi）。馆中主要藏品有：公元前7世纪和公元前6世纪古墓外墙上的**石刻浮雕**，展示了希腊神话中的各种元素和场景；**石棺**上面有关于战争场面的雕刻或彩绘（包括希腊人与亚马逊女人族和半人马族的两场战争），其中一个石棺的顶部还刻有地狱犬刻耳柏洛斯；希腊花瓶的瓶身上绘有**狄俄尼索斯**、**狄俄斯库里**、**朱庇特和欧罗巴**（Jupiter and Europa），还有各式各样的性爱场面；**精美的翼马陶塑**曾经是女王祭坛山墙上的一部分，现在则陈列在为其专门打造的展室里。蒙特罗契墓葬群的几座古墓也在该馆得以重建，包括**盛宴者之墓**（Tomb of the Triclinium，画面里舞者正跳得如醉如痴，一只猫在卧榻下面追着鹧鸪玩闹）；**战车之墓**（Tomb of the Biga，有战车比赛及撞车的画面）；以及**船墓**（Ship Tomb，画面中详细刻画了一位伊特鲁里亚商人）。

当地的另外一座伊特鲁里亚城市是卡西里（即**切尔韦泰里**）。那里的**班达西亚墓地**（Necropolis of Banditaccia）中有一些古墓看上去类似于铁器时代的棚舍，其他古墓则正对着纵横交错的宽阔街道。许多墓室内都有精美的雕刻。尽管幸存的画作很少，但公元前4世纪晚期的**浮雕墓**（Tomb of the Reliefs）中有许多生动的彩绘浮雕。这些浮雕描绘的都是人们的日常生活，展示了伊特鲁里亚人在家里的生活画面。**切尔韦泰里国家博物馆**（Museo Nazionale）以交互方式进行展示，里面收藏了大量希腊陶器。其中的重要藏品有**欧弗洛尼奥斯陶瓶**（Euphronios Krater），上面画着死去的特洛伊英雄萨耳珀冬（Sarpedon）被睡眠之神和死亡之神从战场上救起的画面；还有一件珍贵的藏品是**基里克斯陶杯**（kylix），也是欧弗洛尼奥斯的作品，上面画的是特洛伊遭洗劫的场面。

第十六章

克卢西乌姆：拉尔斯·波希纳之城

克卢西乌姆是如此强大，拉尔斯·波希纳更是神力无边。

李维，《罗马史》(*Ab Urbe Condita*)，2.9

阳光铺满了整片山谷，深色的柏树和高大的伞松轮廓愈发分明。晨雾渐起，向四周氤氲扩散。在缭绕的晨雾中，顺势延展的田野、连绵起伏的山丘，还有那绿荫环绕的远山仿佛悬浮在碧空中一般。远处的村庄和钟楼也在晨雾的掩映下变得更加虚幻缥缈。这里是丘西（Chiusi）。阳光铺洒在古老的石头和大门上，流淌在暗影婆娑的街道上，冲刷过一道道陶土墙，散落在窗台上的天竺葵上，红灿灿的花朵开得正艳。周围到处都是鲜亮的颜色：博物馆对面，一名男子正打扫大教堂的门廊，他身上的橙色工装裤格外抢眼；狭长的广场上，有许多彩色条纹遮阳棚，蓝色、绿色、粉色、黄色，不一而足；遮阳棚下，是一个个被漆成红色或黄色的板条箱，里面长满了绿油油的青菜和各种水果——香蕉、苹果、柠檬。

几个年纪相仿的男人正站在树荫下乘凉。他们中大多数都白发稀疏，露出了光秃的头顶，身上穿着一样的衣服——蓝色牛仔裤和蓝色拉链夹克衫。他们斜倚在栏杆上，打量着周围的一切——也打量着来往的年轻女子。其他人则站在高悬的棕色布告板前，读着贴在上面的白色海报——那些其实是镶着黑边的讣告：阿尔弗雷多·库佩里（Alfredo Cupelli，72岁）；热纳罗·内奇（Gennaro Necci，81岁）；卡梅拉·利昂（Carmela Leone，95岁）。当然，墙上不仅仅只有这些讣告。旁边的一张海报上有一只蓝色的兔子——一只意大利兔八哥，右后爪上还趴着一只绿色的蜗牛，正咧着嘴笑。兔八哥兴奋地指着路的一头，旁边的标牌上写着："每周二，波希纳市场，走50米就到！"若波希纳真能看到这一切，作为伊特鲁里亚人的他该有多骄傲啊。

奥西尼乌斯

关于克卢西乌姆（今丘西）的神话大多语焉不详，神秘莫测。据说，其第一位国王的神话传说与幽灵有关。根据维吉尔的讲述，埃涅阿斯得知好友帕拉斯的死讯时，悲愤欲绝，在战场上大开杀戒，要找图努斯报仇。朱诺深知，若二人相遇，图努斯必死无疑。于是，她便出手去干预此事。她派了一个幽灵扮作埃涅阿斯的样子引图努斯到了泊在附近的一艘船上。这艘船便是国王奥西尼乌斯（Osinius）的船，他带着军队从克卢西乌姆来到这里。克卢西乌姆在当时属于埃涅阿斯的伊特鲁里亚同盟。图努斯登上船后，这艘船便立即起锚，驶向了大海，如鬼魅一般在海浪中航行，渐渐远离了危险，一直航行到阿尔代亚才停船靠岸。

关于国王奥西尼乌斯的故事就仅限于此。或许他压根儿就不存在，是维吉尔杜撰出来的。或许，国王奥西尼乌斯的故事恰好说明，在曾经盛极一时的神话传说中，克卢西乌姆在其中具有举足轻重的地位。在历史故事或神话传说中，克卢西乌姆的重要性并未得到足够认可，甚至还存在扭曲或误解，其中争议最大的要数另一位国王拉尔斯·波希纳和他围攻罗马的故事。

拉尔斯·波希纳

克卢西乌姆极力想要遏制罗马的日益强盛。公元前585年科拉提亚陷落后，克卢西乌姆加入了伊特鲁里亚北部城邦联盟，联盟还包括阿雷提乌姆（Arretium，阿雷佐）、沃拉特拉（Volaterra，沃尔泰拉）、卢瑟雷（Rusellae）和维图罗尼亚（Vetulonia）。克卢西乌姆还派遣军队帮助拉丁人和萨宾人共同对抗罗马。在接下来的几年里，双方战况激烈，伤亡惨重。最终，在罗马东北30千米处的埃雷图姆（Eretum），塔克文·普里斯库斯大败伊特鲁里亚人。此次战役被狄奥尼修斯称为“两国间迄今为止最大的一次战役”。许多人在战争中惨遭屠杀。罗马的影响力随之增强，并赢得了最终胜利。

公元前509年傲慢王塔克文被驱逐出罗马时，克卢西乌姆的首领拉尔斯·波希纳（Lars Porsenna，Lars大概的意思是“统治者”，Purthne意为“最高执法官”）抓住机会，扭转了局面。伊特鲁里亚神话中有一个特别神奇的说法，认为波希纳可能并非肉体凡胎。传说曾经有一个名叫奥塔的怪物（一个可怕的狼人）不断侵扰沃尔西尼［大概是今天的奥维渥特（Orvieto）］的领地，甚至对这座城市发起了攻击。波希纳随即召唤出一场雷雨，并用闪电摧毁了他。

当流亡国王塔克文向克卢西乌姆求助时，波希纳向罗马发出了最后通牒：让塔克文重登王位，否则将跟罗马全面开战。罗马拒绝其要求后，波希纳便带领伊特鲁里亚人南下。后来，图斯库鲁姆及其周边地区的拉丁人因一直以来对罗马的不满也加入到波希纳的队伍中来。他们在罗马城的贾尼科洛山上安营扎寨。附近乡人惊慌失措，纷纷逃入城内，为即将到来的攻城做准备。

罗马英雄故事三部曲就是在这样的背景下上演的。这三个故事向人们展示出了爱国与勇敢的真谛：霍拉提乌斯·科克勒斯一人死守苏布里齐桥；盖乌斯·穆修斯将右手伸入烈焰；克洛丽亚带领被囚的同伴游过汹涌的台伯河到达安全地带。有人认为，克洛丽亚的勇敢之举（加上塔克文儿子的懦弱）最终让罗马和波希纳达成和解。狄奥尼修斯认为，波希纳也对克洛丽亚的勇气佩服有加，也正因如此，他将其他的囚犯送回罗马，与罗马签订了条约，并撤回到克卢西乌姆，而罗马元老院也送给波希纳一个权杖、一顶金冠、一个象牙王座和一件胜利长袍。这套物件都是王权的象征。

这个故事听上去似乎一团和气，皆大欢喜，但塔西佗（Tacitus）却认为事实完全不是这样。他写到，公元69年罗马内战期间，朱庇特神庙被大火烧毁。但在这之前，“无论是罗马投降于波希纳时，还是罗马被高卢人占领时，这座神庙都未曾遭到毁坏或亵渎”。老普林尼（Pliny the Elder）也赞同这一观点。他说当时一款条约里曾有过这样的规定：“罗马人的铁器只能用于农业生产。”要让他们放下武器，铸剑为犁，解甲归田。根据维吉尔对奥西尼乌斯的简略描述，结合塔西佗和老普林尼的观点，我们无意中发现了一个隐藏的事实：来自克卢西乌姆的拉尔斯·波希纳曾打败罗马，并占领了这座城市。虽然波希纳并没有让塔克文重登王位（这也说明他只是想用被废黜国王作为出征的由头），但他确实与罗马签订了诸多条款。这些条款（至少在一段时间内）极大地提升了波希纳的声望。

现藏于丘西考古博物馆（Chiusi's Archaeological Museum）的这幅浮雕展示的是伊特鲁里亚战士出征的场景。

兵败亚里西亚

李维依照官方说辞，做了如下讲述：波希纳与罗马停战后，又不愿意军队徒劳而返，于是便派儿子阿伦斯带着一支军队去进攻阿尔班山的亚里西亚（Aricia，今阿里恰）。然而，拉丁人和库迈的希腊盟友联合起来，起兵支援亚里西亚。阿伦斯的这次出征最终以失败收场。起初，阿伦斯似乎还颇有胜算，但很快他便发现自己陷入了前后夹击，腹背受敌。阿伦斯和手下的大多数士兵都战死了，其余的人也都不敢恋战，纷纷逃走。他们并没有逃回克卢西乌姆，而是逃到了罗马。罗马人亲切地招待了他们，并给他们安排了住处，好让他们安心养伤。其中一些人伤好后返回了家园，逢人便讲罗马人的恩情。其他人则选择定居在了罗马。他们生活的地方后来便被称为伊特鲁里亚区。

如果（按李维所说的）波希纳被罗马打败了，那么罗马对敌人还这么宽容大度，着实有些说不通。由此可见，这一切表象之下似乎隐藏着一个更大的真相。或许，波希纳占领罗马后，阿伦斯的远征只是其战略规划的一部分。或许，正是阿伦斯的这次失败让波希纳打消了将罗马占为己有的想法。强大后的罗马后来会不会试图抹去被克卢西乌姆击败的所有痕迹，以至于时至今日我们对此知之甚微？这样一来，奥古斯都时期的历史学家们当然会不遗余力去丑化克卢西乌姆，他们口中的阿伦斯也肯定是乏善可陈。依他们所言，克卢西乌姆和阿伦斯是罗马面临生存危机的根源所在。

诱骗高卢人

根据狄奥尼修斯的记载，克卢西乌姆曾有一位名叫鲁库莫（Lucumo）的王子（他的名字在伊特鲁里亚语中的意思就是“王子”或“贵族”）。去世之前，鲁库莫把小儿子托付给了他最亲密的朋友阿伦斯。阿伦斯将男孩抚养长大，一直将他视如己出，并在他成年后将其父遗产全数转交给了他。然而，这个被他抚养长大的“养子”却利用了他的仁慈，对他恩将仇报。

阿伦斯的妻子年轻貌美，他们深爱着彼此，目中再无他人。谁承想，阿伦斯亲手养大的“养子”竟然也钟情于他的妻子，想方设法地引诱，“既想要她的人也想要她的心，一有机会就找她搭讪，从不避讳旁人”。阿伦斯得知此事备受打击。可这个年轻人有钱有势，凭一己之力无力与之抗争，但阿伦斯想出了一条妙计。

他谎称自己要去高卢做生意，大概要离开数月，他还说服“养子”出钱相助（而这个小伙子则盘算着等他离开，自己便可乘虚而入）。没过多久，阿伦斯便启程向北出发，马车上装满了各种精致的美食，有葡萄酒、橄榄油和无花果等。对此，狄奥尼修斯解释道：

当时的高卢人并不懂得怎么酿造葡萄酒，也不会榨取橄榄油。他们喝的是用发酵的大麦制成的一种难闻的饮料。他们用的油，是馊掉的猪肥肉制成的，气味难闻，味道也很差。

对于这些狂饮劣质酒、视馊猪油为美味的“野蛮人”来说，阿伦斯带来的商品让他们大开眼界，如获至宝，纷纷打听去哪里能买到。这正是阿伦斯想要看到的。

阿伦斯告诉他们，孕育这些果实的地方，土地广阔肥沃。那里男人很少，而且若论打仗，这些男人还不如女人英勇。他还建议说，与其从他们那里买，不如去把这些人赶走，将那里的一切据为己有。听了阿伦斯的一番劝说，高卢人果真决定出兵意大利，来到了这座被伊特鲁里亚人称为克卢西乌姆的城市——而煽动他们发动战争的阿伦斯就是克卢西乌姆人。

根据李维的描述，阿伦斯在公元前4世纪初带领高卢人越过了阿尔卑斯山，但他同时也提醒说：“我并不是说阿伦斯（也可能是克卢西乌姆的其他人）没有把高卢人带到克卢西乌姆，只是多数人认为在这之前早已有高卢人翻越了阿尔卑斯山。”尽管如此，一个“肥头大耳的伊特鲁里亚人”因为要报复染指自己妻子的人而把高卢人引到意大利和罗马，这样接地气的民间故事无疑是最好的政治宣传话术——毕竟只有英勇的罗马人才能打败入侵者。然而，一开始的血腥杀戮肯定是免不了的——尤其是在克卢西乌姆。

法比乌斯三兄弟背信弃义

李维曾这样描述克卢西乌姆被围困后当地居民的反应：

克卢西乌姆的民众突遭入侵，无比惊慌恐惧。突然之间，城里面冲进来数不清的外地人，长相、衣着完全陌生，手中所持的兵器更是从没见过。时不时会有消息传来，说伊特鲁里亚的军队在波河屡遭挫败。

使臣们从克卢西乌姆疾驰到罗马请求支援。虽说当时的罗马刚刚征服了维爱，但也有些自顾不暇。一方面，罗马将军卡米卢斯（因挪用公款的莫须有罪名遭流放）祈祷上苍还自己清白，“让他们因痛失有功之臣而追悔莫及”；同时，一个罗马人还听到了一个神秘的声音：

平民马尔库斯·凯迪修斯（Marcus Caedicius）向保民官报告说，有一天夜里，周围寂静无声，他在新街（New Street）的维斯塔神庙处听到了一个声音。那声音听上去比任何凡人的声音都洪亮。那声音对他说：去告知执法官，高卢人来了。……这分明是来自神的警告，但他们却并未在意，而命运却已悄悄降临。

虽然元老院没有答应克卢西乌姆的请求出兵支援，但他们还是派了三个年轻人过去。这三个年轻人是马库斯·法比乌斯·安布斯图斯（Marcus Fabius Ambustus）的儿子。他们此行的目的是向入侵者提出抗议，并尽量促成和解。"然而，三人的行事风格却跟野蛮的高卢人如出一辙，完全不像是罗马人的做派。"或许三人是被高卢人的蛮横无理激怒了，又或者他们只是想要跟高卢人比划比划。总之，兄弟三人跟高卢人动起了手。一群高卢人蜂拥而上之际，三兄弟中的老大杀死了高卢人的首领。就这样，高卢人把与克卢西乌姆的恩怨抛在了脑后，转而将目光投向了罗马。但即便首领被杀，高卢人也依然很克制。他们先派出特使，要求赔偿。罗马轻蔑地拒绝了对方的要求。于是，新的高卢指挥官布伦努斯率军穿过土地肥沃的山谷一路向南挺进，在阿里亚河将罗马军团杀了个片甲不留，随后冲进罗马城，到处抢掠，四处纵火。

波希纳之墓

公元前3世纪初，罗马帝国日益壮大，克卢西乌姆也成为帝国的一部分。但据民间传言，克卢西乌姆有许多宝藏不知所终，而宝藏的去向也是众说纷纭。其中流传最广的一个传言就是波希纳之墓。虽然老普林尼认为这只是人们虚构出来的故事，但他的讲述（参照了早先瓦罗的版本）却格外引人入胜：

> 波希纳就埋在克卢西乌姆地下(也可能埋在其"附近")，那里有一个用方石垒成的方形墓碑。那碑边长300英尺，高50英尺。方形的基座内是迷宫样的布局，回环曲折，进去的人若不随身带着线团根本就找不到回去的路。方形底座的顶端有五座金字塔，其中四座分别在四个角上，另外一座位于正中间。每个金字塔的底部有75英尺宽，高度有150英尺。金字塔越向上越尖，塔尖处托着一个青铜球。再往上是一个锥形结构，上面垂下来几条链子，链子底部挂着铃铛。风吹来时，那清脆的铃声便会传得很远很远。……铜球上面还有四座金字塔，每座都有100英尺高。再往上是一个平台，上面又有五座金字塔。
>
> 瓦罗都没好意思再提及最后这几座金字塔的高度，但根据伊特鲁里亚传说，其高度几乎等于整个建筑其余部分的高度总和。倾尽举国资源，以这种极度奢华的方式来彰显自己的至尊荣耀真可谓是疯狂至极。可到头来，人们只会对建造它的匠人们交口称赞，却鲜少在意那为它一掷千金的人。

这番描述看似夸张离奇，但仍不乏有人相信，而今天丘西地下那迷宫一般错综复杂的隧道更是让有些人对此深信不疑。然而，坟墓的位置却始终无从知晓，而找到它的希望也似乎很渺茫。据传，此墓早在公元前89年就被苏拉摧毁了。然而，2012年，考古学家在附近的奥维涅特发现了五座地下金字塔，还有修建于公元前5世纪的地下通道（与波希纳去世时间相近）。那里的挖掘今天仍在继续……

与此同时，人们在更南边的科森扎（Cosenza）附近也展开了搜索。据说那里的布森托河（River Busento）下面也藏着一座古墓。这里是阿拉里克的安息之地，传说被阿拉里克洗劫来的黄金可能就埋在这里。公元410年，阿拉里克成为继公元前4世纪的布伦努斯之后第一个侵占罗马的外国人。然而，虽然经过多方筹谋，付出了百般努力，但这座古墓的位置至今仍未被发现。

克卢西乌姆的过去和现在

克卢西乌姆在伊特鲁里亚语中被称为克莱夫辛（Clevsin）。公元前8世

纪时，有人开始在此定居。他们在小山顶上建起了村村寨寨，彼此相连。附近有湖泊，还有克兰尼斯河［River Clanis，今天的基亚纳河（Chiana）］，河上船只往来，河畔遍布沼泽湿地。种种迹象表明，跟当时其他伊特鲁里亚城市一样，克卢西乌姆与地中海东部地区有着广泛的贸易往来。到了公元6世纪，克卢西乌姆筑起了高高的城墙，经济也越发繁荣，还建立了自己的殖民地（帕达尼亚），许多高品质的进口商品也大量涌入。

克卢西乌姆在神秘莫测的拉尔斯·波希纳统治时期开启了有文字记载的历史。波希纳大概在公元前508年占领了罗马，牵制住其军事力量，并把被罗马所占的维爱领土归还给了维爱。然而，亚里西亚战败，彻底摧毁了其野心。公元前507年，波希纳回到了克卢西乌姆。接下来的一个世纪，罗马扩张到了伊特鲁里亚。但是在公元前390年，极具侵略性的高卢各部落（可能被克卢西乌姆的阿伦斯引来）围攻了克卢西乌姆，然后又围攻并洗劫了罗马。后来，高卢人被赶出了意大利。

随后，克卢西乌姆和其他伊特鲁里亚城邦与不断扩张的罗马爆发战争。公元前295年，此战以克卢西乌姆的失败告终。此后，克卢西乌姆成为罗马的忠实盟友，在第二次布匿战争（公元前205年）中为罗马舰队提供木材和谷物。但后来罗马内战爆发，克卢西乌姆也深陷苦难之中——公元前89年，苏拉将克卢西乌姆夷为平地，波希纳墓也一起被毁，后来又将该地区分配给了从战场上下来的老兵们。此后，克卢西乌姆经历了一段相对平静的岁月。从公元540年到10世纪末，克卢西乌姆一直都在哥特人的占领之下（公元560年还建造了大教堂）。后来，克卢西乌姆又落到了伦巴第人手中。然而，由于克卢西乌姆周围多沼泽湿地，在此居住也变得越来越不易。最后，克卢西乌姆的大部分地区都不再有人居住，逐渐被废弃。公元15世纪，这里修建了排水系统，克卢西乌姆也因此再次迎来繁荣。

公元前5世纪的猴子墓（Tomb of the Monkey）壁画中，猴子们正蹲在角落里观看摔跤和马术表演。

与克卢西乌姆有关的重要日期和遗迹

公元前8世纪	出现零星村落。
公元前6世纪	修筑了城墙；开始挖掘隧道。
公元前508年	拉尔斯·波希纳围攻(并占领？)罗马；阿伦斯在亚里西亚被击败。
公元前507年	与罗马签订条约；波希纳回到了克卢西乌姆。
公元前390年（或387年）	高卢人围攻克卢西乌姆，在阿里亚河击败罗马人，随后洗劫罗马。
公元前295年	在第三次萨姆奈特战争（Third Samnite War）中被罗马击败。
公元前264年	克卢西乌姆成为罗马的盟友。
公元前2世纪/公元前1世纪	隧道系统内修建了蓄水池。
公元前89年	苏拉摧毁了克卢西乌姆（和波希纳的坟墓？）。
公元540年	哥特人占领了克卢西乌姆。
公元560年	在原大教堂旧址上建了第二座大教堂。

克卢西乌姆这座古罗马时期的伊特鲁里亚城市，大部分都掩藏在了今天的丘西城之下，地面上只剩下几处残垣断壁。地面以下还保留着**伊特鲁里亚的隧道系统**。狭长的隧道起始于大教堂花园下，其分支一直延伸到大教堂和附近广场下面较深的地方。隧道终端连接一个双拱形蓄水池，水池中央有一根壁柱起支撑作用。这个蓄水池被称为波希纳迷宫其实并不正确，因为这些隧道很可能是用来排水和收集雨水的。

伊特鲁里亚国家博物馆算得上是一座文物宝库，里面收藏了大量伊特鲁里亚、希腊和罗马文物。最具代表性的藏品有：公元前7至公元前6世纪的**卡诺匹克罐**（canopic vases）、公元前5世纪的**古希腊花瓶**（Attic vases）、公元前5世纪的**《拿石榴的女人》**陶俑（修复后）。此外，馆中还收藏了大量公元前6至公元前5世纪的**骨灰罐**，罐上的浮雕展示了伊特鲁里亚人的生活场景。还有**彩绘骨灰罐**，出现时间比浮雕骨灰罐要晚一些。许多罐体的彩绘描绘了厄特克勒斯（Eteocles）和波吕尼刻斯（Polyneices）手足相残的故事。最具吸引力的要数重建后的**塔斯奈墓**（Tassinaie Tomb，建于公元前170—前150年），这是唯一保存下来的希腊风格彩绘墓。此外，**高山之墓**（Tomb of the Hill）中的宴会彩绘也同样不容错过。城墙之外，还有三座伊特鲁里亚古墓可供参观。其中，**朝圣者之墓**和**狮子墓**（Tomba del Leone）需要提前预约。另外一座**猴子墓**限时参观。猴子墓是三座古墓中唯一一座彩绘墓，以蓝色和赤褐色两种颜色描绘而成。画面中一只猴子正蹲在角落里观看伊特鲁里亚人摔跤、搏击和骑马，该墓也因此而得名猴子墓。

第十七章

维爱和罗马的胜利

维爱是伊特鲁里亚城邦的最前线，无论是军队规模还是军备数量都丝毫不逊于罗马。这座城市富甲一方，繁华富足，盛行铺张奢靡之风。为了权力与荣耀，维爱曾多次与罗马开战。

普鲁塔克，《卡米卢斯的一生》(*Life of Camillus*)，2

沿着城外的那条土路，走过墓地，便会看到一个古老的磨坊。清晨暖阳照在它斑驳的墙垣上，那原本泛红的陶土墙已被岁月漂白了颜色。湍急的水流翻涌着白色的浪花，冲过弧形大坝，来到一片平坦的白色岩石处，刚要懒懒地稍做盘桓，便又坠入令人眩晕的深渊。这条河便是莫拉河（the Mola）。河对岸是石灰岩崖壁。这里绿林密布，阳光下树影婆娑，悦耳的鸟鸣响彻云霄。一条陡峭的小路从此处一直延伸到远处辽阔的高原一带。新翻的泥土呈现出浓浓的橙黄色，四下里随处可见大块的铺路石和断垣残壁。而遥远的地平线上，高山连绵起伏的轮廓在淡蓝色的天空下显得格外浓重。

不过现在，我们将取道另一条小路。小路就在悬崖下面，右边的溪谷中水流奔涌，低沉的水声在谷中回荡。树叶的影子随着温暖的微风翩然舞动。在一片狭长平坦的空地上，绿草如茵，生机盎然，朵朵白色的小花点缀其间。一座神庙坐落在这绿草繁花之间，一眼望去如梦似幻，令人难忘。这座神庙目前只剩下地基部分，但曾经跟屋顶和山墙一样高的那一根根圆柱，轮廓依然清晰可辨，上面还有精美的钢质装饰图案。试想，它当初该是多么宏伟壮观啊！即便是在今天的罗马，我们依然能看到尚存的部分陶红色门楣，上面还有精美的绘画和一排排瓦檐饰（上面画着诸位女神头像和咧嘴笑的萨蒂尔神）。山墙上原有的雕塑也曾是那样令人惊叹：杏眼的拉托娜、系着狮皮腰带的赫拉克勒斯，还有嘴角挂着神秘笑容的阿波罗，发辫杂乱地披散在肩上。

这是一座阿波罗神庙。附近溪流的水流入了庙里的预言池。然而，虽然维爱人一直对阿波罗膜拜有加，可关于维爱的未来，他并没有给祭司发出过任何警示，也没有告诉维爱人朱诺有朝一日会弃维爱而佑罗马。

维爱与神话传说

到目前为止，在我们所去过的所有地方中，维爱的神话和历史融合度最高，可谓难分彼此。大多数流传下来的神话都与战争有关，而且都以罗马的胜利告终（只有少数例外）。由于许多故事都发生在有文字记载的时代之前，即便是奥古斯都时期那些注重史实的历史学家也难免会在记录历史时添加一些神话色彩，以各种英勇无畏的故事来美化罗马历史，将罗马的崛起与辉煌塑造成历史的必然。

然而，维爱自己的传说却几乎一个也没有流传下来，这一点实在是令人感到讶异。但作为罗马曾经强大的对手之一，这座繁华热闹的城市一定有过极其丰富的神话。因为战败，维爱的传奇过去被清除得干干净净。今天，当我们远离罗马的喧嚣，来到这个已经荒芜的地方，感受着这里的寂寥与宁静时，我们不禁要问：如果当初维爱赢得了战争，压制了罗马，那么今天的我们又有谁会知道罗慕路斯和雷慕斯呢？

与罗马的早期对立

罗马和邻居萨宾人是因女人而打得不可开交，和维爱之间的战争则是罗马第一次为了领土而战。伊特鲁里亚人的维爱城就在台伯河支流克雷默拉河（River Cremera）河畔，其早期发展程度与东南仅16千米之隔的罗马不相上下。双方在经过了长达三个多世纪的经济竞争之后，军事局势骤然紧张，并最终爆发了一场关乎生死存亡的战争。

传说罗慕路斯做罗马国王时，维爱考虑到自身发展，对罗马发起了攻

这是公元前6世纪晚期维爱的一座阿波罗彩绘陶俑，真人大小，曾被供奉在波多纳西欧（Portonaccio）圣殿里。

击，但军事行动缺乏组织，杂乱无章。而罗马这边却反应迅速，协调有序。罗慕路斯率领训练有素的罗马军队穿过台伯河，维爱的士兵蜂拥而出与之对阵——但秩序却一片混乱。这场战斗以维爱的溃败告终，罗慕路斯随即以摧枯拉朽之势将维爱周边领土拿下。维爱只得派出使臣前去谈判，割让了部分土地，并签订了停战协议。在之后长达一个世纪的时间里，双方实现了和平共处。

一百年之后，维爱与附近的菲德纳结盟。菲德纳原本是伊特鲁里亚人的城邦，位于罗马和维爱之间，此时却被迫成为罗马殖民地。与菲德纳结盟也是通盘考虑后的必要选择。那段时间，阿尔巴隆加刚与罗马达成了和平协议，勉强维持着脆弱的和平。但阿尔巴隆加的将军梅提乌斯·富夫提乌斯也决定加入维爱和菲德纳联盟，共同粉碎罗马。三方商定，先由梅提乌斯·富夫提乌斯公开宣布支持罗马国王图卢斯·霍斯提利乌斯，然后再由维爱和菲德纳设法挑起与罗马的战争。但在双方作战期间，梅提乌斯·富夫提乌斯会中途倒戈，共同对抗罗马。

就这样，双方在台伯河和阿尼奥河交汇处展开了激战。然而，富夫提乌斯却并没有按照之前的约定去攻击罗马，而是撤退到了附近的一座小山上。虽然被盟邦背弃，罗马国王图卢斯却毫不慌张。他命令骑兵垂直举起长矛，形成一道屏障，挡住维爱人和菲德纳人的视线，然后用洪亮的声音宣布，富夫提乌斯正奉命包抄敌人后方。

菲德纳士兵见状，惊慌失措，掉头逃窜，只留下维爱人独自面对整个罗马大军。随后，维爱人也落荒而逃，有些人慌不择路，跳进了台伯河，有些人来不及逃跑，在河边被抓住杀掉。富夫提乌斯被绑在两辆战车上车裂而亡。曾经不可一世的阿尔巴隆加自此便从地图上消失了。维爱却未遭此厄运。虽然战败，这座城市却逐渐繁荣发展起来。但是，众神却也纷纷预言，维爱的繁荣富足自有终日。

维爱的神奇战车

维爱的工匠是整个意大利技艺最精湛的工匠。傲慢王塔克文在罗马卡比托利欧山建造朱庇特神庙时，命维爱工匠为神庙制作一组朱庇特驾驶战车的陶土雕像。然而，当工匠们将精美陶塑放入窑中烧制时，这座雕塑并没有因黏土中的水分散尽而收缩，反而膨胀起来。最后，工匠们不得不拆除窑炉才把雕塑搬出来。维爱占卜师们认为这预示着雕像主人将拥有权力和财富。可是，问题来了，它的主人究竟是谁呢？是下令建造它的塔克文吗？可他刚刚被驱逐出罗马。更不可能是塔克文的对手，他们与此毫不相

公元前6世纪的花瓶上，画着一位御者驾驶着两匹马拉的战车。

干。最好是将雕像留在维爱，这样就能给维爱带来繁荣富强。几天后，在一场马术比赛中，神灵显现。普鲁塔克描写道：

跟往常一样，赛事进行得热火朝天，群情激昂。但是当获胜骑手戴着花环从容地从竞技场出来时，他的马却不知为何，突然受惊。出现这种情况，要么是神仙显灵，要么纯粹就是偶然。那受惊的马带着骑手向罗马奔去。骑手束手无策，完全控制不了马匹。几匹马根本不听他的号令，驮着他奔到了卡比托利欧山，随后将他抛出了战车。……维爱人又惊又怕，连忙吩咐工匠把战车雕塑运到了罗马。

来自树林的声音

虽然有来自神灵的警示，但维爱还是决定帮助塔克文。毕竟，塔克文是伊特鲁里亚人，罗马又是伊特鲁里亚的宿敌。于是，维爱与塔克文联手，在其边境处的阿尔西安森林与罗马军队开战。双方酣战之际，塔克文的儿子阿伦斯看到了罗马执政官布鲁图斯，这个推翻父亲王权统治的罪魁祸首。于是他策马飞奔上前，与之对阵。仇人相见分外眼红，拼杀起来完全不顾自身安危，一心要将对方置于死地。最后，两人都达到了目的，把长矛深深刺入对方的身体，双双倒地而亡。

此一战，双方伤亡基本相当。塔尔奎尼亚军队打败了罗马人，而罗马人又打败了维爱人（李维讥讽说，维爱人吃败仗早已是习以为常）。黄昏时分，战斗也接近尾声：

> 夜晚的静谧中，阿尔西安森林里传来一个洪亮的声音，在林间阵阵回荡。大家都认为这是森林田野之神西尔瓦诺斯的声音。那声音说道：伊特鲁里亚人在战斗中的伤亡比罗马人多一人。战事结果也得见分晓：罗马胜利了。

塔克文和盟友被绝望吞噬，消失在黑暗之中。罗马虽取得了胜利，但未来之路也并不顺畅。

法比家族

公元前483年，维爱继续入侵罗马，威胁要围困罗马城，双方战争再次爆发。当时的罗马也正值多事之秋，问题之一就是内部矛盾冲突。平民军队不再信任那些贵族将军，个个消极怠战。伊特鲁里亚人嗅到了胜利的气息。到了公元前480年，罗马的两位大将马库斯·法比乌斯（Marcus Fabius）和格涅乌斯·曼利乌斯（Gnaeus Manlius）已经失信于部下，手下将士也常常对军令置若罔闻。与维爱人开战后，两位将领躲在栅栏后面做缩头乌龟。伊特鲁里亚人则步步紧逼，对其大加嘲讽。最后，罗马士兵们不堪此辱，纷纷请命杀敌。在随后的战斗中，维爱人杀死了曼利乌斯和法比乌斯的兄弟，几乎胜券在握，可最终还是罗马赢得了此战的胜利。但双方战争远未结束。

第二年，维爱再一次袭击罗马边境。罗马执政官卡索·法比乌斯(Caeso Fabius）一反常规，提出让自己的家族（法比家族）来应对维爱人，这样罗马就可以专注于其他事务。元老院同意了他的提议。法比家族的男丁共三百零六人在罗马人民的欢呼声中出征维爱，在克雷默拉河边修筑工事。法比家族也因此在罗马神话中留下了属于自己的一笔。

不出法比乌斯所料，罗马人修筑的工事果然惹怒了维爱人。很快，伊特鲁里亚人开始集结军队，准备对罗马人发起攻击。可他们的军队还没整编完毕，一队罗马骑兵便呼啸着冲了过来。伊特鲁里亚人溃不成军，一路逃到了红岩（Saxa Rubra），随后向罗马求和。此一战，法比家族先示弱诱敌，然后又杀了维爱人一个措手不及，大获全胜。然而，胜利只是暂时的，维爱人必会复仇雪耻。

双方虽签订了合约，但法比家族的人并没有从克雷默拉河撤离。他们在城郊地区对维爱人发起攻击，与维爱人的小股军队作战；每次得胜，军心士气都会大振。渐渐的，他们离驻扎地越来越远，一路上几乎没有遇到抵抗：维爱农民见到他们纷纷逃走，连牛都不要了，而维爱的军队却连影子都看不到。法比家族的士兵们看见远处的一群牛时，没有丝毫警惕，大摇大摆地穿过平原去逮牛，压根儿没留意到埋伏在那里准备伏击他们的维爱人。当他们听到维爱人的喊杀声时，才意识到自己被包围了。刹那间，长枪从四面八方飞来，将他们围了个水泄不通。他们奋勇搏杀，冲出包围来到了一座小山上。李维是这样描述的：

> 这给了他们一丝喘息的机会，从遭受伏击的震惊中缓过神来。借助地形，这支法比小队击退了维爱人的进攻，眼看胜利在望——可一支维爱小队提前绕到山后爬上了山顶。失去地势优势的法比人最终被屠戮殆尽，他们的军营驻地也被占领了。共有三百零六人殒命。只有一个法比人因年纪轻幸存下来，不仅延续了法比家族的香火，还在罗马遭遇战争和动乱时力挽狂澜。

法比家族的这一战充满了传奇色彩——几乎可以与（差不多同时代的）温泉关战役中的斯巴达三百勇士相提并论——但维爱的胜利也是不可否认的。维爱军队只花了数月时间，便南下罗马，占领了贾尼科洛山。然而，罗马也很快重整旗鼓，经过多次艰苦战斗之后，把维爱人赶回了老家。维爱又一次错过了机会，而他们的机会已经所剩无几。

拉尔斯·托鲁尼乌斯掷骰子

三十多年后，菲德纳再次反叛罗马，进一步巩固了与维爱国王拉尔斯·托鲁尼乌斯的联盟关系。罗马对此异常警觉，派了四位大使前去维爱表达抗议。四位大使被带到了拉尔斯·托鲁尼乌斯的会客室，而此时，这位国王正在玩掷骰子游戏。还没等他们开口说话，来自菲德纳的使团就闯了进来，要求立即处决罗马来的特使。菲德纳使团话音刚落，拉尔斯·托鲁尼乌斯正好在此时掷出了漂亮的一手骰子，兴奋地大叫着：“好！”——这一喊，旁边守卫误以为他同意处死罗马来使，便飞跃而起，一剑割断了罗马使节的喉咙。如此一来，战争似乎是不可避免了。

消息传到罗马，群情激奋。人们在古罗马广场为被害者立起雕像，军队也快速集结起来。有人说这只是一个可怕的误会，但李维却并不这么看：

当菲德纳的盟友前来谏言，想要让他违反邦交原则处决罗马使节时，他竟然还在忙着掷骰子——而且事后，他也没有觉得自己做错了什么。更有可能，他是想借刀杀人，让菲德纳成为同谋，这样他们就会与罗马彻底决裂，再也没有和解的可能。

双方再一次在菲德纳附近的台伯河和阿尼奥河交汇处开战，罗马再次获胜——但此前，拉尔斯·托鲁尼乌斯一直有勇有谋，表现得可圈可点，就连李维也忍不住称赞道："没有哪个伊特鲁里亚骑兵能像托鲁尼乌斯国王那样骁勇善战。""他奋勇杀敌，不断对罗马骑兵发起攻击，对敌军穷追不舍。"最后，他遇到了对手。罗马军官科苏斯认出，他就是那个"侵扰罗马人，穿着皇室衣袍在战线上奔腾突袭"的人，随即便向他冲了过去。托鲁尼乌斯一个不稳从马上摔了下来，他试图挣扎起身，但科苏斯举起盾牌拼命击打，手中利剑同时刺出，直至其倒地身亡。科苏斯缓缓地说道："若众神能还世间清明，我愿以此人祭奠被杀的使节们，以慰他们的在天之灵。"这次，罗马又一次占了上风，而维爱的毁灭也仅数载之遥。

第二个特洛伊

随着罗马和维爱越来越强大，双方"形同水火，势不两立，无论哪方战败，都意味着彻底灭亡"。很快，罗马的机会来了。维爱的新任国王因奢靡无度遭到伊特鲁里亚联邦其他成员国的鄙视。在一次宗教庆典上，因为各国不同意让他担任联合祭司，他便毅然退出了庆典。得知维爱失去了盟友，罗马随即对其展开了围攻。可是罗马士兵听说此次围城之战不可能速战速决，而是会持续整个冬天，心中生出诸多抱怨。元老院元老阿庇乌斯·克劳狄乌斯（Appius Claudius）听到后发表了自己的看法。这位元老向来英勇果敢，又（像李维一样）熟知希腊神话，他对士兵们说：

> 曾经有一座城市因为一个女人而被整个希腊围困了十年！那些希腊士兵远离故土，跋涉千里，远渡重洋！而我们只需要包围一座城市一年，离家仅20英里，罗马距此也就是一目可及的范围！我们还有什么可抱怨的？

他说服了罗马士兵，但围城之战却进展得很糟糕。跟当初希腊围攻特洛伊时一样，围攻维爱的罗马将领们各自为战，缺乏大局观念，导致围城进展缓慢。一支军队遭到攻击，其余军队都拒绝支援，导致整个部队被迫撤退到罗马城墙之内。年复一年，维爱城久攻不下，军纪越发散漫：有时双方军队会擅自行动，不断爆发小规模冲突；有时又会阵前对骂，口出恶言。天上诸神就是在这个当口昭示了罗马的命运。

正值夏日，酷热难耐，地面开裂，大小河流均已干涸。可奇怪的是，阿尔班湖水位却在不断上涨。为解开这个谜团，罗马派了使团去请示德尔斐神谕。然而，使团返回之前，诸神就在维爱显灵了。当时，交战双方正在恶语相向，阵前叫骂。突然，一位上了年纪的维爱人在人群中高声大喊，说罗马永远无法占领维爱，除非罗马人能把阿尔班湖的水抽干。罗马人听闻此言，纷纷出言相讥。可当他们得知此人是位先知时，才意识到他的那番话可能是预言。

一名罗马卫兵把这位老人请了过来，想要询问一下详情。可当老人到达会面地点时，却被罗马人给绑了，送到了元老院接受审问。这位先知声称，自己对于预言并无任何记忆，神只是借他之口将预言说出而已。但是他说伊特鲁里亚的书里确实有类似的说法，当湖水上涨，罗马人把它排干时，维爱便会被神抛弃，从此走向衰落。德尔斐神谕证实了他的话，而且还提到，一旦湖水被排干，“罗马人就要勇敢出击，兵临城下，记住，你们围困了这么久的城市将被成功拿下，现在的一切都昭示了这一结局”。

罗马人随即开始挖掘（也同时修复）阿尔班山的地下隧道，同时在拉丁平原开凿灌溉渠道。李维的记录极具沙文主义色彩：

> 水刚排到田里，命运之手便伸向了维爱。那个要摧毁它的天定之人马库斯·福利乌斯·卡米卢斯被任命为独裁者。……随着领导层的更迭，一切都旧貌换新颜。罗马迎来了新的希望，从此一往无前，国运昌隆。

维爱的衰落

围城十年久攻不下，卡米卢斯决定重整军队，振奋士气。他整顿了军队纪律，加强防御工事，同时命人挖一条隧道，一直通到城堡的朱诺神庙下。工兵们加班加点，日夜赶工。隧道快要完工时，卡米卢斯祭拜了朱诺和阿波罗，随即便下令攻城。

对这突如其来的攻城，维爱人很是不解。虽然城墙修筑得坚固无比，但罗马人这次看上去似乎是势在必行，一副不达目的誓不罢休的样子。维爱士兵们迅速各就各位，做好守城准备。维爱国王也在朱诺祭坛上献祭了一头小母牛，宣布说“谁能把内脏拆分清楚，谁就能获得胜利”。在地下仅数英尺深的地方，潜伏在隧道口的罗马士兵听到了维爱国王的话。霎时间，喊杀声大噪。地面爆裂开来，全副武装的罗马人从地底涌出。有人抓住内脏，冲向卡米卢斯，让他把内脏分开。其他的罗马士兵则大开杀戒。维爱的妇女和孩子被困在着火的屋顶，只能揭下瓦片砸向敌军。男人们飞奔着去解救妻儿。罗马军团烧杀抢掠，所到之处，街道上血流成河，生灵涂炭。

战争结束后，维爱城被烧毁，城中财物也被掠夺一空，就连卡米卢斯也不敢相信搜罗来的战利品竟然如此之多。他虔诚地向神灵祈祷说，若有神灵或有人觉得罗马所受到的福佑过多，他，卡米卢斯，愿为此承受报应，但他也祈求神灵对自己和罗马从轻处罚。当他转身准备离去时，不小心被绊了一下，脚下有些趔趄不稳。这一绊到底意味着什么没人说得准。但是，六年之后，当高卢人入侵罗马被卡米卢斯击退时，依然有人记得他当时的祈祷和随之而来的那一绊。布伦努斯的这次失败也意味着维爱复仇的失败。

李维在悼念这座陷落之城时提到，维爱是罗马周边城市中最后一个被征服的城市。他认为，罗马对维爱漫长而艰难的围攻堪比史诗般的特洛伊围城之战：

就这样，维爱城陷落了。这座最繁华的伊特鲁里亚城市从此不复存在。虽然战败，这座城市依然展现出了她伟大的一面。围城整十载，寒来又暑往，片刻不敢懈怠。死伤之惨重更是超乎想象。最终，天意使然，维爱未能痛快一战，而是败给了诡诈计谋。

朱诺选择了罗马

那些幸存下来的特洛伊人都是日后罗马的缔造者。对于他们，朱诺一直心怀恨意。这一点在维吉尔的《埃涅阿斯纪》中屡被提及。然而，维爱陷落后，女神的态度发生了改变，开始对罗马生出好感。以下是来自李维的描述。

搜刮完维爱的财物之后，罗马人开始搬运神庙中的祭品和神像——这次却不是作为掠夺者，而是以信仰者的身份进行搬运。一些从军队中精挑细选出来的年轻人奉命把天后朱诺送到罗马。于是，他们净化了身体，穿上白色的圣衣，满怀虔诚地走进了朱诺神庙。手触碰到朱诺神像的那一刻，他们心中充满了崇敬与骄傲。毕竟，按照伊特鲁里亚人的规矩，只有从指定的几个家族中专门挑选出来的那名祭司才可以触摸神像。

当时，他们中的一人大概是被这神圣的一刻所感动，也可能只是出于孩子心性，想开个玩笑，问道："朱诺，你想去罗马吗？"话音刚落，其他人都无比激动地说看到女神点头了。还有传言说，当时他们还听到了一个声音，告诉众人说她愿意。而且，据说当人们把朱诺的神像从基座上搬走时几乎感觉不到它的重量，搬运起来毫不费力，就好像她自己很乐意离开一样。朱诺的神像被完好无损地运到了阿文廷山，从此便永远留在了这里。朱诺是因卡米卢斯的誓言而来到罗马，而卡米卢斯也专门为她建造了神庙。

朱诺到达阿文廷山之后，罗马万神殿也即将完工。随着邻邦维爱像特洛伊一样被击败，罗马城的辉煌也指日可待。虽然几年后，罗马被布伦努斯率领的高卢人打败，但这次失败也算是天意的安排。因为从那以后，在卡米卢斯（李维称他为“第二个罗慕路斯”）的领导下，罗马日益强大，锐意进取，坚忍不拔，越挫越勇。一系列伟大壮举塑造了罗马人的精神信仰。罗马人民意气风发，大踏步走向了全世界。

维爱的过去和现在

维爱位于罗马西北16千米处的石灰岩高原上，两侧是山崖和河流，依傍台伯河支流克雷默拉河。青铜时代就有人在此居住。公元前9世纪，塔尔奎尼亚人开始来此定居。在接下来的四个世纪里，维爱逐渐强大。到了公元前500年，它已经控制了台伯河以北的整个地区，从卡佩纳（Capena）和法莱里（Falerii）到大海，西北一直到布拉恰诺湖（Lake Bracciano）。虽然这里几乎没有集中的城区规划，但维爱现在也是一个人口稠密且繁华的城市，一条宽阔的主要街道贯穿整个城区。

维爱逐渐强盛，与罗马旗鼓相当，二者难免会发生冲突。李维的书中至少记录了七场战争，并借此将罗马的历史渲染上了浓重的英雄主义色彩，

这个朱诺头像赤陶瓦檐饰现收藏于柏林阿尔特斯博物馆（Altes Museum），其历史可追溯到公元前500年左右。该瓦檐饰原来是一座伊特鲁里亚神庙里的装饰。朱诺的头上有两角。

使之可以与希腊历史和神话相提并论。他对于公元前477年法比家族英勇献身、为国捐躯的描述与温泉关战役非常接近，显然绝非巧合。同样，他还把罗马围攻维爱和希腊围攻特洛伊二者相提并论，大概也有故意之嫌。

从后来的考古发现可以看出，维爱的防御能力还是很强大的——他们在公元前5世纪晚期修建了高大的壁垒和石灰岩城墙，将维爱城所在的整个高原地区围在了其中；他们还修建了复杂的排水系统，包括蓄水池和地下隧道——而透过波多纳西欧圣殿我们也能充分了解到维爱城当时的繁华与富足，圣殿的阿波罗神庙被装饰得无比辉煌华丽。虽然考古发现的彩绘墓很少，但古墓数量很多，其中就包括公元前7世纪阿古佐山（Monte Aguzzo）上的奇吉墓（Chigi Tomb）。墓中发掘出了一个精美的彩绘花瓶，瓶身上绘有战争场景和希腊神话。

公元前396年，维爱被卡米卢斯摧毁后，其土地也被罗马吞并，维爱的独立就此结束。维爱很快被重建为一个农业小镇，依然繁华热闹，但它的辉煌时代已经结束。公元前2世纪时修建的卡西亚路（via Cassia）恰恰绕开了维爱城，可见它的重要性已大不如前。到了公元4世纪，维爱的大部分地区基本上已经荒废。在罗马统治下的维爱城位于高原西北部，只剩其前身的一小部分。虽然在铭刻碑文中有提到维爱城里有一个剧院、多处浴池、一座马尔斯神庙以及一座奥古斯塔港（Porticus Augusta），但迄今为止并没有发现任何它们存在过的痕迹。针对维爱城的挖掘很少。19世纪早期，考古发现了古罗马广场，同时发掘出来的还有奥古斯都和提比略的巨大头像。再后来，考古队在高原边缘挖掘出了一处圣殿，还在圣殿的西北门处发掘出了卡米卢斯围攻维爱时的箭头。

邻近的山坡上盖了很多豪华的罗马庄园，奥古斯都的妻子莉薇娅的“母鸡庄园”就在第一门（Prima Porta）附近。

与维爱有关的重要日期和遗迹

公元前10世纪	高原上出现分散定居点。
公元前9世纪	塔尔奎尼亚人来此定居。
大约公元前750年	罗慕路斯击败维爱。
公元前7世纪	定居点合并成城市，被图卢斯·霍斯提利乌斯击败。
大约公元前510年	傲慢王塔克文命维爱工匠造陶土战车雕像。
公元前509年	在阿尔西安森林之战中败给罗马。
公元前483年	与罗马的战争。
公元前477年	法比家族在克雷默拉河战役中被屠杀。
公元前406年	罗马对维爱的围攻开始了。
公元前396年	卡米卢斯摧毁了维爱。

现在，维爱已成为受保护的考古公园，紧邻法尔内塞岛（Isola Farnese）。从停车场出来，顺着小路淌过莫拉河，（向右）沿着一条石头铺成的罗马大道便来到了**波多纳西欧圣殿**。**阿波罗神庙**里金属质地的上层结构已不完整，但依然可以看出其高度和规模。神庙附近有一个进行沐浴仪式用的**水池**和一个大型**祭坛**。北边是**坎帕纳彩绘墓**（Tomba Campana），需提前预约才可进入参观。上方是城堡，也是阿米广场（piazza d'Armi）所在地。这里有庄园和正在修复中的圣殿，但四周都有高高的围栏，所以什么也看不到。在刚刚翻过土的田野里，过去铺砌的古道和旧时建筑的地基还会有部分裸露出来，吸引着人们驻足观看，而那些暴露在外的古城门遗迹则被盖上了黑色防水布以保护它们不受破坏。

维爱的考古发现都收藏在了罗马的朱利亚别墅博物馆（Rome's Villa Giulia museum）。主要藏品包括：公元前6世纪末或公元前5世纪初的三尊巨大的彩色赤陶雕塑，分别是**阿波罗**、**赫拉克勒斯**和**拉托娜**，可能是武尔卡的作品；波多纳西欧圣殿里的赤陶用品；维爱城堡一处圣殿里的**密涅瓦和赫拉克勒斯赤陶雕像**；一座王公贵族坟墓中陪葬的**战车遗骸**；精致的**奇吉花瓶**（Chigi Vase，制作于公元前640年左右的科林斯）；一尊公元前4世纪初的小型雕像，刻画的是**埃涅阿斯和安喀塞斯**逃离特洛伊的场景。

第十八章

帝沃利：罗马世界的缩影

在别人眼中，罗德岛（Rhodes）、米蒂利尼（Mytilene）、以弗所、城墙高耸的滨海城市科林斯、酒神巴克斯的底比斯、阿波罗的德尔斐，或者塞萨利著名的坦佩谷（Vale of Tempe），都如璀璨星辰般熠熠生辉。有人会头戴橄榄枝，为圣洁的密涅瓦之城高唱颂歌。还有的人赞美朱诺和牧马之城阿尔戈斯，以及繁华富足的迈锡尼。但对我来说，英勇不屈的斯巴达或拉里萨（Larisa）广袤的平原皆非我所向往之地。我钟爱的是波光粼粼的阿尔布尼亚河（Albunea），水流潺潺，日夜不息，还有瀑布般的阿尼奥河，飞流直下，水汽蒸腾，水花四溅。蒂布尔（Tibur）的树林和果园也在河水的滋养下生长得异常繁茂。

贺拉斯，《颂歌集》1.7

平静而碧绿的池水中，一只鳄鱼正呆呆地望向池塘对岸，那里有四根女神柱，上面的美女雕塑似乎也在凝视着对岸。暖风吹来，仿佛美女在轻声叹息，水中婀娜的倒影也在微风中荡起阵阵涟漪，更增添了几分妩媚。旁边还有一座雕塑。这位勇士头戴战盔，盔上的马鬃装饰仿佛在随风舞动。他赤裸着身体，不着片缕，一手扶着盾牌，神情颇为悠闲。臀部肌肉收紧，整个身体呈现出完美的对立平衡。旁边的同伴（头部已缺失）身姿与他相仿，却稍逊一筹。两个留着胡子的男人斜靠在旁边，手里各拿着一个丰饶角。其中一个靠在一座面庞透着些许惊惧的狮身人面像上，另一个则靠在一座母狼石雕上，那母狼正在给两个人类婴孩哺乳。太阳炙烤着大地，蝉鸣声如电锯般尖锐，阵阵入耳，一只毛色顺滑、黑白相间的猫咪正在凉爽的树荫下专注地给自己洗脸，压根儿不在意周围这些奇奇怪怪的存在。

哈德良的别墅中有多处池塘，共同打造出空间和光影的理想效果。卡诺珀斯（Canopus）便是众多池塘中的一个。池畔高树林立，地势陡峭。池塘尽处是一个高高的半圆丘，前面立着四根高大的科林斯柱。虽然这里池塘众多，但对我们来说，只有卡诺珀斯池塘最具价值。这里的众多古迹如大杂烩一般，仿佛是文化的万花筒，将希腊和埃及文化融入意大利美丽的自然风光中。这一切都表明，罗马在借鉴神话传说方面迈出了新的步伐。因为在奥古斯都成为罗马第一公民后的一个多世纪里，罗马已经成为全世界的统治者，丝毫没必要再固守既往的一切，也无须标榜征服了多少国家。这时的罗马更应该谋求和谐、共融，并对同一阵营中的异域文化敞开大门，也是时候去打造属于自己的新神话了。

哈德良在帝沃利

对于奥古斯都时代的人们来说，罗马完全有可能不断扩张，有朝一日统治整个世界。诗人和历史学家们也不厌其烦地说罗马统治世界是大势所趋。但是，公元117年哈德良成为罗马皇帝后（也就是奥古斯都去世后的一个多世纪），现实政治开始大行其道。从帕提亚（Parthia，今伊朗）到日耳曼尼亚（Germania），甚至到更遥远的大不列颠，罗马经历了多次战败，也曾多次转胜为败，即便赢得胜利也是代价惨痛，得不偿失。这让哈德良决定对以往政策做出改变，而这一改变也引发了极大争议。他认为罗马不应该继续对外扩张。相反，必须清晰地划定罗马的统治范围，并尽一切努力管理和守卫好现有领土。

哈德良当政期间事必躬亲，总是尽可能地去各地走访，不辞辛劳。这让他比其他任何一任皇帝都更加了解各地风土人文的巨大差异。跟其他拥有最高权势的男性一样，哈德良在蒂布尔（现代帝沃利）建造自己的庄园式宫殿时，里面的设计装饰无一不彰显了他所拥有的无上权力：

哈德良在帝沃利所建造的这座庄园可谓非同寻常。他仿建了当时罗马最为著名的地标性建筑，例如，文苑、学院、卡诺珀斯池塘、贝希勒回廊式方形水池（Pecile，仿雅典彩绘柱廊）和坦佩（Tempe），可谓应有尽有，甚至还建了一座冥府（Hades）。

哈德良别墅里随处可见造价不菲的雕塑，而贝希勒方形水池的长墙上还有诸多关于希腊和罗马神话的彩绘，让人不由回忆起罗马恢宏的历史。

哈德良是一个极其注重精神信仰的人，他建了万神殿来供奉众神。万神殿位于罗马的战神广场，以微观的方式呈现出天堂诸神和人间百态。即使在帝沃利，他也为当时的主流宗教开辟出了专门的区域用以祭祀膜拜。当时罗马的外来宗教很多，这在奥古斯都时期是无法想象的——在维吉尔关于阿克提姆海战的相关描述中，埃及诸神都被刻画得野蛮且怪异，与罗马的文明神祇为敌；而哈德良的庄园里，这些异域神明却出现在了最为显著和重要的位置。

罗马神话在整个帝国的镶嵌画和湿壁画中都有丰富的展现。即便如此，当时依然有大量外来宗教涌入罗马，随之而来的还有与之相关的神话故事。接下来，我们将介绍其中三个，并以此来结束我们此次的罗马之旅。哈德良对其中的两个都深谙其精髓，而第三个则是他自己创造的。

密特拉

帝沃利并没有密特拉神庙，然而这位行伍出身的哈德良皇帝无疑对这位东方神祇颇有了解。很多雕塑作品中都展示了密特拉的形象：这位从巨石中诞生的神，头戴弗里吉亚帽，右手拿着匕首，左手举着燃烧的火炬，整个画面展现出了他所拥有的非凡力量。密特拉能够赋予物质世界以生命。有一次，他向沙漠中的岩石射出一箭，泉水瞬间喷涌而出。

密特拉正举着匕首准备献祭自己那头健壮的白牛。此时的他面露哀伤，扭头看向一旁。他的两名侍从考特斯（Cautes）和考托培特斯（Cautopates）守护在两侧。

关于密特拉的故事有诸多不同的版本，但流传最广的说法是他骑着一头健硕的白牛游历世界。这头牛日日陪伴着他，颇受他的喜爱。可有一天，法力无边的太阳神索尔（Sol）派来一只乌鸦，命令他将自己的牛献祭。密特拉不敢违抗命令。他怀着悲痛的心情，抓住了牛的鼻孔，向后拉起牛头，用匕首割断了牛的脖子。做这一切时，密特拉一直将头扭向一旁，不忍直视。但接下来，这头牛却发生了神奇的变化。牛的身体变成了一轮明月，从此陪伴在索尔的身边。密特拉的斗篷瞬间膨胀，变成了天穹，满天星斗，熠熠生辉。牛尾巴上长出了谷物粮食，牛的血液孕育出了甜美的葡萄。大量的精液从牛的生殖器流进了圣碗中，大地从此充满生机，万物得以繁衍生息。提出这一说法的人认为这就是“创世大爆炸”，宇宙就是这样诞生的。正如一首赞美诗中所描述的那样，密特拉“用永恒之血救赎了我们”。

很多雕塑作品都向人们展示了这神圣的一幕，一条蛇在舔舐牛血，一只蝎子正从牛的生殖器吸取营养。旁边还有两个侍从，考特斯和考托培特斯，他们一个将手中火炬举向天空，另一个将火炬指向大地。公牛死去的

那一刻，人间有了时间和四季、白天和黑夜，而昼夜交替则代表着善与恶之间的斗争永不止息。也正是在那一刻，下达命令的索尔（永恒的太阳神）和依命行事的密特拉联合起来，拥有了一种更加强大的力量，可使生命繁衍再生。索尔和密特拉享用了酒肉和面包之后，密特拉登上了索尔的四马战车。战车腾空飞起，驶向了遥远的天际。

密特拉教宣扬信教者的灵魂会联通太阳神索尔的重生之力，男性教众之间也有着深厚的情谊。因此，密特拉教从公元1世纪开始便在士兵中盛行起来。入会仪式包括祭祀和宴会，都在地下寺庙里进行。

伊西斯和奥西里斯

哈德良庄园卡诺珀斯池的远端，人们在塞拉皮雍神殿（Serapeum）发现了罗马人崇拜另外两个东方神祇的证据。这两位东方神祇是伊西斯和奥西里斯（Osiris）。他们既是兄妹，又是夫妻，是大地之神和天空之神共同孕育所生，也是埃及太阳神拉（Ra）的继任者。在他们的英明领导下，埃及繁荣昌盛，国运昌隆。但是，内心阴险的弟弟塞特（Set）却无法容忍这和谐盛世，一心想要制造混乱，加以破坏。他设计谋杀了奥西里斯并肢解了他的尸体，还将尸体碎块扔在了埃及的不同地方。随后，塞特夺取了王位。黑暗与邪恶统治着一切。伊西斯和妹妹奈芙蒂斯（Nephthys）便开始四处奔波，找寻奥西里斯的尸身。她们像猎鹰一样低飞勘查，伤心的泪水流进尼罗河，河水因此大涨，汹涌肆虐，而奥西里斯有起死回生之效的血液也融入了河水之中。历尽千辛万苦，伊西斯终于找到了奥西里斯尸身的所有部位，将它们重新组合完整。可是，却独独少了他的阴茎（被鱼吃掉了）。于是，伊西斯运用魔法制作了一个假体，这样奥西里斯就真正完整无缺了。她运用法力让奥西里斯复活，然后骑跨到他的身上。电闪雷鸣间，奥西里斯将生命的种子注入了伊西斯的身体。不久，伊西斯的儿子——强大的荷鲁斯（Horus）便降生了。

塞特统治下的埃及越来越混乱，而在伊西斯的保护下，儿子荷鲁斯安全长大，直至成年。成年后的荷鲁斯与塞特及其同党展开了大规模的斗争。整整八十年，尼罗河上下一直征战不休，战乱不断。最终，荷鲁斯获胜，奥西里斯的灵魂也进入了冥界（并成为冥界的统治者）。至于塞特，有人说他与荷鲁斯和解，得到了荷鲁斯的原谅，成为天空的统治者；但也有人说，塞特虽被荷鲁斯杀死，灵魂却不死，到处吸取人类灵魂。他的邪恶与荷鲁斯的善意相对抗，二者间的斗争似乎永无休止。

普鲁塔克给出了故事的另一个版本，还增加了一些有趣的细节：有一

赫库兰尼姆的一幅壁画展示了伊西斯神庙里的祭司和信众。

次，塞特按照奥西里斯的体型精心打造了一副棺材，然后邀请奥西里斯和朋友们来赴宴。宴会结束后，他叫人把棺材搬了进来。众人见了都夸这棺材做得好，纷纷爬进去看看是否合适。当奥西里斯爬进棺材时，塞特却立即用锤子钉住了棺材盖，并用熔化的铅液封住了棺材的缝隙。很快，奥西里斯就被闷死在了棺材里。他的灵魂从棺材里飘出，一直向西去往日落的尽头 但是由于他的尸体未得到妥善安葬，他的灵魂便永远不得安息。

与此同时，那具棺材顺着尼罗河水漂到了海里，在腓尼基的比布鲁斯（Byblos）被冲上了岸，又恰巧被一棵柽柳的树枝拦了下来。那棵柽柳立即开出了明艳的花，树叶也变得翠绿鲜亮起来，那树干竟将棺材包裹了进去。这棵圣柳因棺材之故长得越发出众，堪称完美。后来，它便被国王马奈洛斯（King Maneros）砍了下来，用作宫殿中央的立柱。而此时，在埃及的伊西斯正郁郁寡欢地各处游走，寻找丈夫的消息。后来，终于从几个孩童口中得知那具棺材漂到了海里。她不顾辛劳，一路追踪，来到了比布鲁斯。她伪装成王子的保姆进入宫殿，找到了那棺材的所在之处。她向国王透露了自己的真实身份，国王心怀敬畏，答应了她的要求。伊西斯便劈开柱子，将棺材取出，带着它回到埃及，把它藏在了尼罗河三角洲一带的沼泽里。可最终还是被塞特发现了——他把尸体撕成数块，抛撒在了埃及各处。

这个版本与谷神克瑞斯和普洛塞庇娜的神话故事有相似之处，因此而诞生的神秘教派也承诺死后可得重生。在埃及，尼罗河洪水每年都会周期性地暴发洪水并带来新生，这与奥西里斯重组尸身并使其苏醒复活非常吻合，而伊西斯和她所诞下的神圣之子荷鲁斯则代表着生机与希望。

安提诺乌斯

哈德良非常痴迷于这种神秘的宗教教义，同时出于政治考虑，他利用了人类对死后来生的渴望心理，粉饰篡改神话故事，创建出了一个新的宗教。这一全新宗教意在将此前罗马帝国的各种宗教信仰联系在一起，合而为一。该教还有属于自己的一个全新的神：安提诺乌斯（Antinoüs）。安提诺乌斯曾经是哈德良的伴侣，后来成为不朽的神祇。

据说，年轻的安提诺乌斯来自比提尼亚（Bithynia），相貌英俊，是哈德良的男宠。但此前人们对他一无所知，直到公元130年，也就是他去世的那一年，人们才知晓了他的故事，开始对他有了真正的了解。那一年，他正和哈德良在埃及旅行。当时的一位亚历山大诗人讲述了他们一起猎杀狮子的故事，故事中提到安提诺乌斯是墨丘利之子。那头狮子受伤后对安提诺乌斯发起了疯狂攻击，而哈德良则不顾自身安危，拼尽全力保护自己的爱人。后来，人们在庆祝奥西里斯节那天，安提诺乌斯在赫尔莫普利斯（Hermopolis，墨丘利之城）附近的尼罗河中溺亡。狄奥·卡西乌斯（Dio Cassius）描述了其中详情：

> 安提诺乌斯的死或许如哈德良所写的那样是因为掉进了尼罗河溺亡，但也可能是被献祭而亡（这才是事实）。我之前曾说过，哈德良对各种占卜和咒语非常着迷。他之所以给予安提诺乌斯无上的荣耀，或许是出于他对这个男孩的宠爱，但更主要的是因为安提诺乌斯是心甘情愿赴死的——因为只有被献祭者心甘情愿献出生命，哈德良才能真正得偿所愿……

随着事情的进一步发展，一切也变得清晰起来：安提诺乌斯刚刚殒命，哈德良的悲伤情绪（或者说是他的政治意图）就开始彻底释放了。他对外宣称，看见了一颗星星飞向天空，并认定那便是安提诺乌斯的灵魂，他的

这座装扮成奥西里斯模样的安提诺乌斯雕像来自帝沃利哈德良别墅，现收藏于梵蒂冈博物馆。

爱人已经飞升成神。随后，他在安提诺乌斯溺死的地方建造了一座安提诺波利斯城（Antinopolis），并安排了专门的节日和比赛来纪念他。哈德良还在整个罗马帝国为安提诺乌斯建了很多寺庙和雕像。雕像所呈现出来的是一位美得不可方物的年轻人，他身形健硕，相貌出众，神情温和。从相貌上看，人们还会将他跟墨丘利、酒神巴克斯或奥西里斯等与冥界有关的神联系在一起。

安提诺乌斯的尸体经过防腐处理后可能被运回了帝沃利。哈德良对安提诺乌斯的死确实哀痛伤怀，想尽一切办法来留存与他有关的一切记忆。同时，出于对神的敬畏，他也以各种方式对安提诺乌斯敬若神灵，顶礼膜拜。然而，他这样做更有可能是想通过操控埃及、希腊和罗马神话的方式来达到自己的政治目的。他希望把整个罗马帝国的不同信仰整合起来以实现宗教和谐，从而增强政治凝聚力。此外，他还声称，安提诺乌斯得知皇帝生病后，心甘情愿地献出了自己的生命，以此来换取皇帝的健康，而那颗流星则证明了他的忠诚和献身让他死后得以封神。他借助宗教再一次向人们承诺人死之后可以得到救赎，只是哈德良自己都未必能说服自己！此后又过了不到八年，哈德良自己也到了弥留之际，他写下了这样一首五行诗：

我亲爱的小小的灵魂啊，你即将离我而去，
你是最受欢迎的小客人，这具身体的好伙伴！
现在，你脱离了这血肉之躯，绝情而去。
你将去往何处啊？
你走了，往昔欢笑也便离我而去，永不再来。

新的世界秩序

当时，基督教早已在罗马帝国生根发芽。但是，并没有任何历史记录表明哈德良信奉基督教。他肯定是接触过基督教的：公元64年，基督徒被指责为罗马大火的罪魁祸首；公元112年，安提诺乌斯的家乡比提尼亚的统治者小普林尼（Pliny the Younger）曾传信于哈德良的前任图拉真，询问该如何对待这个新生教派。当时的基督教虽然也认可"属于恺撒的必献于恺撒"，但同时又劝导众人要更加忠诚于唯一的真神——上帝。

只是哈德良并不知道基督教决定了罗马的未来。此后又过了两个世纪，聪明的罗马人实现了基督教上帝和玛门（Mammon）的和谐共存。也正因如此，公元313年，君士坦丁大帝将当时盛行的基督教合法化。公元393年，狄奥多西一世开始狂热地信仰基督教，并关闭了所有异教寺庙，禁止异教仪式。希腊和罗马的旧神逐渐淡出历史舞台，那些复杂的神话故事也变得越来越无关紧要。

此后不久，罗马帝国的不败神话也彻底崩塌了（边境战事早就表明罗马并非像传说的那样不可战胜）。公元410年，阿拉里克带领一直对罗马心怀不满的西哥特人洗劫了罗马，不仅毁了教堂和宫殿，还破坏了哈德良和奥古斯都的陵墓，扬了二人的骨灰，大肆践踏了罗马的异教信仰。罗马之所以能够幸存下来并再次发展壮大，完全是因为当时西方教会的大本营——梵蒂冈。梵蒂冈位于台伯河西岸的一座低矮的山坡上，与罗马古老权力所在地——古罗马广场、卡比托利欧山和帕拉蒂尼山隔河相望。

然而，精神信仰毕竟影响深远，不会消失得无影无踪。罗马人民对自己的神话故事和英雄人物都钟爱有加，难以割舍。基督教会的圣人们与之前的异教先贤也有着许多共同之处，甚至连教皇都被冠之以"Pontifex Maximus"的头衔，该头衔在古罗马是地位最高的大祭司。尤利乌斯·恺撒、奥古斯都、尼禄、哈德良、君士坦丁等人都曾担任过大祭司，被看作是众神在人间的化身。而Papa和Pope，也有"天父"之意，朱庇特和奥古斯都也曾以此头衔自居，以彰显自己至高无上的地位。

万事万物皆在变化之中，神话也在不断演变，奥维德在《变形记》的结尾这样写道：

于是，伟大的阿特柔斯（Atreus）被儿子阿伽门农取代，埃勾斯（Aegeus）被儿子忒修斯取代，珀琉斯（Peleus）被儿子阿喀琉斯取代；他们之间的关系就如同萨图恩和儿子朱庇特的关系，而这种关系也同样适用于恺撒和奥古斯都。朱庇特统治着天界和地界，而奥古斯都则统治着人界。他们都是我们的天父，也都是我们的统治者。

我在此虔诚祈祷——向指引着埃涅阿斯一路披荆斩棘来到这里的众神祈祷；向罗马本土诸神祈祷；向罗马的建立者奎里努斯祈祷；向奎里努斯的父亲马尔斯·格拉迪乌斯（Mars Gradivus）祈祷；我还要向恺撒的守护神维斯塔祈祷；向守护在维斯塔壁炉旁的福玻斯祈祷；向拥有塔尔皮亚石的朱庇特祈祷；我要向我心中所有伟大的神灵祈祷——有一天，当我们早已不在人世，奥古斯都也会离开他统治的这个世界，飞升成神。虽然我知道他在天堂也会继续护佑人间百姓，但我祈求神灵让那一天晚一些到来！

此时此刻，我的作品已接近尾声。它无惧朱庇特之怒，无惧烈火金刚的摧残，哪怕是能将一切湮没的时间也无法将它抹去。有一天，我的身体（唯一属于我的东西）会被其他力量掌控，我的生命也将走向既定的终点。从那一刻起，我会凭借以往的功德得以飞升，得以不朽，我将去往星星之上，我的名字将永世留存。无论今后罗马将征服多少土地，无论它的疆土延伸到何处，都将有人大声诵读我的作品。若让我以诗人的身份做出预言，我相信我将永垂不朽，名垂千古。

帝沃利的过去和现在

像许多意大利城镇一样，蒂布尔据说也是由难民所建。这些难民来自希腊的阿卡代亚，在与底比斯一战后逃难至此，寻求庇护。事实上，公元前14世纪时就已经有人来到蒂布尔定居。蒂布尔也是拉丁联盟的重要成员，有一处专属的先知圣地，那里住着一位女先知，是当地水神的信使。

几个世纪以来，蒂布尔一直保持独立。直到公元前360年，它与入侵罗马的高卢人结盟，经过一番激烈战斗最终落败。虽然战败，但蒂布尔人表现异常英勇，并于次年对罗马发动攻击（但并没有成功）。公元前338年，蒂布尔战败，被纳入罗马阵营。公元前90年，蒂布尔人被授予罗马公民身份。很快，蒂布尔便受到罗马精英阶层的喜爱，包括奥古斯都和梅塞纳斯，还有像斯塔提乌斯和卡图卢斯（Catullus）这样的诗人。蒂布尔坐落在萨宾群山之中，凉爽的瀑布、茂密的森林使它成为建造避暑庄园的首选之地。

蒂布尔最宏伟的建筑要数哈德良的庄园了。这座庄园大约从公元120年开始建造，占地120多公顷，有三十多个建筑群，彼此由门廊或水池连接。别墅地下有许多隧道，奴仆们可以穿行其中运送生活物品。公元138年哈德良去世后，这座别墅也被废弃了。

公元273—274年，巴尔米拉（Palmyra）的丝诺比亚女王（Queen Zenobia）被奥勒里乌斯击败后，在蒂布尔居住了数月，过着奢侈的享乐生活。后来，蒂布尔随着罗马的衰落而衰落。公元547年，蒂布尔作为贝利萨留斯伯爵的据点，被托提拉的东哥特军队攻陷。公元11世纪时，蒂

与帝沃利山有关的重要日期和遗迹

公元前14世纪	有人开始在此定居。
公元前360年	与哥特侵略者结盟，被罗马打败，但第二年又再次进攻罗马。
公元前338年	成为罗马的一部分。
公元前90年	被接纳为罗马公民。
公元前1世纪末	贵族精英阶层都来这里选址建造庄园。
大约公元120年	开始建造哈德良庄园。
大约公元128年	哈德良（偶尔）来此居住。
公元273—274年	丝诺比亚女王来此居住。
公元547年	贝利萨留斯加固了城市防御。
1001年	处于教皇控制之下。
1461年	庇护二世建造了罗卡皮亚城堡。
1550年	开始建造埃斯特庄园。
1835年	开始建造格列高利庄园。

哈德良庄园可以说是从罗马出发一日游的理想选择。在庄园入口处的游客中心可以看到庄园的**模型**。**贝希勒景观**的墙壁上还曾绘有展现神话场景的壁画。附近有一个长方形的水池。左侧一条小路通向**海洋剧场**（Naval Theatre）。这里是哈德良的私人静修地，中间是一座小岛，岛上建有宫殿，里面有生活区和浴场，小岛外围是环形建筑。宫殿就在附近，里面设有**图书馆**、**住宅区**和**凉亭**，从窗户可以俯瞰仿希腊坦佩谷建造的景观区。一条小路由此向左通向**维纳斯神庙**，只不过这里已经旧貌换新颜，充满了现代

布尔处于教皇的控制之下，并再一次因其迷人的自然风光吸引来了许多有钱的政治掮客。1461年，教皇庇护二世（Pope Pius Ⅱ）建造了罗卡皮亚城堡（Rocca Pia）以彰显其至高无上的权力。但这里最著名的宫殿还要数埃斯特庄园（Villa d'Este），规整式园林将庄园装饰得非常漂亮。这座庄园是1550年为红衣主教艾珀里托二世（Cardinal Ippolito Ⅱ）建造的。1835年，又新建了教皇格列高利十六世（Pope Gregory XVI）的格列高利庄园（Villa Gregoriana），引入了阿尼奥河的河水来打造庄园中的水景。

气息。另一条小路向右通向**大柱廊**、**多立克柱厅**（Hall of the Doric Columns）和**德欧罗露天广场**（piazza d'Oro），都是根据在原来的柱廊式建筑群（带有图书馆）中发现的诸多珍宝来命名的。

返回贝希勒的途中，左转经过**浴场**便来到了卡诺珀斯。这是仿照尼罗河三角洲的塞拉比斯圣殿（Sanctuary of Serapis）建造的一处景观。人工开凿出的长方形水池旁立着几座雕像(复制品，原件在附近的**博物馆**里)。南面是塞拉皮雍神殿。这是一座高大的半圆形半穹顶建筑，可能是用餐的餐厅。**学院**（仿柏拉图学院）位于东南边，那里有一座阿波罗神庙和一座露天剧场。更远处还仿建了一处**冥界景观**。贝希勒附近还有**水神殿**（nymphaeum）。停车场附近篱笆墙的后面是一座剧院，现在那里已是杂草丛生。

在帝沃利，大力神赫拉克勒斯神庙目前已经关闭，但是**维斯塔神庙**和**西比尔神庙**非常值得一去。观赏这两座神庙的最佳地点是附近的一座小桥。站在桥上，可以看到陡崖峭壁上的两座神庙，滔滔的阿尼奥河从山崖下流过。哈德良庄园中的许多珍宝都收藏在罗马的各个博物馆中，其中就有卡比托利欧博物馆中最引人注目的镶嵌画作品［**《碗中啄水的鸽子》**（*Doves at a Waterbowl*）］，还有来自塞拉皮雍神殿的雕像作品，包括**《伊西斯半身像》**（*bust of Isis*）和**《扮作奥西里斯的安提诺乌斯》**白色大理石雕像，现收藏于梵蒂冈博物馆中。

以上景点游览完毕后如果还有精力和兴趣，可以到维斯塔神庙附近的**格列高利庄园**游览一番，欣赏一下那里的瀑布和石窟。还可以到**埃斯特庄园**的花园里走一走，一定会让你心旷神怡，旅行的疲惫也会一扫而空。

推荐阅读

介绍希腊神话的书有很多，但与罗马和伊特鲁里亚神话有关的书却并不多。特别推荐读者们阅读一下这本书：

Wiseman, T. P., *The Myths of Rome*, Exeter, 2004

其他推荐阅读的相关书籍还有：

Bonfante, L. and Swaddling, J., *Etruscan Myths*, London, 2006

Gardner, J., *Roman Myths*, London, 1993

March, J., *The Penguin Book of Classical Myths*, London, 2008

Matysak, P., *The Greek and Roman Myths*, London and New York, 2010

Maurizio, L., *Classical Mythology in Context*, Oxford, 2016

另外，还有一本原始资料值得一读：

Neel, J. (ed.), *Early Rome, Myth and Society*, Hoboken, NJ, 2017

以下两本书介绍了古罗马人的日常生活，包括人们对神话传说的看法：

Angelo, A., *A Day in the Life of Ancient Rome*, New York, 2009

Carcopino, J., *Daily Life in Ancient Rome*, London, 1941

地中海的旅行指南有很多。对于那些想要寻访古希腊与古罗马遗迹的游客来说，最佳旅行指南非《蓝色指南》(*Blue Guides*)莫属。本书中提到的大部分景点及其历史，《蓝色指南》中都有介绍，同时书中还会给出景点游览规划。对于那些想多花些时日在罗马深度游的游客来说，可以参考以下相关资料：

Claridge, A., Rome, *An Oxford Archaeological Guide*, New York, 1998

Coarelli, F., *Rome and Environs, An Archaeological Guide*, Berkeley, Los Angeles and London, 2007

Masson, G. (revised Fort, J.), *The Companion Guide to Rome*, Woodbridge, 2009

本书中所引用的经典文本都由作者本人翻译成了英语，但大多数的经典文本都有现成的英译本，以下是详细书目：

Cicero, *On the Nature of the Gods*, trans. H. McGregor, London, 1978

Dionysius of Halicarnassus, *Roman Antiquities*, trans. E. Cary, London, 2015

Herodotus, *The Histories*, trans. T. Holland, London, 2014

Homer, *The Homeric Hymns*, trans. N. Richardson, London, 2003

Homer, *The Iliad*, trans. E. V. Rieu, London, revised 2003

Homer, *The Odyssey*, trans. E. V. Rieu, London, revised 2003

Horace, *The Complete Odes and Epodes*, trans. B. Radice, London, 1983

Livy, The Early History of Rome, trans. R. M. Ogilvie, London, revised 2002

Ovid, *Fasti*, trans. A. Wiseman and P. Wiseman, Oxford, 2013

Ovid, *Metamorphoses*, trans. E. J. Kenney and A. D. Melville, Oxford, 2008

Petronius, *Satyricon*, trans. J. P. Sullivan, London, revised 2011

Pliny the Younger, *The Letters of the Younger Pliny*, trans. B. Radice, London, revised 2003

Plutarch, *The Makers of Rome*, trans. I. ScottKilvert, London, 1965

Propertius, *Elegies*, trans. O. Lyne, Oxford, 2009

Suetonius, *The Twelve Caesars*, trans. R. Graves, London, revised 2007

Virgil, *Aeneid*, trans. D. West, London, 2003

Virgil, *Eclogues*, trans. C. Day Lewis, Oxford, 2009

另外，狄奥·卡西乌斯、狄奥多罗斯·西库路斯（Diodorus Siculus）、赫罗狄安、斯特拉波和瓦罗等人的作品也都有双语版本，由著名的洛布古典丛书（Loeb Classical Library）出版。

爱德华·吉本的《罗马帝国衰亡史》精装版于2010年由伦敦大众丛书（Everyman Library）出版。

致谢

罗马也许是一天建成的，但完成这本书所花的时间却要长一些。受T&H的责任编辑科林·里德勒（Colin Ridler）之邀，我开始撰写此书。科林·里德勒可谓是当代的梅塞纳斯，给了我很多鼓励，我深表感谢。我也要感谢他的继任者本·海斯（Ben Hayes），自始至终都在支持我。我也很庆幸，邀请到了大卫·贝齐纳（David Bezzina）为本书配图，实乃明智之举，他的艺术造诣让书中的文字增色不少。

我有幸再次与T&H的优秀团队合作，尤其是莎拉·弗农-亨特（Sarah Vernon-Hunt）和编辑卡罗林·琼斯（Carolyn Jones）。他们凭借出色的专业能力，从容沉着地对每个阶段进行严格把关。我还要感谢这支优秀团队的其他所有成员，尤其是创意设计师罗维娜·阿尔西（Rowena Alsey）、制作主管西莉亚·法尔科纳（Celia Falconer）和宣传主管维多利亚·布朗（Victoria Brown）。

和以前一样，我为完成此次研究一直在地中海各处游历。我特别感谢雅典英国学校的维基·扎瓦拉（Vicki Tzavara）以及罗马英国学校的克里斯汀·马丁（Christine Martin）和斯特凡尼亚·彼得里尼（Stefania Peterlini），他们就像维纳斯为埃涅阿斯保驾护航一样打点着我的行程。一路上我得到了太多的帮助，感受到了大家的关怀和善意。我还要特别感谢格洛丽亚·加兰特（Gloria Galante）和弗朗西斯科·格拉齐亚尼（Francesco Graziani），感谢他们在拉维尼乌姆时不辞辛劳，与我分享最新的考古发现，他们对于英雄祠的看法也让我深受启发。我还要感谢琳达·约翰逊（Lynda Johnson），在韦约（Veio）时她与我分享了很多当地见闻。

我还要向我的朋友和家人表达最深的谢意。一直以来，对于我的那些奇奇怪怪的兴趣爱好，他们都给予了莫大的宽容和鼓励。感谢我的母亲凯特（Kate），更要感谢我的妻子艾米丽·简（Emily Jane）。妻子的陪伴、理解、支持和关爱是我最珍视的。她一路陪伴着我，不离不弃。我们一起参观了所有的景点和博物馆，有很多东西都是经她提醒我才关注到的，不然的话我肯定会疏忽遗漏。最后，我也必须向我们的"家宅守护神"致敬——我所说的可不是真正的家宅守护神，也不是家犬，而是家猫——斯坦利（Stanley）和奥利弗（Oliver），关于键盘、笔和纸的用途，它们的理解跟我们似乎不太一样。这也让我明白了，当我们在创作一本书的时候（例如我写的这本），无论是故事还是客观存在，说到底都只是我们对它们的理解而已。

索引

古希腊和古罗马术语、事件、建筑物和机构名称等用斜体字，斜体页码是插图页。